SPORTS SCIENCE

스포츠 사이언스

스포츠는 왜 과학인가

목차

제 1 장 운동능력은 유전되는가 ?

제 2 장 운동기능의 과학

제 3 장 과학적인 훈련

제 4 장 체중조절과 경기력

제 5 장 속도와 경쟁

제 6 장 스포츠장비와 시설

제 7 장 고온과 저온의 운동

제 8 장 고지와 우주에서 운동하면?

제 9 장 축구의 과학

제 10 장 야구의 타격

제 11 장 수영선수와 과학

제 12 장 마라톤은 과학중의 과학이다

제 13 장 건강 과학

제 14 장 노벨상과 운동

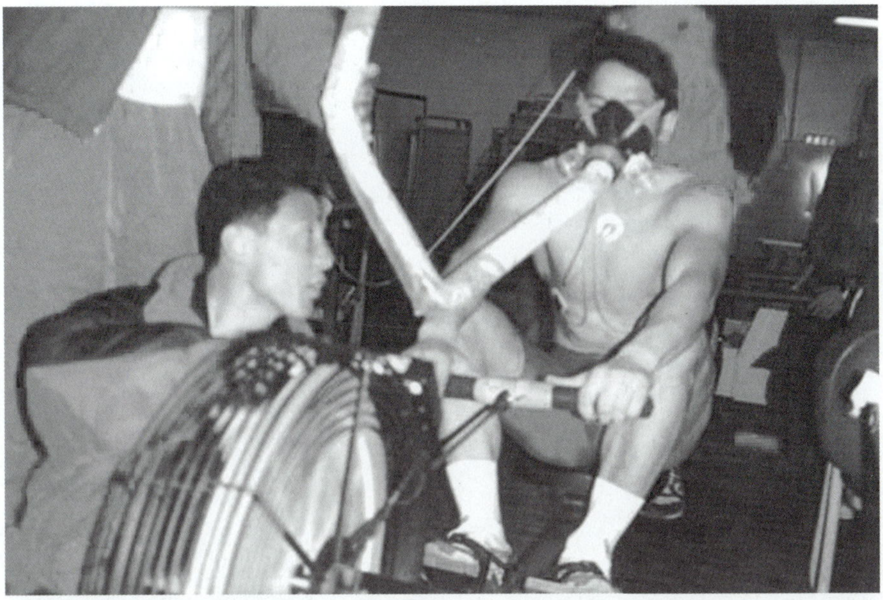

▲ 로윙 에르고미터와 자동호흡가스분석장치를 이용한 조정선수의 심폐기능 분석 장면

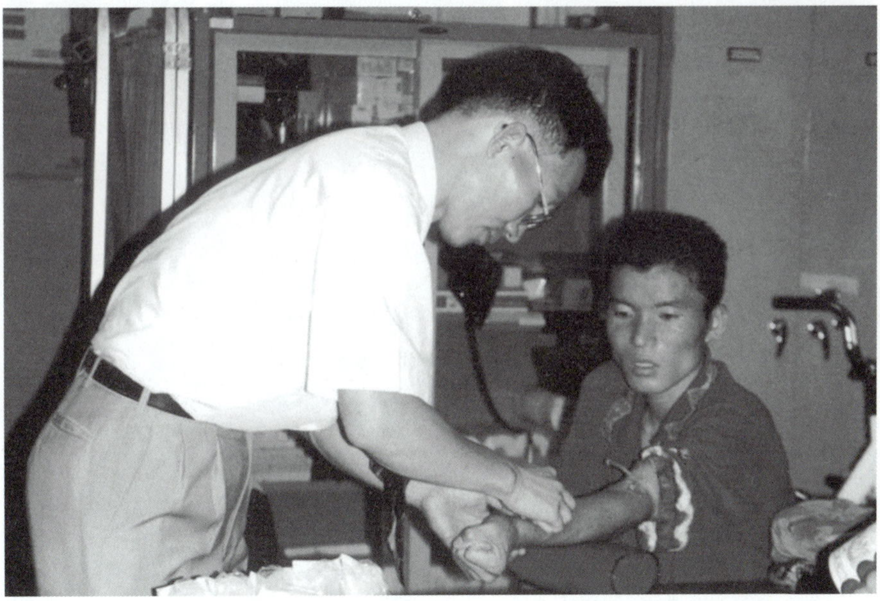

▲ 바르셀로나 올림픽 마라톤 우승자 황영조선수의 혈액분석을 위해서 필자가 혈액을 채혈하고 있는 장면

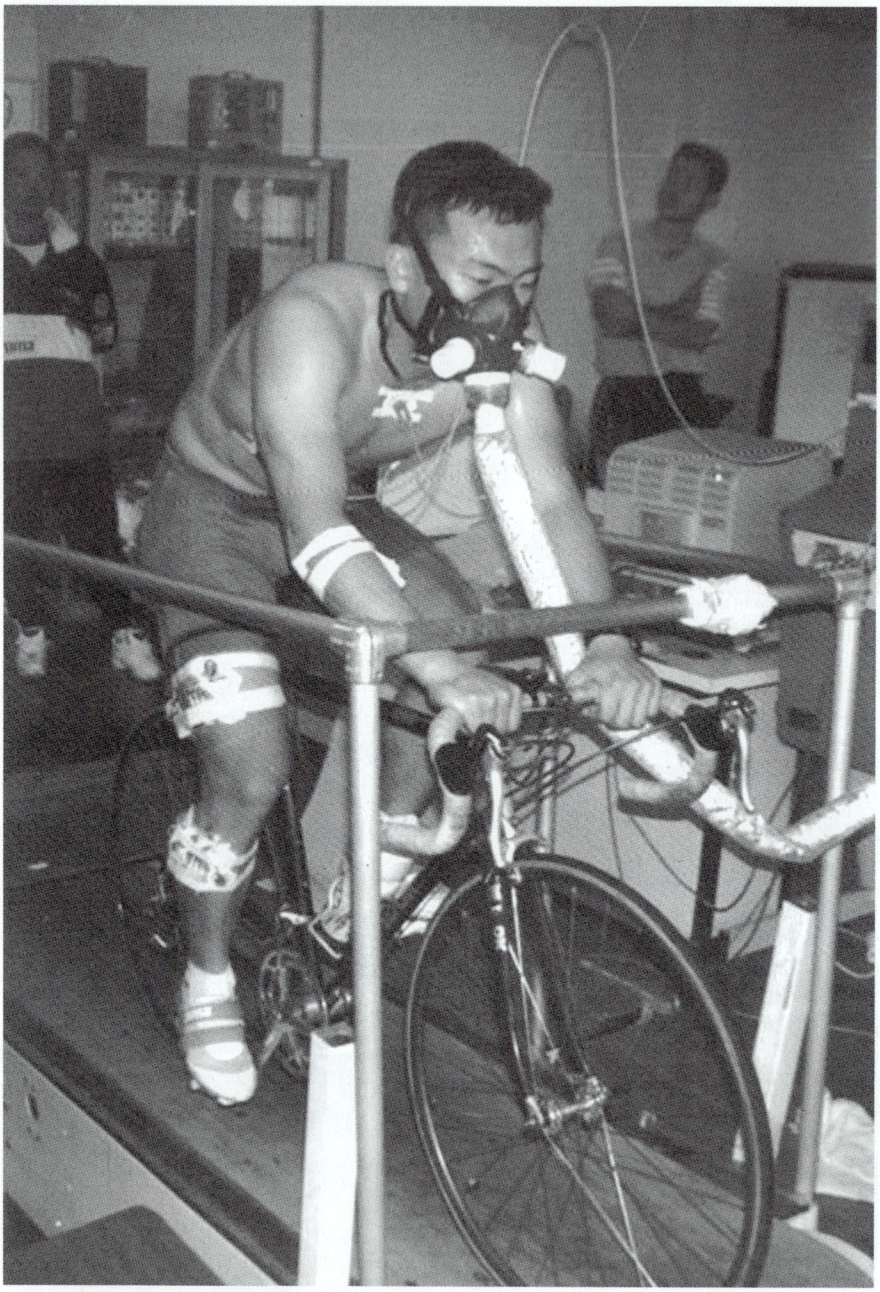

▲ 사이클선수의 운동능력 분석을 위해서 자신의 자전거를 이용해서 트레드밀상에서 사이클링하면서 호흡가스 분석과 근전도 분석을 실시하고 있는 장면

머리말

스포츠의 진정한 의미는 인간 스스로의 피나는 노력을 바탕으로 한계에 대한 끝없는 도전을 펼치는데 있다. 끝없는 도전의 외형은 가장 원시적인 형태로 보이지만, 그 내면에는 수많은 과학의 원리를 저변에 두고 있다. 스포츠과학은 인간의 모든 스포츠 활동과 관련된 대상과 현상을 기술하고 설명하며, 이에 따른 결과를 예측할 수 있도록 하는데 초점을 맞추고 있다. 스포츠과학의 발전과정 중 주된 내용은 운동선수들의 경기력 향상을 위한 필요성에 근거하고 있다. 경기력 향상을 위한 스포츠과학의 역할은 경기력에 영향을 미치는 과학적인 현상을 분석하는 과정과 그 분석결과를 실제 적용하고 활용하는 과정을 포함한다.

건강이 중요하다는 것은 널리 인식되어 있으며, 건강을 위한 스포츠 활동은 이제 삶의 일부이다, 운동의 효과에도 불구하고 경우에 따라서는 오히려 병이 될 수 있는데, 이는 적절한 운동방법을 정확하게 이해해야 함을 의미한다. 자신의 흥미를 고려하여 장기간 계속할 수 있는 종목을 선택하여 자신의 체력이나 여건을 고려한 구체적인 목표를 설정하되 적당한 운동강도로 실시해야 한다. 과욕을 부리지 말고 가벼운 강도에서 점증시켜나가는 것이 합리적이다. 건강을 위한 운동은 적절한 체계를 갖추고 과학적인 이론의 도움을 받아야 한다. 건강을 위한 일반인의 스포츠활동과 운동선수의 경기력 향상을 위한 훈련과정은 모두 스포츠과학의 다양한 학문적 토대 위에 이루어지며, 그 활용과정에서 결코 단편적인 접근만을 허용하지 않는 특성을 가진다. 이론에 치중하거나 실험실에의 연구결과나 수식에 의한 것만으로 전체를 해석하는 경우 많은 오류를 나타낼 가능성이 높다. 따라서 실제적인 훈련과 경기의 현장에서 적용이 가능한 요인을 조화시키는 것이 우선되어야 한다. 스포츠과학은 다른 어떤 학문보다도 현실성과 생산성을 요구하고 있다. 실험실과 현장을 오가는 적극적인 연구의 시도, 실제장면에서의 분석과 활용, 경험을 바탕으로 한 해석 등이 함께 할 수 있어야만 진정한 경기력 향상의 공헌을 이룩하면서 발전할 수 있다.

미래의 스포츠과학은 보다 더 다양한 학문적 접근과 조화를 요구하게 될 것이며, 첨단과학의 활용, 다변화된 정보화와 주변과학과의 공유 등을 요구하게 될 것이 예측된다는 관점에서 체계적인 접근과 활용이 시도되어야 할 것이다. 그러나 무엇보다도 중요한 것은 스포츠과학은 인간과학으로써 인간기능과 관련된 특성이 우선적으로 고려되어야 하며, 스포츠의 본질이 왜곡되지 않도록 하는 우선적인 범위 내에서 접근해야 한다는 것으로 망각해서는 않된다.

인간의 스포츠활동은 그 주체가 다양하고 복합적인 특성을 가지고 있기 때문에 스포츠과학의 역할을 보다 명료하게 제시한다는 것은 많은 어려움이 있을 것이다. 그러나 스포츠과학의 학문적 구조에 대한 정확한 인식을 토대로 학문적 발전을 위한 적극적인 연구의 시도과정이 가장 핵심적인 내용으로 간주된다. 따라서 스포츠과학의 학문적 발전을 위한 구조상의 분석과 세부분야별 노력방안을 제시하는 것이 경기력 향상을 위한 역할 강화의 주된 내용을 이루게 될 것이다. 이에 본 서에서는 건강을 위한 과학적인 스포츠활동, 경기력 향상을 위한 스포츠과학의 역할을 보다 체계화하고 강화시키기 위하여 학문적 관점에서 고려되어야 할 내용과 첨단과학의 실례들을 간추려 보았다.

2010년 여름에 저자

제 1 장

운동능력은 유전되는가?

1 부모의 대물림

세계적인 선수는 과연 태어나는 것인가, 길러지는 것인가? 우리는 올림픽 100m의 우승자를 왜 지금까지 배출하지 못했느냐? 골프에서 박세리같은 천재적인 선수가 과연 나올수 있을 것이라고 전혀 상상하지 못했는데 알다가도 모를 일이군. 이러한 의문은 세계적인 선수의 대부분은 부모로부터 물려받은 능력을 바탕으로 할 가능성이 높지 않느냐 하는 것을 나타내주는 것들이다. 물론 환경적인 영향도 크게 작용하지만 스포츠의 대물림은 흔히 볼 수 있다.

유전학분야는 최근 과학분야 뿐만아니라 스포츠과학에서도 중요한 관심주제로 간주되고 있다. 매년 개최되는 국제스포츠과학학술대회의 가장 큰 이슈는 역시 유전학과 스포츠과학이다. 미국학자 Bouchard는 미래 유전학 연구는 인터넷, 로봇 등에 의한 첨단기술의 도움을 받아 더욱 활성화 될 것이며, 유전자와 기후, 환경, 다이어트, 고지대, 운동의 관련성을 분석하기 위한 시도가 이루어질 것으로 예측하였다. 또한 스웨덴의 운동생리학자 Saltin은 트레이닝 분야의 과학화를 위한 시도과정에서는 유전적 특성을 결정하는 유전자 및 유전정보를 효율적으로 동원시키고 분열시킬 수 있는 프로그램의 개발이 요구된다고 주장하였다. 유전자형(geno-type)에 의한 특성분석을 토대로 어떤 표현형(pheno-type)의 선수로 만들어갈 수 있을 것인가와 관련된 적용과정이 스포츠과학에 대한 유전학 접목의 핵심을 이룬다는 것이다. 인간에게는 35,000개의 유전자와 150만개의 전이정보가 존재하는데, 유전특성과 종목의 특수성을 결합시킬 수 있는 훈련방법의 개발이 주된 주제가 될 것이다. 아프리카의 장거리선수들은 유전특성, 유전정보, 유전특이성 호르몬 등의 관점에서 특수성을 가진 것으로 분석되고 있으며, 이들의 유전적인 특성이 환경요인 및 훈련과정에 의한 자극요인 등과 복합적으로 작용하면서 세계 육상 장거리분야의 독점이 가능한 것으로 해석되고 있다. 따라서, 스포츠분야의 유전학 연구는 특수성을 가진 유전정보를 보유한 선수의 발굴에서부터 그들이 가진 유전정보를 개발할 수 있는 훈련방법의 개발에 까지 초점이 맞추어지고 있다. 유전학과 스포츠과학의 결합성에 대해서 관심을 높여가야만 세계 스포츠계와 발걸음을 같이 할 수 있을 것이다.

유전적인 운동능력은 어떤 것인가? 운동능력에는 다양한 요인들이 복합적으로 작용하는데, 부모로부터 물려받는 유전적인 운동능력도 다양한 요인들이 있다. 유전적인 요인들은 어린 스포츠영재를 조기에 찾아내는데 중요한 기준이 된다. 영재교육의 중요성이 강조되는 요즈음 스포츠영재의 조기발굴을 위한 방법은 스포츠과학의 중요한 일부를 차지한다. 유전적인 요인 중 가장 대표적인 것은 체격을 들 수 있다. 부모가 어떤 체격을 소유하고 있느냐에 따라서 자식의 체격도 상당한 부분은 결정된다. 흔히 본인이 키가 적은 경우 자식의 체격을 걱정하면서 배우자는 키가 큰 사람을 찾는 경우가 많다. 신장에 관한 중국에서의 연구결과에 의하면 남자는 아버지의 41.9%와 어머니의 26.5%, 여자는 아버지의 30.6%와 어머니의 43.1% 범위에서 영향을 받는다고 보고하였다.

비만의 중요한 원인 중에는 유전이 포함된다. 그것은 지방을 기준으로 한 신체구성에 유전이 영향을 미친다는 것이다. 어린 선수들이 자신에게 알맞는 종목을 결정할 때 체형에 따르는 경우가 많으며, 체형은 유전의 영향을 크게 받는다. 유능한 지도자들이 선수들의 체형을 보고 잠재력을 평가할 수 있다고 주장한 근거는 언듯 듣기에는 주먹구구식인 것처럼 보이지만, 사실은 매우 과학적인 의미를 포함하고 있는 부분들도 많다. 대물림은 체형 만에 국한되는 것은 아니다. 혈액형, 성격, 손발의 크기, 정신력 등 많은 것을 물려받는다. 이러한 것들은 우수한 운동선수가 되기 위해서는 매우 중요한 것들이다. 흔히 체질과 소질에 맞는 종목을 선택하는 것은 운동선수로서 대성하기 위한 첫걸음이다. 소질과 체질은 대부분 부모로부터의 대물림이 바탕이 된다. 운동선수에게는 특별한 유전자가 있다? 없다? 아들이 아버지의 길을 따라 가거나, 형제-자매가 함께 그라운드를 누빈다. 어머니에 이어 딸이 스포츠를 직업으로 선택한다.

국내외에 유명한 스포츠 선수들의 대물림현상은 그 사례들이 많다. 국내 축구선수의 경우를 살펴보면, 80년대 중반부터 10년간 한국축구의 간판으로 활약했던 최순호감독(강원 FC)의 아들도 축구선수이며, 차범근감독과 차두리 선수는 너무도 유명한 부자축구가족이다. 80년대 남자 축구대표팀의 미드필더로 활약했던 박상인감독(내셔널리그 부산교통공사)의 두 아들도 그라운드를 누비고 있다. 유럽에 진출한 기성용선수(FC 서울) 또한 축구가족의 일원이다. 기성용의 아버지는 기영옥 전 광양제철고 감독이다. 남자 농구의 김동광 전 KT&G 감독과 KT&G 가드 김지훈도 부자지간이며, 남자 배구의 후인정(현대캐피탈)과 아버지 후국기씨는 모두 대표선수 출신이다. 불세출의 농구스타 허 재 KCC 감독. 통상 소년체전 MVP가 언론의 스포트라이트를 받는 일은 드물지만 둘째 아들 허 훈은 아버지의 후광에 힘입어 자라나는 농구선수이다. 여자 농구의 김계령(우리은행)의 어머니는 투포환으로 아시아를 제패한 백옥자씨이며, 박종훈 프로야구 LG감독의 아들 박 윤은 올해 SK 프로야구단에 입단했다. 김경기 SK 타격 코치의 아버지는 인천 야구의 대부로 대접받았던 김진영 전 삼미 감독이다. 해외에서도 그 사례는 많다. EPL(잉글랜드 프리미어리그)에서는 게리 네빌(맨유)-필립 네빌(에버턴) 형제가 위용을 떨치고 있는데, 이탈리아 세리에A의 필리포 인자기(AC 밀란)-시모네 인자기(라치오) 형제와 함께 가장 잘 나가는 축구 가문이다. 특히 1996년에는 형제가 동반으로 잉글랜드대표팀에 선발되는 영광을 누렸다. 말디니 부자의 아버지 체자레 말디니와 아들인 파올로 말디니는 98년 프랑스월드컵 때 각각 이탈리아대표팀 감독과 선수로 호흡을 맞춰 화제가 됐다. 미국 메이저리그의 보비 본즈-베리 본즈(샌프란시스코) 가문도 부러움을 사고 있다. 둘의 홈런을 합치면 1000개가 넘을 만큼 '거포 가족'이다. 운동선수에게는 특별한 유전자가 있는 걸까. 최근 몇년간 체육인 가족이 부쩍 자주 눈에 들어온다. 아들이 아버지의 길을 따라 걷는가 하면 형제-자매가 함께 그라운드를 달리고 있다.

2 근섬유의 유전

유전적인 영향을 많이 받는 것으로 알려진 근육형태에는 수축속도가 빠르면서 큰 힘을 낼 수 있는 것(속근섬유)과 느리면서 적은 힘을 내는 것(지근섬유)이 모자이크 모양으로 혼합되어 있는데, 지금까지 연구결과에 의하면, 그 수의 비율이 성장과정에서 변화되지 않는 것으로 알려져 있다. 그런데 100m 선수는 빠른 근육의 비율이 높고 마라톤선수는 느린 근육의 비율이 높다. 최근 연구에 의하면 근육형태의 숫적 비율이 훈련에 의해서 변화될 가능성이 다소 있으나, 빠른 것에서 느린 것으로 변화 될 가능성이 훨씬 높은 것으로 알려져 있다. 우리가 마라톤에서 2차례나 올림픽 금메달을 차지할 수 있었으나, 100m에서는 금메달을 차지하지 못한 이유가 여기에 있는지도 모른다. 그렇지만 근육형태도 분명 훈련의 영향을 받는데, 큰 힘을 발휘하도록 웨이트 트레이닝을 계속하면 수축속도가 빠르면서 큰 힘을 낼 수 있는 굵은 근육이 더 발달하게 되지만, 오래달리기를 계속하면 느리면서 적은 힘을 내는 가는 근육이 발달하여 지구력이 강화된다. 마라톤선수가 우람한 근육을 소유하지 않는 이유도 여기에 있다. 마라톤선수에게 있어서 심폐지구력의 결정요인 중 산소를 최대로 이용할 수 있는 능력이 중요하게 요구되는데, 이 능력도 부모의 영향을 많이 받는 것으로 알려져 있다. 황영조선수의 어머니가 해녀였다는 사실이 한 때 많은 관심의 대상이 된 바 있다. 혈관, 혈액의 구성, 심장과 폐의 구조 등이 부모로부터 물려받을 가능성이 많은 것이다.

그림 1-1.
운동소질의 대물림

3 근육기능의 유전

근육은 운동할 때 수축하면서 힘을 발휘하는 원동력이 된다. 그래서 근육이 어떤 형태를 가지면서 어떻게 기능을 발휘하느냐에 따라서 운동능력이 결정된다. 근육구성의 핵심적인 단위에 해당하는 근섬유의 구성비율은 파워 발휘능력에 절대적인 영향을 미친다. 근섬유의 종류중에서 빠른 수축을 하면서 큰 힘을 발휘하는 속근섬유의 비율과 그 횡단면적이 높을수록 짧은 순간에 큰 힘을 발휘하는 능력이 우수하다. 육상경기의 단거리 혹은 투척종목의 세계적 선수들은 속근섬유가 72~76%의 높을 비율을 나타낸다. 큰 파워를 발휘할 수 있는 능력은 근섬유를 지배하는 운동신경도 중요한 영향을 미친다. 근육이 신속하게 수축하면서 큰 힘을 내도록 요구하는 명령을 전달해주는 운동신경의 굵기가 굵으면서 많은 근섬유를 한꺼번에 지배할수록 보다 높은 파워를 발휘할 수 있게 된다. 우리 몸에서 가장 빠른 수축을 일으키는

그림 1-2. 운동능력관련 유전자 중 대표적인 예로서 ACTN-3는 단거리선수, ACE는 장거리 선수와 관련성이 높은 것으로 알려져 있다.

근육으로는 눈꺼풀을 움직이는 근육을 들 수 있는데, 운동신경 한 개가 약 600여개의 근섬유를 한꺼번에 지배한다. 짧은 시간에 큰 힘을 발휘하는 파워에는 근육내에서 에너지를 만드는 과정에서 촉매작용을 담당하는 특수한 효소도 크게 영향을 미친다. 이와 같이 짧은 순간에 큰 파워를 발휘하는데 영향을 미치는 근섬유의 구성비율, 운동신경의 특성, 근육내 효소작용 등에는 모두 유전적인 특성이 크게 영향을 미친다.

1986년 캐나다의 Simoneau는 학자는 90초 이내의 짧은 시간에 이루어지는 파워발휘능력의 70%는 부모로부터 물려받는 것으로 주장하였다. 파워를 발휘하는 능력을 부모로부터 물려받는 영향의 범위는 운동시간이 길어질수록 적어진다. 유전영향을 실험할 때는 쌍둥이들이 주로 그 대상이 된다. 14쌍의 일란성 쌍둥이를 대상으로 15주간 훈련을 실시한 결과 10초동안의 파워발휘능력은 3쌍이 동일하게 향상되는데 불과하였으나, 90초동안의 파워발휘능력은 6쌍이 동일한 향상을 나타낸다고 주장하였다. 큰 파워를 발휘하는 운동시간이 짧을수록 훈련에 의해서 동일하게 향상될 수 있는 가능성이 적어지고 선천적인 특성에 의해서 결정될 확률이 높다.

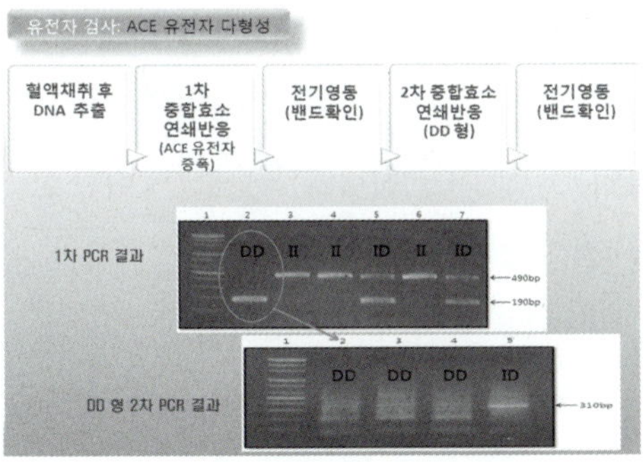

그림 1-3. ACE 유전자 다형성 분석을 위한 유전자 검사

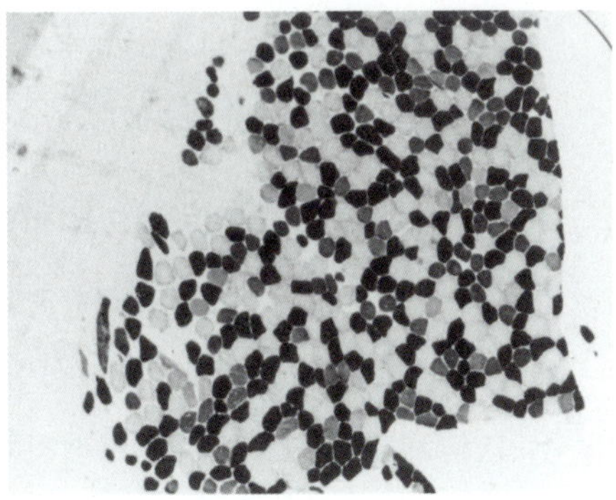

그림 1-4. 대퇴의 외측광근에서 채취한 근육조직을 ATPase 염색하여 현미경으로 확대 촬영한 사진

4 체형과 신체구성

유전의 영향을 크게 받는 체형은 생리적 조건과 역학적 구조를 통해서 실제 운동종목별로 경기력에 중요한 영향을 미친다. 팔다리의 길이, 어깨와 엉덩이의 폭 등도 부모로부터 물려받는 경우가 많은데, 이러한 항목들은 종목선택의 중요한 기준이 된다. 역도선수는 다리가 짧으면 유리하며 체조선수는 팔이 짧으면 유리하지만, 농구, 조정, 배구 등은 팔다리가 길어야 유리하며, 수영선수는 어깨와 가슴이 넓어야 유리한 것이다. 역도선수가 다리가 짧을수록 유리힌 이유는 지면으로부터 바벨을 들어올리는 거리가 그만큼 짧기 때문에 순간적으로 발휘하는 힘을 쏟아넣는 시간이 짧게 요구된다는 것이다. 레슬링선수도 짧은 다리가 유리한데 다리가 짧으면 무게의 중심이 낮으면서 상대선수에 의한 외부로부터 작용하는 힘에 대해서 신체의 흔들림을 쉽게 방지할 수 있기 때문이다. 높이뛰기선수는 다리가 길면서 신장이 큰 체형이 요구되는 이유는 그만큼 중심이 높으면서 신체를 공중으로 띄우고 이동하는 것이 쉽기 때문이다. 수영선수가 넓은 어깨와 가슴을 가져야 되는 이유는 넓은 판자가 부력을 많이 받는 것에서 찾을수 있다.

마라톤선수는 체격이 클수록 불리한데, 그것은 마라톤경기는 몸을 42.195 km의 거리만큼 신속하게 이동시키는 것이 중요한 의미를 가지기 때문에, 체중이 가벼울수록 그만큼 힘이 적게 요구된다. 대부분 마라톤선수의 머리크기가 적은 이유는 머리자체의 질량크기는 몸을 옮기는데 전혀 도움을 주지 않기 때문이다. 자신의 적성에 알맞는 직업의 선택이 인생에서 중요한 것처럼 체형을 고려해서 적절하게 종목을 선택하는 것은 세계적인 선수가 되기 위한 첫걸음이다.

신체구성의 유전적 영향에 관해서는 대표적인 예로 비만을 들 수 있다. 비만의 발생원인은 크게 유전적 요인과 환경적 요인으로 구분된다. 환경적 요인은 에너지섭취량과 소비량의 균형의 관점에서 식이섭취량 조절과 신체활동량의 증가가 중요한 방법으로 제시된다.

뚱뚱해지는 것은 남녀노소 누구나 싫어하며, 그냥 싫어한다는 것에 그치는 것이 아니라 건강을 저해하는 심각한 원인으로 작용한다. 뚱뚱한 체형을 가지는 원인은 과다섭취 및 신체활동부족의 그릇된 생활습관, 내분비기능의 이상, 특별한 질환 등을 들 수 있는데, 유전적인 특성도 중요한 원인으로 작용한다. 비만한 사람은 몸속의 지방세포수가 많고 크기도 큰데, 어린 시절부터 비만한 경우는 주로 지방세포의 수가 많으며, 성인이 되면서 비만해진 경우는 지방세포의 크기가 크다. 성장하면서 지방세포수가 현저하게 증가하는 시기가 있는데, 태아시절과 생후 1년이내, 8~9세, 사춘기시절 등을 들 수 있다. 이러한 시절에 지방세포수가 일단 증가하면 그 수를 감소시키는 것은 거의 불가능해진다. 따라서 어린시절부터 비만이었던 사람은 비만을 해결하기 위해서는 매우 어렵게 된다. 어머니 뱃속에서 활동적이었던 신생아는 출생시

그림 1-5.
부모로부터 물려받은 체격

신장에 비해서 적은 체중을 유지한다. 또한 임산부의 활동적인 생활습관이 태아의 지방세포수를 결정하는데 영향을 미친다. 자식의 비만에 어머니의 책임이 절대적임을 알 수 있다. 어머니는 어린 시절 섭취하는 음식내용을 결정하는데 주된 역할을 담당하기 때문에 지방세포수의 증가시기에 어떤 식생활 습관을 가지도록 유도할 것인가에 관심을 가져야 하는 것이다. 확률적으로 부모가 모두 정상이면 자식이 비만일 확률은 10%에 불과하며, 부모 중 한사람이 비만이면 40%, 부모가 모두 비만이면 자식이 약 70%의 비만 가능성을 가진다. 부모를 잘못 만나서 뚱뚱해졌다고 원망들 듣지 않으려면 많은 노력을 기울여야 한다. 비만은 분명 건강을 가장 위협하는 것은 물론 정신건강의 장애요인으로도 작용한다.

Tanner(1964)는 올림픽 참가선수를 대상으로 체형 및 체격과 관련하여 분석한 결과, 투원반, 역도, 레슬링선수는 체중이 높고 우람한 체형(weight;

TW2방법의 실제

성인신장예측 = a×측정시의 신장+a×측정시의 역연령+c×RUS골점수
+d×측정전 1년간 신장증가치+e×측정전 RUS증가치+K
RUS : Radius, Ulna, Short finger bones

예) 6세의 경우
성인신장(소년) = (1.28×신장)–(7.5×역연령)–(0.12×골점수)+75
성인신장(소녀) = (0.89×신장–(3.3×역연령)–(0.15×골점수)+89
※여기에서 적용된 계수는 김선응 등(2007)의 '발육발달학'을 참고하면 된다.

또 다른 자료에서는 다음과 같은 계산식을 적용하기도 하였다.
성인신장 = a×신장(cm)–b×연령(년)+c×골점수(년)+d
예) 8.2세 남자의 신장이 127.0cm, 골점수 9.0세라고하면 (8.0세 부분의 계수를 이용하여)
성인신장 = 1.22×127.0–7.2×8.2–0.4×9.0+82.0=174.3cm
성인신장 추정변인 : 역연령, 신장, 체중, 부모의 평균신장

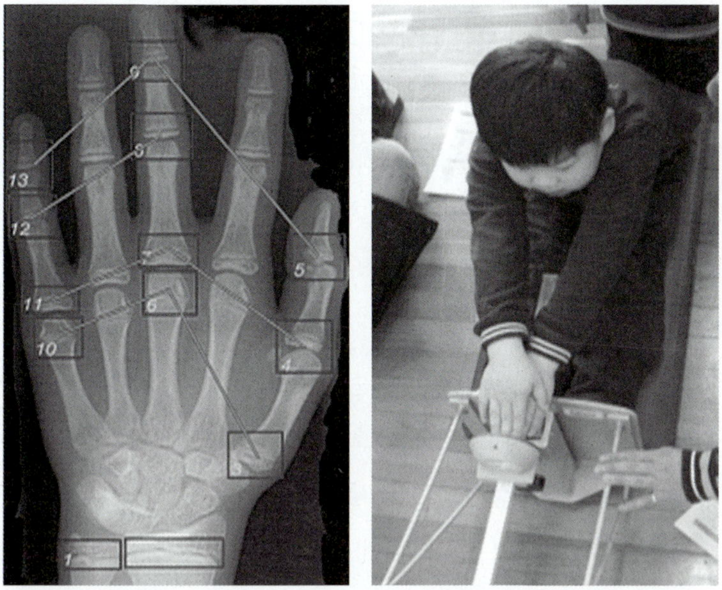

그림 1-6.
수지골과 수완골 등을 통해서 성인신장을 예측하는 TW2방법의 X-선 사진과 어린이의 유연성 측정 장면 (앉아 윗몸 앞으로 굽히기)

stockness)을 나타내며, 허들과 도약선수들은 신장이 크고 날씬한 체형(height; slenderness)을 주로 나타내는 것으로 보고하였다. 체격 성장과 관련하여 골성숙의 평가는 성장에 대한 예측을 위해서 중요한 의미를 가진다. Tanner(1962)는 발육발달에 영향을 미치는 요인으로서 유전, 질병, 영양, 운동, 가정환경, 자연환경 등의 상호작용을 주장하였으며, 골성숙 예측지표로서 신체의 유형, 신장의 백분율, 신체의 체지방률, 골면적, 골길이, 골두께 등을 제시하였다. 특히 그는 X-선을 이용한 골성숙 분석방법을 통해서 X-선상에서 골핵이 출현하는 시점과 출현된 골핵의 수로서 성장을 평가하고 골모양의 변화과정을 분석하였다. Tanner와 Whitehouse(1983)는 골화중심이 출현하는 순서, 골화의 진행상태를 통해서 성숙등급을 배점(골점수), 수지골과 수완골 등을 통해서 성인신장을 예측하는 TW2방법을 개발하였다.

5 손가락 길이 비율 (2D:4D ratio)

태아의 테스토스테론(testosterone)은 처음에는 산모로부터 태반을 거쳐 태아의 혈류로 들어가게 되지만 그 후 태아 자체의 Leydig 세포가 분화되는 즉, 태아 스스로 테스토스테론을 분비하기 시작하는 약 8주부터 임신 중기까지 점차 많은 양을 분비하게 되다가 그 이후부터 생후 몇 개월까지는 점차 감소되면서 아동기 동안 일정한 수준을 유지하게 된다(Tanner, 1990). 상대적인 손가락의 길이는 태아성숙의 초기에 결정이 되는데 손가락 길이의 비율은 태아기 13주에 결정되고(Garn et al., 1975) 이러한 비율은 아동기까지 약간 증가하나 그 후에는 큰 변동이 없이 일생동안 계속되므로(Manning et al., 2000) 태아기에 결정된다고 볼 수 있다. 그러므로 손가락 길이 비율은 태아기의 테스토스테론과 에스트로겐의 노출의 지수라고 말할 수 있다(Martijn, 2006).

손가락 비율은 남성과 여성에서 차이가 있으며 태아기의 테스토스테론과는 부적 상관을 가지면서 다음과 같은 관련성이 제시되어 왔다. 첫째, 남성은 여성과 비교해서 2D:4D ratio의 낮은 비율로 성적 이형적인 특성을 가진다(Manning et al., 1998). 둘째, 2D:4D ratio에서 성적 이형성은 사춘기 전의 아이들에게도 나타난다(Manning et al., 2004). 셋째, 아이들의 2D:4D ratio는 성인의 2D:4D ratio과 강하게 관련이 있다(Trivers et al., 2005). 넷째, 유아의 2D:4D ratio에서의 성적 이형성은 성인의 2D:4D ratio 변화를 20%까지 설명한다(McIntyre et al., 2005). 다섯째, 태어나기 전의 높은 안드로젠을 가져오는 부신이 확대되는 질환인 선천성 부신과형(Congenital adrenal hyperplasia, CAH)을 가진 아이들은 보통의 아이들에 비해 낮은

2D:4D ratio를 가진다(Brown et al., 2002; Buck et al., 2003; Okten et al., 2002). 2D:4D ratio는 검지와 약지의 비율을 이용하여 태아기의 테스토스테론과 에스트로겐의 노출 정도를 간접적으로 측정하는 방법이다.

일반적으로 2D:4D ratio의 비율이 높으면 태아기 때 에스트로겐의 노출이 많이 되었다고 보며, 이와 반대로 비율이 낮으면 태아기 때 테스토스테론의 노출을 많이 받은 것으로 간주된다. 이러한 2D:4D ratio의 측정방법은 직접측정, 손의 스캔을 이용한 측정, X-ray 촬영 결과를 이용한 측정의 3가지로 나누어 볼 수 있다. 2D:4D ratio는 여성이 남성보다 그 비율이 높게 나타나며 신체구성과의 관계에서 특히 WHR(Waist hip ratio)은 손가락 비율이 높을수록 그 값이 커진다. 체력과의 관계에서는 손가락 비율이 낮을수록 운동능력이나 체력이 높게 나타난다. 그러나 신체구성이나 체력과의 상관이 없다는 연구도 보고되고 있어서 명확한 분석을 위해서는 추가적인 연구가 필요할 것이다.

참고문헌

김선응 등 (2007) 발육발달학. 서울: 도서출판 미디어, pp. 42~44.

Brown, W. M., Hines, M., Fane, B. A., & Breedlove, S. M. (2002). Masculinized finger length patterns in human males and females with congenital adrenal hyperplasia. Hormones and Behavior, 42, 380~386.

Buck, J. J., Williams, R. M., Hughes, I. A., & Acerini, C. L. (2003). In-utero androgen exposure and 2nd to 4th digit length ratio? Comparisons between healthy controls and females with classical congenital adrenal hyperplasia. Human Reproduction, 18, 976~979.

Garn, S. M., Burdi A. R., & Babler W. J. (1975). Early prenatal attainment of adult metacarpal-phalangeal rankings and proportions. American Journal of Physical Anthropology, 43, 327~332.

KR2방법(高井省三, 1999) : 身長成熟度(生物學的年齡)體力運動能力. 한국발육발달학회 초빙세미나.

Manning J. T., Barley L., Walton, J., Lewis-Jones, D. I., Trivers, R. L., & Singh, D. (2000). The 2nd:4th digit ratio, sexual dimorphism, population difference, and reproductive success for sexually antagonistic genes? Evolution and Human Behavior, 21(3), 163~183.

Manning, J. T., Scutt, D., Wilson, J., & Lewis-Jones, D. I. (1998). The ratio of 2nd and 4th digit ratio length: a predictor of sperm numbers and concentrations of testosteron hormone and oestrogen. Human Reproduction, 13, 3000~3004.

Manning, J. T., Stewart, A., Bundred, P. E., & Trivers, R. L. (2004). Sex and ethnic differences in 2nd to 4th digit ratio of children. Early Human Development, 80, 161~168.

Martijn, B. W. (2006). Second-to-fourth-digit ratio related to jealousy. Minor thesis of school of Behavioral and Cognitive Neuroscience. University of Groningen. The Netherlands.

McIntyre, M. H., Ellison, P. T., Lieberman, D. E., Demerath, E., & Towne, B. (2005). The development of sex differences in digital formula from infancy in the Fels Longitudinal Study. Proceedings of the Royal Society B: Biological Science, 272, 1473~1479.

Okten, A., Kalyoncu, M., & Yaris, N. (2002). The ratio of second-and-fourth digit lengths and congenital adrenal hyperplasia due to 21-hydroxylase deficiency. Early Human Development, 70, 47~54.

Tanner, J. M. (1990). Principles of growth standards. Acta Paediatrica Scandinavica, 79(10), 963~967.

Tanner, J. M. (1962) Growth at adolescence. 2nd ed. Oxford : Blackwell Scientific Pub.

Tanner, J. M., Whitehouse, R. H., & Healy, M. J. R. (1962). A new system for estimating skeletal maturity from the hand and wrist, with standards derived from a study of 2600 healthy British children. Paris : Center International de I'Enfance.

Tanner, J. M., Whitehouse, R. H., Marshall, W. A., Healy, M. J. R., & Goldstein, H. (1975). Assessment of skeletal maturity and prediction of adult height. (TW2 method). London Academic Press.

Trivers, R., Manning, J., & Jacobson, A. (2005). A longitudinal study of digit ratio (2D:4D) and other finger ratios in Jamaican children. Hormones and Behavior, 49, 150~156.

제**2**장

운동기능의 과학

1 운동선수 중 왼손잡이가 많은 이유

왼손잡이가 비정상적인 것으로 잘못 인식되는 사회통념 때문에 왼손잡이라는 것을 숨겨 온 경향이 많았다. 그러나 운동선수들 중에는 뛰어난 왼손잡이가 많다. 과거 프로야구는 물론 IMF 극복의 화신으로 각광받았던 이승엽선수도 왼손잡이이다. 왼손잡이에 대한 이해는 신경중추인 대뇌의 구조에서부터 출발할 수 있다. 대뇌는 좌우반구가 서로 연결되어있는 구조를 가지는데, 좌뇌와 우뇌는 서로 대칭이 아니며 주로 담당하는 역할의 차이를 가진다(Lateral Dominance). 언어사용을 비롯한 일반적인 지각능력은 좌뇌가 우세한 특성을 가지는데 반해서 고도의 운동기술, 음악 및 감성 등과 같은 예술적인 감각능력은 우뇌가 보다 우세한 특성을 가진다. 복잡한 시각정보에 대한 인식도 우뇌가 우세하다. 시각과 고도의 신체적 협응능력은 우수한 운동능력을 발휘하는데 중요한 요인으로 작용한다. 좌측손은 우뇌의 지배를 주로 받기 때문에 왼손잡이는 우뇌가 우세한 특성을 가진다. 따라서 우뇌의 기능이 보다 우세한 특성을 가진 왼손잡이 운동선수가 우수한 운동능력을 발휘할 가능성이 더욱 높은 것이다.

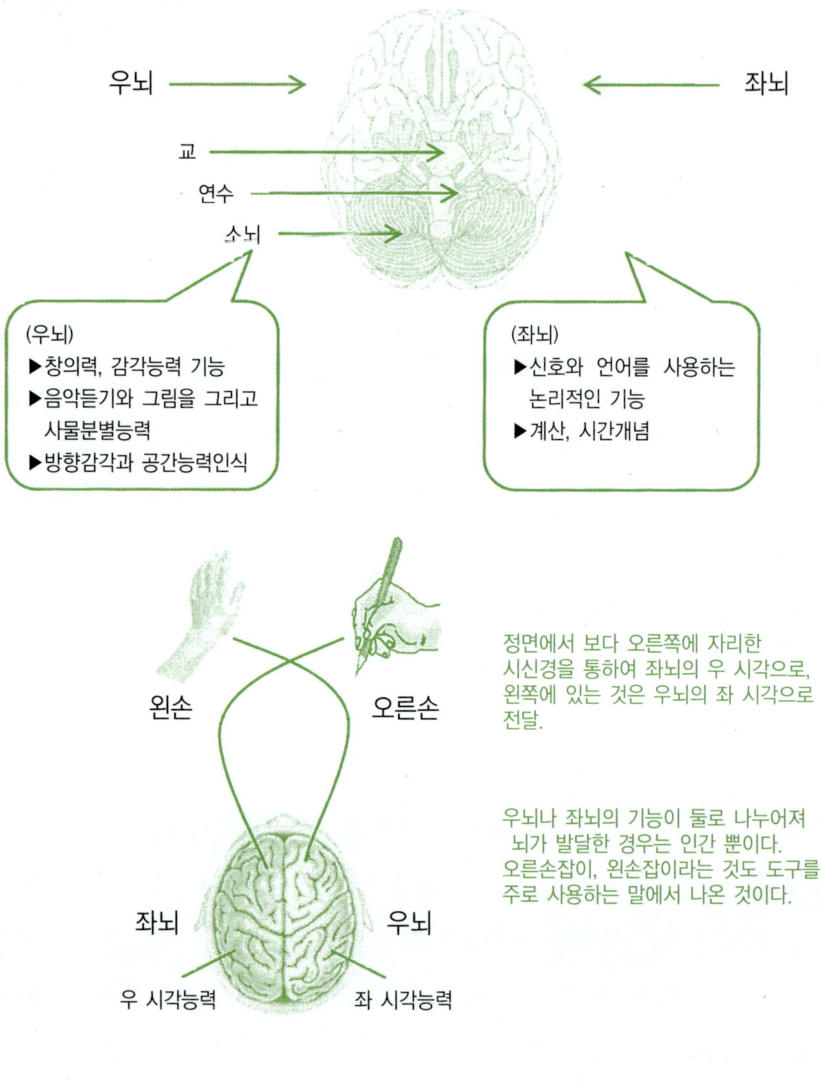

그림 2-1. 좌뇌-우뇌의 기능연결

일반적인 인간평가의 기준으로는 이용해오던 지능지수(IQ)보다는 감성지수(EQ) 및 도덕지수(MQ)를 널리 이용하고 있는데, 지능지수는 좌뇌기능을 중요시 한 것이지만, 감성지수는 우뇌의 기능을 보다 중요시 한 것이다. 집중력과 창의성에 비중을 두는 감성지수가 우뇌기능이 우세한 왼손잡이 운동선수가 더욱 높게 나타난다는 것은 우수한 운동선수의 경우 집중력 및 창의성을 바탕으로 한 감각능력이 더욱 우수한 것이다. 오른손잡이가 더욱 많은 현실과는 다르게 실제로는 태어날때는 왼손잡이의 특성을 가진 어린이가 많은데도 불구하고 사회인식 때문에 후천적으로 오른손잡이로 변화되는 사례가 많은 것으로 알려져 있다. 우수한 운동선수를 많이 기르기 위해서는 자신의 유전적 우뇌특성을 그대로 살릴 필요성이 있다. 또한 오른손잡이도 왼손을 많이 사용할수록 우뇌의 기능이 향상될 수 있다. 왼손잡이에 대한 인식의 전환이 필요한 것이다.

2 주로 보는 눈이 따로 있다

인간 기능 중에서 태어나면서 결정되는 특성 중에는 사물을 볼 때 양쪽 눈 중에 주로 보는 눈을 가진다는 것이 있다. 이것을 주시(主視 · Eye Dominance)라고 하는데, 양쪽 눈을 모두 이용하여 좁은 시각범위에서 관찰할 수 있었던 물체가 한쪽 눈을 감았을 때 목표물체가 좁은 시각범위에서 사라지게 되면 이때 감은 눈이 주시가 되는 것이다. 인간의 97%가 주시를 가지고 있으며, 유아기에 형성되어 특별한 일이 없다면 평생동안 변하지 않는다. 또한 주시력이 반대쪽 시력보다 더 나빠질 가능성이 높다. 주시가 아닌 반대쪽 눈으로 물체를 세부적으로 정확하게 보려고 하면, 어딘지 모르게 부자연스럽거나 불편하며 목표물을 정확하게 보기도 어렵고 안정성이 떨어진다. 대부분의 경우 주시는 좌우 신체 부위중 주로 사용하는 부위와 일치하는데 10명중 1~2명은 일치하지 않게 된다. 오른쪽 주시-오른손잡이, 왼쪽 주시-왼손잡이인 경우가 대부분이며 주시와 자주 사용하는 손의 방향이 일치하지 않는 경우도 가끔 있다. 이러한 유전적 특성은 운동종목에 따라서 중요한 영향을 미칠 수 있다.

주시가 왼쪽이면 왼쪽에서 일어나는 상황에 대한 시각정보의 파악은 우수하지만 오른쪽에서 들어오는 시각정보의 파악에는 불리해진다. 야구경기에서 볼의 흐름과 각도 등에 의한 주된 영향도 있겠지만, 왼쪽 주시를 가질 확률이 높은 왼손잡이 선수들이 우측 타석을 이용할 때 대부분 왼손투수에게 약한 이유가 타자의 오른쪽에서 일어나는 시각정보에 불리한 이유가 작용할 가능성이 높다. 그러나 오른쪽 주시를 가진 왼손타자는 예외가 될 수 있을 것이다. 사격선수가 목표를 겨누는 자세를 훈련할 때 왼손 혹은 오른손잡이 특성에 의존하는 것보다는 자신의 주시에 의존하는 것이 더욱 중요하다. 소총사격자세를 취할 때 오른손잡이는 오른쪽 어깨를 이용하는데, 만약 왼쪽 주시를 가진 선수는 왼쪽 어깨를 이용하여 왼쪽 눈으로 목표를 겨누는 자세를 취하도록 해야 할 것이다. 축구선수의 경우에도 오른쪽 주시를 가진 선수는 오른쪽 방향으로 플레이를 진행하거나 오른쪽에서 일어나는 상황에 대해서는 신속하게 반응할 수 있는 특성을 가진다. 그래서 오른쪽 눈이 주시인 축구선수에게 상대방이 오른쪽으로 페인트를 쓴다면 잘 속지 않는다. 우수한 운동선수가 되기 위해서는 주시가 어느 쪽인가를 미리 파악하여 그 특성을 최대한 살려나가는 것도 중요하며, 주시에 대비해서 취약할 수 있는 방향에 대한 시각정보의 파악능력을 향상시키도록 훈련하는 것이 더욱 중요한 것이 될 것이다.

주시를 찾는 방법은 다음과 같다.

(1) 손을 포개서 작은 원을 만든다.
(2) 과녁이 원 안에 들어오도록 포갠 손을 과녁을 향해 뻗는다.
(3) 두 눈을 뜬 상태로 과녁중심이 원 안에 들어오도록 만든다.
(4) 그 상태에서 두 눈으로 과녁의 중심을 계속 쳐다보면서, 팔을 당겨서 손등이 얼굴에 닿도록 만든다.
(5) 손등이 얼굴에 닿으면, 구멍은 한쪽 눈 위에 오게 된다. 바로 그 눈이 '주시'이다.

3 반응시간의 과학

반응시간(reaction time)은 흔히 주어진 자극에 빠르게 반응하는 것으로만 생각되지만, 단순반응과 선택반응을 모두 포함하기 때문에 자극과 관련된 정보를 판단하고 분석한 후 요구되는 적절한 반응을 계획하고 수행할 수 있는 능력을 함께 포함하고 있다. 따라서 반응시간은 자극정보의 인지능력, 분석능력, 판단하는 능력, 집중하는 능력 등의 평가지표로 이용된다. 자극으로부터 반응에 이르는 과정은 자극을 받아들이는 감각수용기, 뇌로 자극정보를 전달하는 경로, 정보의 분석 및 반응형태를 결정하기 위한 대뇌를 비롯한 중추신경계에서의 분석능력, 동작정보를 근육으로 전달하는 경로, 근육내에서의 활성화과정 등을 포함하게 된다. 자극정보의 수용으로부터 근육으로 동작명령을 전달하기까지의 신경기능과 동작을 실제 수행하는 근육기능으로 크게 나누어진다.

근육활동을 측정하는 근전도(EMG : electromyography)와 동작발휘의 기준이 되는 관절움직임을 측정하는 전자관절각도계(EGM : electrogoniometer) 등을 이용해서 반응시간을 보다 과학적으로 분석해보면, 자극제시에서 근육활동을 시작하는 운동전반응시간(Pre-motor RT)과 근육활동에서 실제 동작이 일어나기까지의 운동반응시간(Motor RT)으로 나누어진다. 운동전반응시간은 신경기능에서의 정보전달 및 분석능력을 나타내며, 운동반응시간은 근육기능의 활성화를 나타낸다. 반응시간은 유전적인 특성과 훈련에 의한 영향을 함께 받는 것으로 알려져 있으나, 세부적으로 살펴보면 운동전반응시간은 뇌를 중심으로 한 유전적인 특성의 범위가 크게 작용하며, 운동반응시간은 여러 가지 요인들이 영향을 미칠 가능성이 크다. 운동선수들

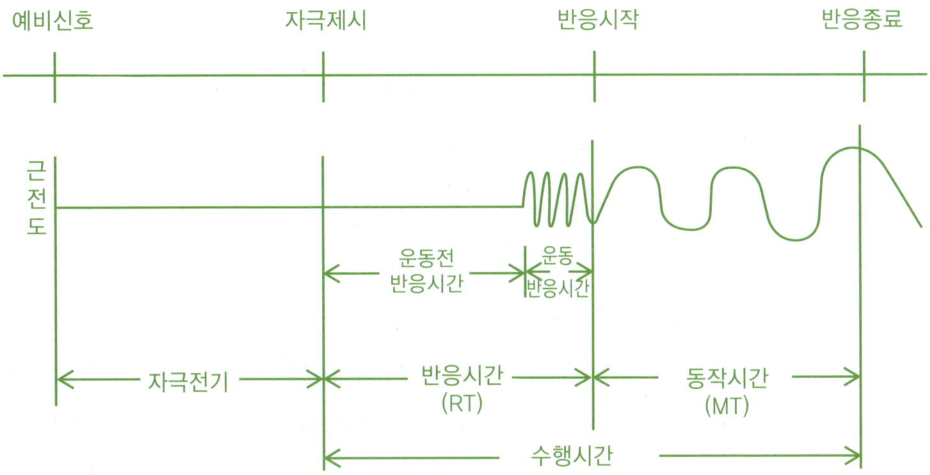

그림 2-2. 반응시간의 패러다임(Schmidt, 1982)

이 선천적으로 머리가 좋아야 한다는 것은 운동전반응시간을 중심으로 한 정보분석의 인지능력과 판단력이 중요함을 의미하며, 신속하게 주어진 상황을 분석하여 행동방향을 결정하는 능력이 요구되기 때문이다. 경기상황에서 운동전 반응시간을 중심으로한 인지능력이 우수할수록 주저하지 않고 신속하게 반응할 수 있는 선천적으로 머리가 좋은 선수임을 의미한다.

순간적인 반응시간의 기본적인 특성은 유전능력을 바탕으로 한 적정종목의 선택에도 널리 이용된다. 과거 육상경기 200m에서 아시아의 최강자로 활약한 장재근선수는 원래 100m경기를 주종목으로 하던 선수였으나, 스타트에서 문제점이 지적되어 반응시간의 분석을 토대로 200m에 주력하는 것이 적절한 것으로 판단되었던 것이다. 반응시간의 과학적 분석이 일구어낸 아시안게임 금메달인 것이다.

4 조건반사와 운동

Ivan Pavlov는 먹이를 갖고 오는 사람의 방울소리에 의해 침을 흘리는 개를 연구하여 자신의 의지와 관계없이 나타내는 반사작용의 존재를 증명함으로서, 1904년 노벨 생리 · 의학상을 수상하였다. 스포츠장면에서는 흔히 선수들의 반사적인 동작에 의한 멋진 플레이에 의해서 관중들이 더욱 즐거워한다. 반사작용에 의해서 축구의 스트라이커가 골문 앞에서 멋진 플레이를 연출하기도 하지만, 때로는 반사작용에 의해서 스스로의 통제와 조절을 벗어난 어처구니 없는 플레이를 나타내면서 빈축의 대상이 되기도 한다. 멋진 플레이의 반사작용은 감각기 및 반사중추를 연결하는 신경회로에 의해서 효과기에 해당하는 골격근의 활동을 조절하여 불안정한 동작을 재정립하고 적절한 자세를 유지토록 변화시키는 것이다. 뇌간 및 척수에는 다양한 반사중추가 존재하는데, 가장 단순한 형태인 굴곡반사는 위험한 자극으로부터 신속하게 손과 발을 떼는 동작에서 작용한다. 또한 신전반사는 근육 내에 존재하는 근방추와 건에 존재하는 골지건기관(Golgi tendon organ)과 같은 고유감각수용기를 통해서 일정한 근수축, 고난이도 기술과 관련된 근수축, 응급을 요구하는 근수축 등이 가능하도록 하며, 균형적인 자세유지의 중요한 역할을 담당한다. 또한 상호신경지배반사는 관절을 중심으로 한 주동근 · 길항근 및 좌 · 우근의 협응력을 발휘하도록 한다. 고유감각기능은 사지의 동작시 방향, 속도, 공간적 특성 등에 관련된 정보들을 제공함으로서, 반사작용은 물론 고도의 기술발휘를 가능토록 하는 것이다. 또한 목의 위치조절에 관여하는 경반사, 세반고리관과 전정기관을 중심으로 한 평형성 유지에 작용하는 미로반사 등이 있다. 운동시 관절 위치나 속도를 중심으로 한 동작오류를 수정하기 위한 반사작용은 대뇌에 까지 이르는 구심성 통로를 통해서 이루어지면서 고난이도의 기술발휘에 이용된다. 대부분의 스포츠장면에서는 단순한 반사작용과 통합적인 반사작용이 작용하며, 복잡하고 고도의 기술을 요구하는 대부분의 스포츠 활동은 반사작용에 의한 불수의적 과정과 수의적 과정에 의한 추체로(Pyramidal tract)와 추체외로(Extrapyramidal tract)의 통합적인 신경 전달경로를 통해서 이루어진다. 반사동작은 신비스러운 신체구조와 기능을 바탕으로 다양한 경로에 의해서 발휘되며, 스포츠경기를 통해서 관중을 흥분시키는 운동능력의 극치를 결정해주는 역할을 담당한다.

5 발의 미학

발은 인체구조의 초석으로서 일상생활은 물론 운동시 중요한 역할을 담당하지만 천대받는 경우가 많아 악취를 풍기기도 하고 맨땅에 내돌리기도 한다. 그러나 큰 몸집을 지탱하고 충격을 완화시키며 균형을 적절하게 유지하기 위해서 신비스러운 건축학적 구조를 가지고 있다. 발의 구조중 균형과 충격완충의 주된 역할을 담당하는 것으로는 족궁(arch of foot)이 있다. 족궁은 인간의 구조적 특성을 대변해 줄 정도로 포유동물 중에서 가장 발달해 있다. 족궁이 없는 편평족(flat foot)은 과거 한때 군입대 면제사유가 될 만큼 신체기능 발휘에 어려움을 제공한다. 편평족은 신체균형의 유지를 어렵게 하며 장시간 운동시 쉽게 피로해지면서 운동지속능력이 저하되고 상해를 입을

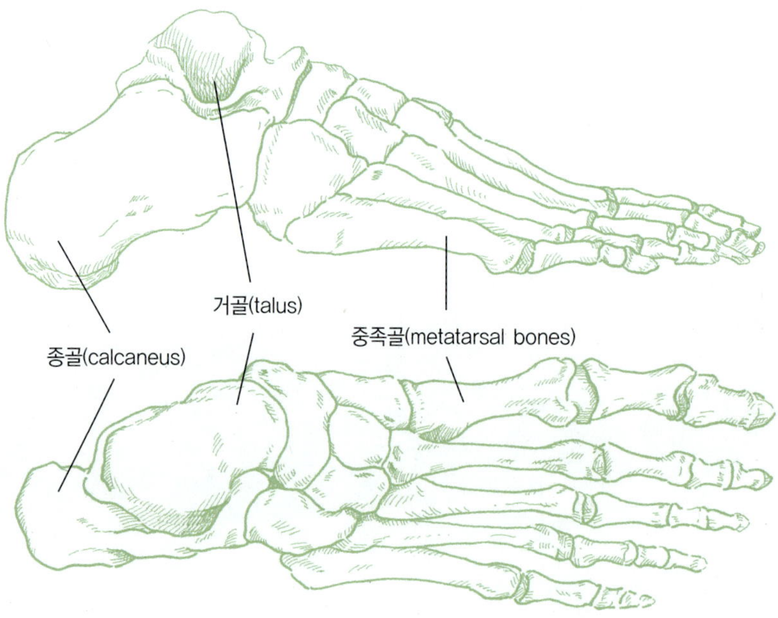

그림 2-3. 발의 구조

가능성도 그만큼 높다. 족궁의 발달정도는 발의 사용이 빈번한 운동선수에게서는 더욱 중요한 특성에 해당한다. 편평족의 이러한 어려움을 극복하기 위해서 신발을 특수하게 제조하기도 한다.

편평족의 발생은 후천적인 영향도 많이 받지만 유전적인 특성을 지닌다. 좌우발의 사용은 차이를 가지는데 특히 왼발의 기능이 유전적인 영향을 많이 받는 것으로 알려져 있다. 물론 어린시절 적절한 신발을 신고 정상적인 발육이 가능하도록 해주는 것이 편평족의 발생을 방지하는데 중요한 영향을 미친다. 편평족 중에서도 이를 극복하고 운동능력이 뛰어난 예외적인 선수도 있다. 발은 천대받는 신체부위에 해당하지만 우수한 운동선수가 되기 위해서 필수적인 조건에 해당한다. 발의 위대함은 축구의 과학 부분에서 추가적으로 기술한다.

6 러너의 발뒤꿈치

달리기를 즐기는 인구증가와 더불어 동호인 그룹도 늘어나고 있으며, 마라톤대회에 일반참가자들의 수도 급속히 증가하고 있다. 달리기운동이 건강에 미치는 긍정적인 효과와 더불어 자연과 인간의 조화를 이루는 원시적 매력을 함께 지니기 때문일 것이다. 마라톤선수들은 1.6km 당 약 1500회에 이르는 수많은 빈도로 지면과의 충격을 경험한다. 그때마다 체중의 3~4배가 넘는 부하가 지면으로부터 신체에 전달된다. 이러한 충격은 내장기관에서 출혈을 일으키며 운동성 빈혈의 원인으로 작용할 수도 있으며, 뇌에도 많은 충격을 줄 수 있기 때문에 적절한 신발 및 지면의 선택 등에 관심을 가지는 것이 중요하다. 이 엄청난 충격을 가장 먼저 받아들이는 부위는 발이다.

달리기 시 발의 움직임을 조절하는 근육은 발의 근육자체도 중요하지만, 종아리의 근육이 발휘하는 힘을 이용해서 발이 견디도록 해주는 아킬레스건의 역할이 매우 중요하다. 따라서 인체의 건 가운데 가장 튼튼한 것으로 알려진 아킬레스건은 달리기시 항상 부상의 위험에 노출되어 있다. 종아리 근육이나 발뒤꿈치를 단단하게 조이거나, 가파른 언덕을 무리하게 달릴 경우 계속적으로 긴장된 상태를 유지하기 때문에 건이 손상되기 쉽다. 이러한 자극과 더불어 달리는 거리가 과도하게 많거나, 급격한 방향전환을 많이 하거나, 연령증가에 의해서 발에 공급되는 혈류량이 감소하면서 부상의 위험성은 더욱 증가한다. 따라서 달리기 운동시에는 충분한 스트레칭을 실시하며, 과도한 운동량, 무리한 오르막달리기, 지나친 방향전환 등은 삼가야 한다. 발뒤꿈치가 잘 보호될 수 있는 적절한 신발의 착용, 평탄하면서 장애물이 없는 안전한 지면의 선택 등도 함께 고려되어야 한다. 또한, 달리기 직후 통증이 발생하면 냉찜질과 마사지를 실시한 후 휴식을 취해야 한다. 또한 통증이 계속되면 의사의 진단을 받도록 하면서 약간의 염증치료제 섭취도 도움이 될 것이다.

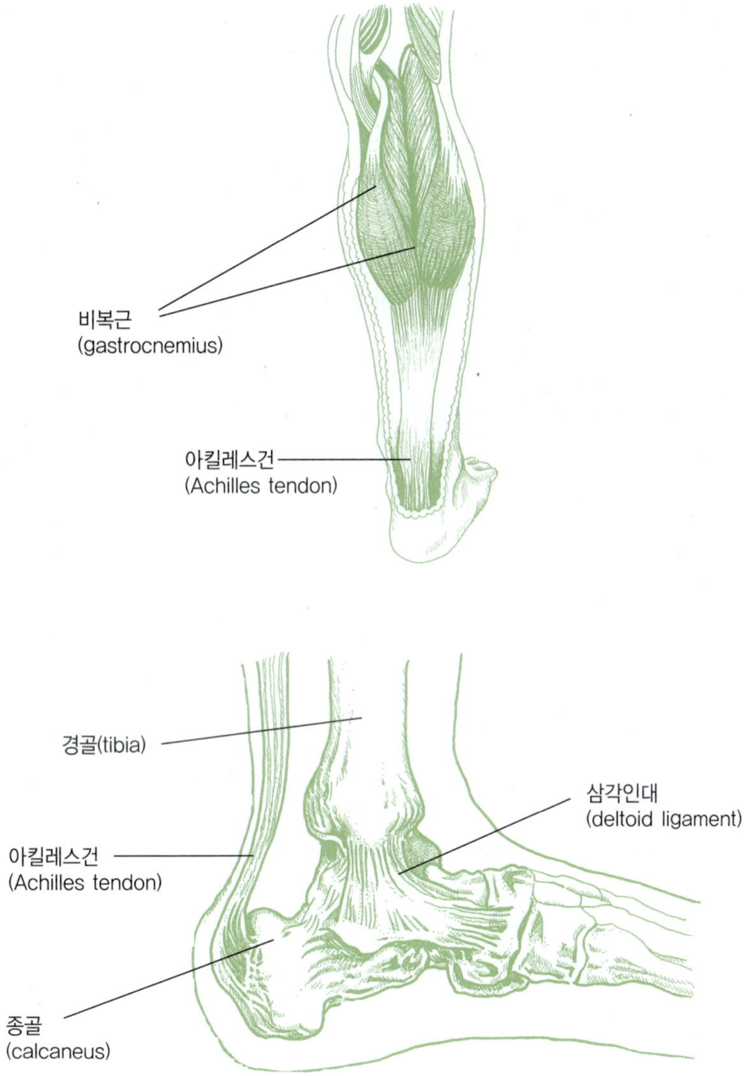

그림 2-4. 아킬레스건의 구조

7 여자선수의 월경주기

여자선수들의 경기력 저하를 초래하는 중요한 요인으로는 월경, 식사장애, 빈혈, 골다공증 등이 제기되어 왔다. 월경주기는 3가지 주요 단계별로 여자선수들의 생리적 기능발휘에 영향을 미치며, 월경주기 자체가 운동수행에 따른 영향을 받기도 한다. 월경직전이나 초기에 운동능력이 저하되는 선수들이 있는데 반해서, 월경주기동안 운동능력이 거의 영향을 받지 않는 등 월경주기의 단계별로 운동능력에 영향을 미치는 정도는 다양한 개인차를 나타낸다. 몇몇 여자선수들이 월경기 중 세계기록을 수립한 경우가 있는 반면에 서울올림픽에 참가한 여자선수를 대상으로 분석한 결과 약 40%가 월경기에는 경기를 피하고 싶다고 주장하였다.

여자선수들의 월경주기는 수면, 식사, 스트레스, 신체적 컨디션, 감성 등과 함께 생체리듬(biorhythm)의 주요 요인에 해당하기 때문에 이러한 여러 가지 요인을 복합적으로 고려해서 가장 적절한 생체리듬의 단계에서 중요한 경기에 출전토록 하는 방안이 이용되고 있다. 국내 여자선수들중 일부는 월경주기 조절을 위해서 약제를 섭취하는 경우도 있는 것으로 알려져 있다. 그러나 이러한 약제섭취는 구토, 메스꺼움, 어지러움 등과 같은 부작용을 나타낼 가능성이 높으면서 생리적 기능의 정상적인 유지에 부정적으로 작용할 수도 있다. 월경주기에 따라서 체온변화를 비롯한 생리적 기능의 변화가 나타나기 때문에 월경주기가 여자선수들의 운동능력에 부정적인 영향을 미칠 가능성은 있지만, 선수들이 이러한 영향을 얼마나 효율적으로 극복할 수 있느냐 하는 것이 보다 중요한 문제이다. 대부분의 여자선수들은 월경초기에 생리적 기능이 저하되면서 경기력이 떨어질 것이라는 스스로의 의식자체를 포함한 심리적 영향을 받을 가능성이 높다. 따라서 지도자들은 여자선수들에게 월경주기 자체가 경기력을 저하시키는 요인이 될 수 없다는 것을 강조하고 훈련과정에서 이를 인식시키도록 해주는 것이 요구된다.

여자선수들의 운동수행이 초경을 지연시키거나 조기에 발생토록 할 것이라는 주장도 충분한 근거를 가지지 못한다. 체조선수를 비롯한 고도로 훈련된 운동선수들은 초경이 오히려 지연되는 것으로 알려져 있으며, 반대로 초경이 조기에 나타난다는 주장은 운동수행에 따른 신체적 발육의 조기화에 의한 영향으로 간주될 수 있다. 여자선수들은 월경주기와 관련하여 강도높은 훈련이 정상적인 월경주기 유지에 부정적인 영향을 미칠수 있다는 것이 보다 중요한 관심사항이다. 월경주기가 정상적이었던 피겨, 체조, 사이클 및 마라톤 등의 여자선수들 중 고강도의 트레이닝을 수행한 후 과소월경 혹은 무월경 증상을 나타낼 가능성이 높은 것으로 알려져 있다. 이러한 비정상적 월경주기현상은 트레이닝과정에서 주어지는 고강도의 운동자극, 심리적 스트레스, 낮은 체중과 체지방, 불충분한 식이와 영양장애, 내분비기능의 변화 등이 그 원인으로 작용한다. 여자 마라톤선수들의 무월경 증상은 트레이닝 양과 비례관계를 나타내며, 트레이닝 양을 감소시키거나 휴식을 취하는 경우 회복되기도 한다. 또한 고강도의 트레이닝기에는 영양상태가 미흡하거나 심리적인 스트레스가 복합적으로 작용하여 정상적인 내분비기능이 유지되지 못하는 것으로 알려져 있다. 여자선수들의 월경주기와 관련된 문제는 월경주기에 따라서 경기력이 저하되느냐 그렇지 않느냐하는 문제보다는 무분별한 트레이닝계획에 의해서 여자선수들의 건강유지에 중요한 요인인 월경주기가 정상적으로 유지되지 못할 수 있다는 것을 보다 중요하게 고려해야 할 것이다.

8 운동과 수면

겨울은 밤이 길어지면서 수면이 많은 계절이다. 수면과 관련된 기전은 충분히 밝혀지지 못한 상태이다. 수면주기에 영향을 미치는 요인으로는 세포주기, 특정 화학물질의 축적, 뇌간의 특정부위 활성화 등이 제기되어 왔으나, 최근에는 세로토닌, 노르에피네프린 및 대사산물 등의 농도 변화에 의한 것이 가장 설득력 있게 받아들여지고 있다. 실제로 2시간이상의 장시간 운동을 수행하면 탄수화물 및 지방대사 뿐만 아니라 단백질 대사가 추가적으로 동원되면서 전체 필수아미노산의 손실이 증가되어 상대적으로 적게 소모되는 트립토판(tryptophan)의 상대적 농도증가가 뇌 순환계에서의 세로토닌 증가를 초래하면서 중추신경계가 피로해지고 잠이 오는 현상이 발생할 가능성이 높다. 운동성 피로현상이 진전되면 졸리는 현상이 발생할 가능성이 높은 것도 이러한 요인이 작용하기 때문일 가능성이 높다. LA 올림픽의 마라톤경기에서 골인 직전에 술취한 사람처럼 비틀거린 선수의 경우 중추신경계의 피로현상이 중요한 영향을 미쳤을 가능성이 높다.

수면주기는 크게 4단계로 구분되는데, 뇌파에 의한 분석결과에서 수면이 4단계로 진전되면서 깊어 질수록 느린 뇌파의 출현비율이 높아진다. 또한 수면은 안구운동이 일어나는 상태(REM 수면 : Rapid Eye Movement)와 그렇지 않은 상태(Non-REM 수면)로 구분되는데, 하루 수면시 두가지 형태의 수면이 서로 반복된다. 신생아는 두가지 수면이 서로 절반을 이루지만, 연령이 증가하면서 REM 수면이 점차 감소하여, 성인의 경우 약 25%가 REM수면을 차지하는데, 두가지 수면은 하루 수면에서 모두 요구되며 어느 한쪽 수면이 부족하면 그 다음 수면에서 이를 보충하려는 현상이 나타난다. REM

수면에서 꿈을 꾸는 것으로 알려져 있으며, REM 수면이 부족하면 불안한 증상을 나타낼 가능성이 높다. 그러나 Non-REM 수면에서 느린 파형의 뇌파가 출현하는 비율이 높기 때문에 더 깊은 수면으로 알려져 있으나, 그 반대이론을 주장하기도 한다. REM 및 Non-REM 중 어느 것이 더 깊은 수면으로 간주되기 보다는 느린 파형이 주로 출현하는 4단계의 수면이 깊은 수면으로 간주되어야 한다. 적절한 운동을 실시하면 느린 파형의 출현비율이 높게 증가하면서 깊은 수면을 취할 가능성이 높기 때문에 효과적인 수면을 이루는데 도움이 될 것이다. 1975년 '네이처' 지에 '운동과 수면' 에 대한 연구결과를 발표한 Horne과 Porter는 운동을 통한 체온증가는 뇌의 온도 증가에 의한 대사율을 활성화시켜 느린 파형의 뇌파 출현을 나타내는 수면 요구를 증가시키게 된다고 주장하였으며, 오후시간의 운동이 밤시간의 깊은 수면에 도움을 준다고 주장하였다. 효과적인 수면이 건강에 도움을 주게 된다는 것을 고려할 때, 규칙적이고 적절한 운동과 더불어 효과적인 수면은 건강유지에 긍정적인 영향을 미치게 될 것이다.

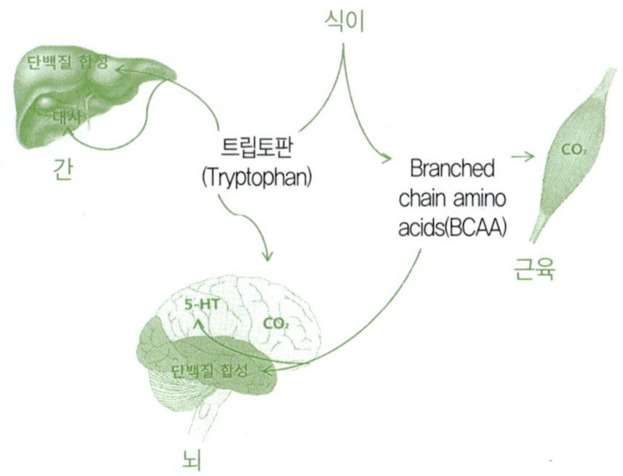

그림 2-5. BCAA와 트립토판과 관련된 근육, 간 및 뇌의 관련성

그림 2-6. 적절한 운동을 실시하면 깊은 수면을 취하는데 도움이 된다.

9 기억과 운동

유전학 연구분야는 다아윈의 '종의 기원'과 '멘델의 법칙' 등으로 시작되어 과거 노벨상의 단골주제로서, DNA의 2중 나선모형을 밝혀낸 영국의 모리스 윌킨스, 제임스 왓슨 및 프랜시스 크릭(1962년)을 비롯하여 '단백질의 운명'에 관한 가설을 제시하여 유전연구의 종합판이라고 할 수 있는 게놈 프로젝트 응용에 유용한 공헌을 한 군트 블로벨(1999년)에 이르기까지 약 40여명의 노벨상 수상자를 길러 냈으며, 1997년 2월 영국의 로스린 연구소의 윌머트는 복제 양 돌리를 탄생시키기에 이르렀다. 인간복제 연구의 중요한 과제 중 하나는 뇌를 중심으로 한 기억능력의 복제를 들 수 있다. 인간은 일상생활에서 끊임없이 반복되는 기억과 망각을 경험한다. 기억에 대한 인간능력의 기전은 여전히 수많은 미결 과제를 안고 있으며, 그 연구결과도 대부분 설에 가까운 정리단계에 그칠 뿐이다.

기억의 유형은 여러 가지 관점에서 나누어 볼 수 있는데, 최근의 일보다 오랜된 일을 더 잘 기억하는 경우를 쉽게 볼 수 있으며, 시각 혹은 청각적 경험의 기억도 차이를 가질 수 있으며, 운동학습에 의한 기억의 정도는 과제의 특성에 따라서 차이를 가질 수 있다. 기억의 기전으로는 학습에 의해서 신경계통에 새로운 단백질을 합성시켜 보존된다는 설, 세포를 중심으로 한 전기 · 화학적 특성변화가 보존된다는 설, 세포간의 특수연락망의 변화가 보존된다는 설 등이 다양하게 제기되어 왔다. 운동기술의 학습에는 대뇌, 소뇌 및 뇌간 등을 중심으로 한 상위 중추신경계에서 척수를 지나 고유감각수용기를 중심으로 한 근육에 이르기까지 기억의 저장창고가 생성 · 보존되면서 필요에 따라서 재현하는 것으로 간주되고 있다. 흔히 자전거타기와 같은 단순한 신체활동은 오랜 시간동안 기억이 유지되며, 뛰고 걷고, 던지고, 음식을 먹는 것과 같이 반복되고 일반적인 행동은 오랜 기억 속에 남게 된다. 기억의 재현과정에서 동작의 속도 및 정확성과 같이 보다 많은 가변성을 가진 요소를 포함한 고난도의 운동기술들이 포함될수록 기억 지속정도는 약해지게 된다. 연령이 증가하거나 오랫동안 기억창고로부터 불러내는 경험횟수가 감소될 경우에도 기억의 지속정도는 저하된다. 운동기술은 부분적으로 학습된 후 기억창고에 연속적이고 통합적인 기술로 저장되며, 통합적인 기능에 의해서 발휘되는 운동기술은 시간이 흐를수록 세분화되어 전체적인 발휘능력의 기억이 약해진다. 기억과 회상능력은 기억창고에 대한 계속적인 자극에 의해서 향상될 수 있다는 관점에서 스포츠에서 요구되는 운동기술의 향상은 계속적인 훈련이 가장 큰 지름길이라고 볼 수 있다.

10 선수연령과 절정기

세계적인 선수들의 경기력이 절정기를 나타내는 시기가 점점 어려지고 있다. 이와 같은 현상은 여러 가지 측면을 의미하는데, 발육과정이 조숙해짐을 의미함과 동시에 언제부터 운동선수로서의 활동을 시작하는 것이 적절하며, 아울러 선수들의 경기력에 타고난 특성이 크게 작용할 가능성이 크다는 것을 의미한다. 물론 이와 같은 현상은 종목에 따라서 현저한 차이를 나타낸다. 수영, 테니스, 체조, 피겨, 다이빙 등은 세계적 선수의 대부분은 어린선수들이지만, 양궁 및 승마 등은 고령선수들이 많다. 육상경기의 경우 단거리보다는 마라톤에서 나이든 선수들이 많다. 남자선수보다는 여자선수들에게서 어린 선수들이 많다. 이와 같은 현상은 운동종목별로 중요한 요인이 차이를 가지며, 발육발달과정에서 신경기능은 근육기능보다 앞서서 향상되기 때문에 오래 지속하는 강인한 체력보다 신경기능을 중심으로 한 순간적인 감각능력 및 협응력이 요구되는 종목일수록 어린 선수가 유리한 것이다.

인체 발달의 연구결과를 살펴보면 7세 전후의 신경기능은 성인의 약 95%수준에 이르며 10세 이후부터 발달이 거의 정체되는 것으로 알려져 있다(Scammon, 1930). 전체적인 체력요인은 25세 이후 매년 점차 감소되는데, 어틀랜타올림픽 참가선수의 평균연령을 살펴보면, 남자가 23세, 여자가 19세로 나타났다. 절정기 선수연령이 보다 적어지는 것에 예외가 없는 것은 아니다. 마라톤선수들중에는 41세에 LA 올림픽을 제패한 로페즈선수가 대표적인 노익장이다. 마라톤처럼 힘든 경기는 어릴적부터 훈련하는 것이 선수성장에 악영향을 미칠 가능성이 높기 때문이다. 환경특성과 훈련여건도 경기력에 중요한 영향을 미치지만, 이러한 요인들도 결과적으로 스포츠영재를 조기에 발굴 · 육성할 수 있는 가능성을 결정하게 된다. 어린 선수들이 세계를 제패하는 종목에서 국내 우수선수들의 연령은 비교적 많은 편이다. 타고난 선수를 조기에 발굴하여 적절한 훈련과정에 의해서 선천적인 능력을 개발하는 것이 우수선수를 키우는데 중요함을 의미하는 것이다.

11 홈경기와 관중효과

옛 속담에 잘되면 제 탓이요, 못되면 조상 탓이란 것이 있다. 프로축구와 프로야구는 대부분 경기가 홈앤드어웨이 방식으로 진행된다. 운동선수들의 경기에서 성공과 실패를 설명하는 방식에 관한 귀인이론(attribution theory)이 있는데, 실패요인 중에는 관중효과가 있다. 관중들은 주로 홈팀을 지지하고 응원하기 때문에 이를 홈경기의 최대 잇점으로 간주한다. 그러나 홈경기의 관중이 승리를 위해서 항상 긍정적으로 작용하는 것은 아니다. 최근의 외국사례를 중심으로 한 분석결과에 의하면, 프로축구와 프로야구의 정규시즌에서는 홈경기에서 승리할 확률이 높은 반면, 플레이오프나 챔피언결정전에서 홈팀의 승률이 낮게 나타나는 것으로 보고되고 있다. 미국 프로야구의 월드시리즈 중 초반 2경기에서 홈팀의 승률은 60%이상을 나타낸 반면, 최종 7차전까지 진행된 27번의 시리즈 중 최종경기에서 홈팀이 승리한 경우는 단지 9번뿐이었다. 홈경기의 잇점은 경기가 더욱 중요해지고 승리에 대한 압박감이 높아질수록 불이익으로 작용하다는 것을 알 수 있다. 경기의 중요성이 증가될수록 관중들에 의한 기대감, 흥분정도 및 분위기가 고조되면서 선수들에게 압박감으로 작용하며, 선수들의 자의식을 증가시켜 선수들에게 경기결과에 관해서 지나치게 많은 생각을 하게 만들고 집중력을 떨어뜨리는 결과를 형성하게 만든다. 따라서 선수들로 하여금 경기에 대한 스트레스를 극복하고 집중력과 자신감을 가지도록 하는 것은 홈경기의 잇점을 최대한 이용하는데 결정적인 도움을 준다.

많은 국내의 프로축구에서 홈팀이 승리하는 확률이 높게 나타나고 있다. 물론 선수들의 경기력이 우선되었겠지만, 홈관중의 열기를 적절히 이용하는 과정에서 지도자의 능력이 작용했을 가능성이 높다. 홈경기의 잇점을 긍정적으로 이용하기 위해서는 충분히 훈련하고, 이를 바탕으로 스스로의 적절한 목표수립과 하나하나의 활동에 초점을 맞추면서 승리에 대한 자신감과 확신을 가지고, 전력을 기울여 최선을 다하며 적당한 이완상태를 가지도록 해야 한다. 그러나 이러한 요구사항을 이루도록 하는 것이 그렇게 쉬운 것은 아닐 것이다. 지도자의 역할이 중요하다는 것은 심리학적인 관점의 스포츠과학이 가진 중요성을 충분히 인식하며, 관심을 가지고 실천할 수 있어야 하기 때문이다. 2002년 월드컵이 열리기 얼마 전 설문조사에서 우리 국민의 60%가 16강진출이 가능한 것으로 생각하고 있다고 나타났다. 1승과 16강진출에 대한 홈관중의 기대는 선수들에게 큰 부담으로 작용할 가능성이 높았다. 국민의 기대와 선수들의 자신감을 어떻게 조화시켜 나갈지 히딩크 감독의 심리적 지도능력에 대해서 관심을 가진 적이 있다. 국내에서 개최되었던 컨페드컵과 월드컵에서 홈팀인 우리나라가 어떤 성적을 거두게 될지, 국내 관중의 열기가 선수들에게 어떤 영향을 미칠지 궁금하게 생각했었다. 그러나 우리선

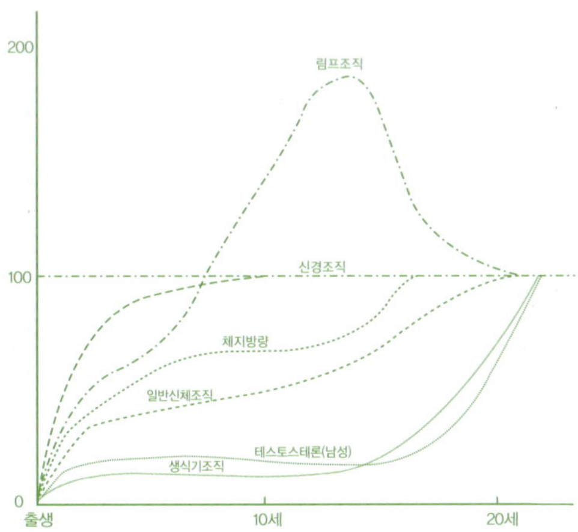

그림 2-7. 신체의 발육곡선 (Scammon, 1930)

그림 2-8. 종목별 우수한 능력을 발휘하는 최적의 연령대는 차이를 가진다.

수들은 16강 진출은 물론 세계 4강이라는 꿈을 이룬 것이다.

축구선수들이 테스토스테론 분비와 홈 경기 잇점의 관련성이 제시되었다. 축구선수들 특히 골키퍼는 어웨이경기보다 홈경기시 테스토스테론의 분비량이 증가한다. 테스토스테론은 흔히 우월성과 공격성을 유발하며, 자신의 지역에서 이러한 심리적 상태를 나타내는 것과 관련성이 있다. 골키퍼의 경우 이러한 증가추세는 뚜렷하며, 방어능력에 영향을 미친다. 어웨이경기의 지도자들은 이러한 테스토스테론을 증가시키기 위한 동기유발적 기술을 이용하면 도움이 될 것이다. 그러나 이것은 개인차가 있다. 지나치게 높은 테스토스테론은 경기력을 높일 수도 있으나 오히려 떨어뜨릴 수 있으며, 상해의 원인이 되기도 한다. Neave와 Wolfson(2003)은 프리미어리그 19세 이하 팀 선수를 대상으로 훈련, 홈경기, 어웨이경기 1시간전에 각각 혈중 테스토스테론의 분비량을 비교하였는데 훈련 및 어웨이경기 시에는 평균치를 나타내며, 홈경기시에는 증가하였다. 특히 격심한 라이벌팀과의 홈경기시 67%, 가벼운 라이벌팀과의 홈경기시 40%정도 증가하는 것으로 나타났다. 훈련시에는 가장 낮게 나타났으며, 이러한 변화는 홈경기시 우수한 경기력을 나타내며, 책임감의 부담을 떨어뜨리는데 도움이 되는 것으로 간주된다. 홈경기 잇점의 또 다른 요인은 관중응원, 레프리 잇점, 경기장에 대한 익숙함 등을 들 수 있다.

12 순서의 심리학

스포츠 현장에서 가장 중요한 것 중의 하나는 역시 심리학이다. 정신력 강화를 위한 심리학적 접근은 선수들의 능력을 경기수행과정에서 최대화시키는데 중요한 공헌을 하게 된다. 이러한 접근내용으로는 성격, 불안수준, 집중력, 자신감, 태도, 인지능력 등의 정확한 분석을 통해서 동기유발, 자아조절, 정확한 목표설정, 적정 각성수준의 유지 등에 도움을 주게 되며, 심리훈련(mental training), 카운셀링을 통한 심리적 안정과 스트레스 극복방안 등이 포함될 수 있다. 경기력 발휘의 부정적인 요인으로 작용할 수도 있는 관중효과의 극복, 지도력 강화를 위한 리드쉽 분석, 팀웍 강화와 관련된 응집력 분석 등은 사회학적 접근방안으로 포함된다.

스포츠에서 흥미로운 '순서의 심리학' 이 있다. 흔히 은메달보다 동메달을 획득한 선수가 더 행복해 한다는 주장이 있다. 미국 노스웨스턴대학 심리학 연구팀은 1992년 바르셀로나 올림픽에서 시상식 사진을 일반인에게 보여주면서 행복점수를 매기는 것을 비롯한 '메달의 심리학' 을 분석하였다. 노스웨스턴대학의 빅토리아 메드백 박사는 '2위는 금을 딸 수 있었을 텐데 하는 부정적인 생각을 가지기 쉬운데 반해서 3위는 최소한 메달은 건졌다는 긍정적인 심리를 가진다' 고 주장하였다. 캐나다의 심리학자인 솔 밀러도 '2위는 팬과 동료, 스폰서의 기대를 충족시키지 못했다는 실망감에 빠지기 쉽지만 3위는 오히려 이런 부담감에서 자유로워질 수 있다' 고 주장하였다. 순서의 심리는 압박감의 강도를 좌우하며 경기력에 중요한 영향을 미칠 수 있다. 일반적으로 피겨 선수들은 가장 먼저 연기하는 것을 선호한다. 경쟁자들의 연기를 본 뒤라면 그 결과에 따라 심리적으로 영향을 받을 수 있기 때문이다. 밴

쿠버동계 올림픽 때 김연아선수는 쇼트 프로그램 때 순번이 아사다 마오 바로 뒤였다. 심리적으로는 영향을 받을 수 있는 상황인데도 김연아는 순번이 정해졌을 때 만족스럽다는 듯 환하게 웃었다. 소감에서도 '딱 적당한 순서'라고 했다. 순번이 안 좋은 상황인데도 스스로 '인지 재구성'을 한 것이다.

양궁의 경우에서도 순서가 심각한 영향을 미칠 수 있다. 두 선수가 시소 경쟁을 전개하는 과정에서는 차라리 먼저 쏘는 게 유리할 수 밖에 없다. 상대가 10점 퍼펙트를 맞춘 상황에선 어쩔 수 없이 떨리는 게 인지상정이다. 축구의 승부차기에서도 먼저 차는 팀이 유리하다. 승부차기에서 심리적 압박이 덜할 때 킥을 하는 것이 유리하기 때문에 다수 팀들이 자신에게 선택권이 주어지면 흔히 선축을 선택한다. 심지어 키커들에게도 순번 심리가 작용한다. 한국스포츠심리학회지에 실렸던 '축구 승부차기에서 선수들의 심리적 전력분석'이라는 논문에는 흥미로운 결과가 있다. 초중고 선수 300명을 설문 조사한 결과 선수들이 가장 좋아하는 승부차기 키커 순번이 2번과 3번이며 가장 싫어하는 순번은 1번과 5번인 것으로 나타났다. 1번은 맨 먼저 킥을 해야 하기 때문에 중압감이 만만찮다. 반대로 5번째는 마지막 키커로서 자신의 발에서 승부가 결정될 수 있다는 심리적 압박감이 클 수 밖에 없다. 시선의 심리도 매우 흥미로운데 승부차기 때 키커들이 어디에 시선을 두게 되는지를 분석한 결과 놀랍게도 키커들은 실제 볼을 차는 쪽 반대편을 가장 많이 쳐다보는 것으로 나타났다.

야구는 다소 차이가 있는데 초·말 공격에 대한 심리적 논의가 엇갈린다. 가장 일반적인 분석은 원정팀의 경우에는 선공이 유리하다는 것이다. 경기장 분위기가 상대적으로 낯선 1회초 홈팀의 선발 투수가 심리적으로 쫓길 가능성이 있다는 논리이며, 흔히 선취점에 비중을 두는 팀도 많다.

13 겨울스포츠 농구

농구경기는 1891년 미국 매사추세츠주 YMCA 교사인 네이스미드가 박진감, 스피드 및 다양한 동작변화를 즐기도록 고안한 실내종목으로서 파워와 지구력이 동시에 요구된다. 에너지 대사과정의 특성상 체력요인의 파워와 지구력이 동시에 요구되는 경우가 가장 힘든 종목에 해당한다. 국내프로농구의 경우 선수 1인당 한경기에서 약 6km를 주파한다고 볼 때, 경기내내 1분당 평균 약 120~140m를 계속해서 달리는 것이 됨으로서 프로농구에서 선수들의 체력이 얼마나 중요한 것인가를 알 수 있다. 농구경기에서 중요하게 강조되는 요인중에는 역시 제공권의 장악을 위한 신장을 들 수 있다. 통계적으로 주축선수들의 평균 신장이 5cm 이상 차이를 나타내면 장신팀이 승리할 확률이 80%이상인 것으로 알려져 있다. 점핑, 방향전환, 순간스피드 등의 관점에서 파워도 매우 중요한 고려사항에 해당한다.

미국의 대표적인 단신선수인 타이론보그스는 1m 60cm의 단신임에도 불구하고 폭발적인 파워를 바탕으로 덩크슛을 구사함은 물론 현란한 드리블과 팀 전체를 지휘하는 능력을 가졌다. 5명의 선수구성에서 위치별 특성을 고려할 때 모두 장신일 필요성은 없는 것이다. 농구경기의 하이라이트는 역시 슈팅성공률이다. 슈팅의 정확도에 중요한 영향을 미치는 것으로는 슈팅의 각도와 속도로서, 슈팅거리, 자세, 수비선수와의 간격 등에 의해서 차이를 나타내지만 그 적정범위를 가진다. 슈팅각도는 약 45~50도의 범위가 가장 적절하며, 슈팅속도는 지나치게 빠르거나 느린 속도가 아닌 것이 요구된다. 일반적으로 슈팅속도는 슈팅거리와 비례관계를 나타내면서 손을 떠나서 바스켓에 꽂히는 순간까지가 약 1초를 나타내는 것이 가장 적절할 것이다. 슈팅은 공간적 정보를 바탕으로한 손과 눈, 탄성을 바탕으로 한 상지, 몸통 및 하지의 협응력과 평형성에 의해서 결정된다. 그러나 보다 중요한 것은 자신감과 집중력을 비롯한 심리적 상태가 성공률에 결정적인 영향을 미칠 것이다. 역시 농구도 신체와 정신의 조화를 바탕으로 한 과학의 스포츠이다.

그림 2-9. 대표적인 겨울 스포츠로 자리잡은 프로 농구경기

참고문헌

Horne, J. A. (1981). The effects of exercise on sleep. Biological Psychology, 12, 241~291.

Horne, J. A., & Porter, J.M. (1975). Exercise and human sleep. Nature, 22, 69-78.

Neave, N., & Wolfson, S. (2003). Testosteron, territorility, and the 'home advantage'. Physiology & Behavior, 78, 269~275.

Scammon, R. E. (1930) The measurement of the body in childhood. In: Harris, J. A., Jackson, C. M., Paterson, D. G., & Scammon, R. E. The Measurement of Man. Minneapolis, University of Minnesota Press, pp. 173~215.

Schmidt, R. A. (1982). Motor control and learning : A behavioral emphasis. IL. Champaign, Human Kinetics.

제3장

과학적인 훈련

1 시즌을 앞둔 트레이닝

대부분의 경기들이 시즌개막을 눈앞에 두게 되면 선수와 지도자들은 각각 겨울동안 준비해 온 훈련을 마무리하기 위해서 최선을 다하게 된다. 막바지 동계훈련기에는 대부분 체력훈련의 마무리와 더불어 경기종목별 특성을 최대한 고려하여 경기상황에서 직접적으로 필요한 부분에 관심을 가지게 된다. 그러나 체력훈련의 최종적인 마무리도 매우 중요한 부분이 될 것이다. 대부분의 종목에서 체력훈련의 마무리는 경기력의 결정요인 중 가장 중요한 부분에 해당하는 파워(power)를 강화시키는데 최대한 관심을 가져야 한다. 파워는 근력과 스피드의 복합적인 요인에 의해서 결정되며, 유연성 및 집중력도 부가적으로 영향을 미치게 된다. 파워는 보다 많은 운동량을 최대한 짧은 시간에 한꺼번에 발휘할 수 있는 능력을 의미하며 순발력이라고도 한다. 예를 들어, 최대근력에 의해서 150kg의 바벨을 들 수 있는 레슬링선수가 200kg의 바벨을 들 수 있는 선수보다 빠른 스피드를 가졌다면 파워를 바탕으로 한 보다 우수한 경기력을 발휘할 수 있는 가능성이 더욱 높다.

시즌이 가까워올수록 파워 위주의 체력훈련을 실시해야 하기 때문에 근력과 스피드를 동시에 향상시키도록 관심을 가져야 하며, 양적인 트레이닝보다 질적인 트레이닝을 실시해야 한다. 특히 대부분의 선수들은 근력 위주의 동계훈련을 실시해왔을 가능성이 높기 때문에 시즌 개막을 앞둔 시기에는 스피드 향상에 관심을 가져야 한다. 스피드 향상을 위한 웨이트 트레이닝을 실시할 경우에는 무게만을 높이는 방법보다는 최대근력의 65~70%의 부하로 10회 이하를 반복하여 힘들지 않는 상태로서 최대한 빠른 속도로 3세트를 실시하는 방법을 적용한다. 이때 세트간 휴식시간은 충분히 가지도록 하여 지치게 만들지 않도록 해야 한다. 또한 근력 강화를 위한 방법도 함께 병행해서 실시해야 하는데, 최대근력의 95% 강도로 2~3회를 반복하되, 역시 세트간 휴식시간을 충분히 가지면서 3세트를 실시한다. 몸 전체의 파워는 허리를 중심으로 한 척주기립근, 복부근육, 대퇴 앞 · 뒤의 근육, 엉덩이 근육 등에 의해서 발휘되기 때문에 파워 존으로 불리우는 이러한 부위의 근육이 파워가 향상되도록 훈련을 강화해야 한다.

스피드는 민첩성, 폭발적인 탄성, 가속능력 등에 의해서 영향을 받기 때문에 웨이트 트레이닝 뿐만아니라, 단거리 스퍼트 런닝, 점핑, 탄성 강화를 위한 신전성 트레이닝(플라이오메트릭스 : plyometrics), 사이벡스(Cybex)를 이용한 등속성 훈련, 유연성 및 집중력 강화를 위한 정신훈련 등을 병행할 경우 더욱 효과적으로 향상된다. 동계훈련도 세부적인 시기에 따라서 초점을 맞추어야 할 요인들이 각각 차이를 가진다. 시즌을 눈앞에 둔 시기에는 체력훈련의 전체 비율 중 파워 강화가 가장 높은 범위를 차지하도록 해야 한다.

2 운동전 식사

경기를 수행하기 전의 식사는 기본적으로 운동 혹은 경기중 배고픔이나 피로방지에 도움을 주지만 경기 시작시에는 위가 적당히 비워지면서 부담을 최소화해야 하며, 주로 혈액이나 근육내에 필요한 탄수화물의 공급에 초점이 맞추어져야 한다. 일반적인 운동수행시에도 마찬가지이다. 경기전의 식사는 콩과 같은 가스발생 성분, 위를 자극하는 강한 양념음식 등과 같이 장의 움직임을 자극할 가능성이 있는 장내 확장성 식품은 첨가시키지 않도록 해야 한다. 또한 높은 당분함량을 가진 식품은 혈당량을 현저히 저하시킬 가능성이 높기 때문에 삼가야 한다. 경기 전 식사에 의한 저혈당증은 식사에 의해서 직접적으로 나타나는 것이 아니다. 오히려 경기 전에 높은 함량의 탄수화물을 섭취하면 혈당량은 급격히 증가되는데, 이러한 증가이후가 문제가 된다. 혈당량의 급격한 증가는 상대적으로 혈중 인슐린농도의 증가를 초래하며 인슐린에 의해서 조직으로 이동하는 혈당량이 증가하게 되면서 반응성 저혈당증이 유발된다. 반응성 저혈당증을 상쇄하기 위해서 경기 초반부에 간으로부터의 혈당량 공급이 과도한 수준으로 진행되면서 저혈당증이 더욱 현저하게 나타날 가능성이 있다. 물론 이러한 현상은 개인차, 섭취한 탄수화물 양과 유형, 운동형태, 강도 및 지속시간, 환경차이 등과 같은 다양한 요인에 의해서 차이를 나타낸다. 경기전 1시간 이내의 식사는 대부분 저혈당증을 유발할 가능성이 높다. 그러나 이러한 현상을 방지하기 위해서 1시간 이내는 물론 경기 중에 섭취해도 문제가 발생하지 않는 글루코스중합체(glucose polymer), 과당, 말토덱스트린과 같은 특수한 유형의 탄수화물 식품이 개발되어 있다.

저혈당증은 중추신경계의 기능손상, 현기증, 근육 약화 등에 의한 피로 현상을 유발하기 때문에 경기력을 현저히 저하시키게 된다. 일반적으로 섭취한 탄수화물이 가장 활발하게 이용되는 시기는 섭취 후 75~90분의 범위이다. 그러나 이를 지나치게 의식하여 적은 양의 탄수화물을 과도하게 이른 시간에 섭취할 경우 30분 이상 지속되는 장시간의 경기에서는 후반부의 저혈당증을 초래하게 된다. 일반인들이 운동하기 직전에 식사를 하는 경우는 혈류 재분배의 관점에서도 혼란을 초래한다. 운동중에 중요한 역할을 담당하는 근육으로 혈액을 공급해야 하는지, 섭취한 음식물의 소화를 위해서 소화기관에 혈액을 공급해야 하는지 혼란스럽게 만들면서 저혈당증과 함께 여러 가지 문제점을 초래할 수 있다. 경기전 식사는 잘못될 경우에는 지금까지의 피나는 훈련결과를 망칠수도 있을 만큼 경기력 발휘에 중요한 영향을 미칠 가능성이 높기 때문에 섭취 성분의 구성에서부터 섭취량, 섭취시기, 섭취유형, 종목 및 개인의 차이 등이 다양하게 고려된 과학적인 프로그램이 적용되어야 한다.

3 운동피로

운동시에는 누구나 힘이 든다는 것을 느끼며 힘든 과정의 대부분은 운동피로 때문에 일어나게 된다. 운동피로는 크게 나누어 생리적 피로와 심리적 피로를 들 수 있으나, 이 두가지 피로는 서로 불가분의 관계에 있다. 생리적 운동피로가 발생하는 원인은 운동시 요구되는 에너지원이 고갈되면서 혈당량이 감소되는 것을 우선적으로 들 수 있다. 순간적으로 높은 강도의 운동시 근육내에 저장되어 있던 에너지원인 인산크레아틴이 고갈되면서 운동피로가 나타나는데 잠시 휴식을 가지는 동안 재보충되고 운동피로가 사라진다. 그러나 장시간 운동시에는 간과 근육에 저장되어 있던 글리코겐이 고갈되면서 운동피로가 나타나는데, 에너지원을 섭취하면서 일정시간 이상 휴식을 가져야만 회복된다.

격렬한 운동을 수행하는 경우에는 산소공급이 어려워지면서 근육내에 운동피로를 일으키는 물질인 젖산(lactic acid)이 축적된다. 젖산은 근육을 산성화시켜 원활한 근수축을 방해하게 된다. 젖산축적은 주로 포도당을 에너지원으로 이용할 때 나타나는데, 체내에 글리코겐이 부족한 가운데 마라톤이나 철인경기처럼 계속적으로 장시간동안 운동하게 되면 아미노산이 에너지원으로 이용되어 암모니아가 생성되면서 운동피로의 원인으로 작용한다. 또한 아미노산이 에너지원으로 이용되어 체내 저장량이 부족하게 되면 중추신경계의 피로를 일으키는 세로토닌(serotonin)이라는 물질이 증가되어 수면현상을 일으키는 것을 비롯하여 운동피로를 나타내기도 한다. 또한 장시간 운동시 신경세포와 근육간의 협응능력이 저하되면서 근수축을 일으키는 신경자극이 근육으로 원활하게 전달되지 못하는 운동피로를 나타낸다. 신경세포와 근육간의 자극전달기능 저하는 중추신경계에서 발생하는 운동피로와 더불어 심리적 운동피로의 중요한 원인으로 작용한다.

운동시 발생하는 열 생성에 의한 체온 증가와 더불어 수분 및 전해질 손실도 운동피로의 중요한 원인으로 작용한다. 운동피로를 방지하면서 계속적인 운동수행이 가능하도록 해주는 것은 에너지원과 수분의 추가공급, 산소공급을 포함한 충분한 휴식 등을 들 수 있으며, 운동피로를 신속하게 제거하기 위해서 피로회복제재를 비롯한 생리활성물질의 추가공급, 마사지, 목욕, 전기자극 등이 이용된다. 운동피로의 계속적인 축적과 방치는 선수의 컨디셔닝에 매우 부정적인 영향을 미치는 것은 물론 건강상태를 저해하는 요인으로 작용한다. 운동피로의 과도한 축적은 뼈의 골절현상을 초래하는 피로골절(fatigue fracture)의 원인으로도 작용한다. 운동피로의 축적방지를 위한 적절한 트레이닝계획의 마련은 선수들의 경기력 향상은 물론 선수보호차원에서도 매우 중요하게 고려되어야 한다.

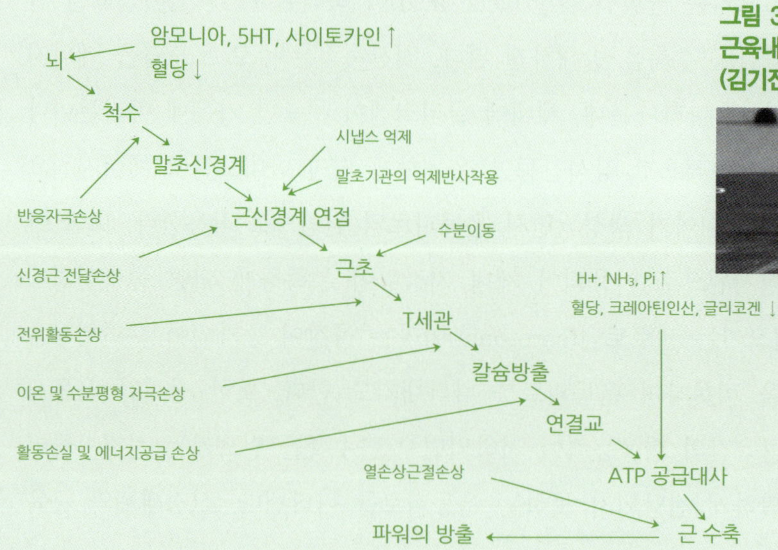

그림 3-1.
근육내에서의 피로발생 기전 (김기진, 1997)

4 과도한 훈련에 의한 운동피로의 분석

많은 운동선수들은 훈련을 통해서 고통을 받게 되며, 보다 많은 훈련이 보다 많은 향상을 가져올 것이라는 지나친 생각 때문에 과도한 훈련을 실시하는 경우가 많다. 흔히 지도자들은 지나치게 승리에 집착한 나머지 과도한 훈련의 고통을 호소하는 선수들에게 이를 무시하여 심각한 상해를 일으키거나 선수생활을 어렵게 한다. 과도한 훈련에 의한 반응은 다양한 개인차를 나타내기 때문에 정확하게 분석하는 것은 쉬운 일은 아니다. 과도한 훈련에 의한 일반적인 증상은 두통, 설사, 식욕저하, 소화장애, 수면장애 등이 포함된다. 또한 훈련과정에서 선수들의 행동과 관련된 증상으로는 갑작스러운 자세변화, 지도자에 대한 반발표출, 잦은 근육통 호소 및 휴식요구, 고개를 갸우뚱하거나 평소에 하지 않던 행동표출 등을 나타낸다. 생리적 지표와 관련된 증상으로는 기상후의 심박수 증가, 혈압 증가, 체중 감소, 근육경직현상 발생빈도의 증가, 혈액세포변인 및 뇨성분의 변화, 동일한 운동강도에서 심박수 및 혈중 젖산농도의 증가, 월경주기의 변화, 비혈장 특이성 효소 활성도의 증가, 체력의 저하, 심박수 및 젖산회복률의 저하 등을 나타낸다.

과도한 훈련에 의한 운동피로는 발생과정도 중요하지만, 운동시 필수적으로 부가되는 요인에 해당하기 때문에 이를 얼마나 효율적으로 분석하여 이의 누적을 방지하여 적절한 컨디셔닝을 유지하도록 하느냐가 특히 중요하다. 따라서 지도자는 선수들의 훈련과정에서 과도한 훈련과 관련된 증상을 세밀하게 살펴보도록 해야 한다. 선수들의 피로상태를 분석하기 위해서는 평상시의 일반적인 상태를 관찰하여 기록하는 것이 가장 바탕을 이루며, 적절한 검사에 의한 결과들을 이용한다. 특히 생리적 지표들을 분석하여 기록하

그림 3-2. 근육상해의 다양한 발생요인과 근섬유의 손상 유형

는 것은 많은 시간과 번거로움이 요구되었던 과거에 비해서 측정장비들이 발전하여 선수들의 훈련과정에서 방해가 되는 경우는 많지 않다. 예를 들어 뇨 분석의 경우 간단한 채뇨와 스틱을 이용해서 그 결과를 파악할 수 있다. 경우에 따라서는 혈액을 채혈하므로서 선수들에게 심리적 불안감을 제공하는 경우도 있으나, 그 필요성을 충분히 인식시켜 선수들 스스로가 보다 적극적으로 임하도록 해야 한다.

과도한 훈련상태의 분석은 평상시에 계속적으로 하는 경우, 일정한 간격을 두고 주기적으로 실시하는 경우, 훈련주기상 필요할 때 수시적으로 실시하는 경우로 구분된다. 이러한 분석을 위해서 훈련일지를 중심으로 한 훈련내용, 주요 훈련기록, 평상시 생활습관 등은 지도자가 관찰 및 경험을 바탕으로 선수들의 컨디셔닝 파악을 위한 주관적 지표의 비교를 위해서 중요한 기준이 되기 때문에 세밀한 관찰과 기록이 요구된다. 생리적 지표로는 심박수, 혈압, 체중, 적혈구 및 백혈구수, 뇨 pH, 혈중 비혈장 특이성 효소 활성도 등이 포함된다. 비혈장 특이성 효소는 일반적으로 근육내에서 작용하는 효소이기 때문에 정상적인 경우 혈중 활성도는 매우 낮은 상태를 유지한다. 그러나 근육의 지연된 통증(DOMS : delayed on muscle soreness)과 같이 고강도의 트레이닝후 약 48시간이 경과할 때 근육통증이 발생하는 경우에는 근육의 구조적 손상이 일어났을 가능성이 높은데, 이때 비혈장 특이성 효소 활성도가 현저히 증가한다. 근섬유막이 손상되어 근육내의 효소가 혈중으로 방출된 경우를 의미하는 것이다. 따라서 비혈장 특이성 효소 활성도는 과도한 훈련에 의한 근육상해의 지표로 이용된다. 이러한 생리적 지표들은 지도자의 관찰 및 기록에 의한 주관적 지표들의 정확성을 뒷바침해주는 객관적 지표로 활용될 수 있다.

5 심상 트레이닝

과학적인 트레이닝을 위한 과정에서 항상 특수한 기구를 사용하는 것은 아니다. 동계기간처럼 눈이 많이 오거나, 기온이 매우 낮은 경우에는 실내에서 생각을 통한 트레이닝 프로그램도 이용될 수 있다. 타이거 우즈는 골프 스윙에 임하기 전에 항상 마음으로 먼저 스윙을 한다. 자신의 멋있는 스윙에 의해서 공이 가지는 경로와 궤적을 그린 후 원하는 지점에 정확히 멈추는 과정을 마음속으로 수차례동안 그려보는 것이다. 심상을 통해서 자신의 과거 긍정적 경험을 재창조하고 보다 나은 동작을 위해서 정신적으로 준비하고 새로운 기술을 그려보는 것이다.

심상 트레이닝(Image training)의 과정에서는 시각, 청각, 촉각 및 후각 등의 모든 감각을 동원해야 한다. 아틀랜타 올림픽에 참가한 미국선수의 94%는 심상 트레이닝을 실시하였으며, 그 가운데 약 28%는 매 훈련마다 심상 트레이닝을 포함시킨 것으로 알려져 있다. 심상 트레이닝은 특히 운동기술의 학습과정에서 높은 효과를 가지며, 부상으로부터 회복하는 과정에서 더욱 효과를 가지는 것으로 알려져 있다. 그것은 과거의 경험에 대한 긍정적 인지의 기회를 제공하는 것이다. 심상 트레이닝의 기초가 되는 근신경학적 이론은 1894년 미국학자 카펜터로부터 제안된 바 있으며, 그는 선명하게 심상화되는 과정에서는 실제로 운동을 수행할 때와 같이 근수축이 이루어진다는 것이다. 심상 트레이닝은 기술을 습득할 때 그 기술의 성공적인 수행에 영향을 미치는 요인들과 보다 친숙할 수 있는 기회를 제공한다. 경기수행과정과 관련된 심상 트레이닝에는 집중력을 향상시키게 되는데, 여러 가지 예측되는 경기상황에서 어떻게 행동하고 반응할 것인가에 대한 생각을 반복하는 것이다. 또한 이러한 반복에 의해서 스스로 어려움을 극복하는 모습을 심상화 하므로서 자신감을 가질 수 있게 된다.

심상과정에서는 스스로의 능력과 관련된 현상을 그려보는 내적 심상과 자신에 대해서 외적인 관찰자가 되는 외적 심상이 포함된다. 일반적으로 감각적 경험과 지식을 널리 활용하는 내적 심상이 보다 효과적인 것으로 알려져 있는데, 이때 정확하고 분명하면서 스스로 적절한 통제가 가능한 방법을 적용하는 것이 더욱 효과적이다. 심상 트레이닝에서는 선수자신 혹은 우수선수의 경기과정을 담은 비디오테이프가 이용되어 사이버 비젼(Cyber vision)에 의한 프로그램까지 개발되고 있다. 선수들은 이완되고 주의집중이 가능한 공간에서 심상 트레이닝을 실시하되, 훈련 및 경기 전·후, 휴식시간 등에 긍정적, 집중적 의식을 가지고 수행해야 한다.

6 중국의 스포츠과학

중국 스포츠과학의 핵심은 엄청난 선수로서의 인적자원, 베일에 가려져 왔던 스포츠과학의 역사, 오래전부터 추진해왔던 해외유학에 의한 연구진 양성, 신비의 한방의학을 모체로 한 스포츠의학, 북경 및 지방자치구의 연구소 체계 등을 들 수 있다. 중국의 스포츠과학은 풍부한 인적자원에 의한 많은 경기인구들이 형성해 온 경험의 과학과 비교적 체계적으로 추진해 온 스포츠과학의 이론적 접근이 조화를 이루면서 세계 스포츠강국으로 대두되고 있는 경기력 향상을 이룩해왔다고 볼 수 있다.

스포츠과학의 수준을 알아보는데는 연구소 체계의 핵심에 해당하는 국가기관인 북경의 국가체위체육과학연구소의 면면을 살펴 볼 필요성이 있다. 이곳은 1958년에 설립된 중국 최초의 스포츠과학연구소로서, 국민건강증진, 대표선수들의 경기력 향상, 우수한 연구원의 양성 등에 주력하고 있다. 현재 300여명의 연구원이 스포츠과학의 각 분야별로 9개의 연구실을 이루고 있으며, 각종 실험기자재를 갖추고 인근에 위치한 국가대표 선수촌에서 훈련하고 있는 대표선수들의 과학적인 훈련방안을 지원하기 위한 연구는 물론 각종 체육관련 기구 및 장비를 스스로 개발하고 있다. 우리나라는 1980년에야 스포츠과학연구소가 설립되어 88서울올림픽을 계기로 많은 발전을 거듭해왔으나, 최근 국가적 지원이 하향추세를 보이고 있는 것과 크게 비교된다. 중국은 미래지향적 정책추진에 의외로 앞서 있는데, 스포츠과학과 관련된 선진정보수집에 큰 관심을 가지고 이미 1987년에 국가체육정보연구소를 설립하여 운영해왔으며, 1990년에 위성안테나를 설치하여 세계 각국에서 개최되는 경기의 스포츠중계를 수신해 왔다. 중국은 각 성과 시별로 독자적인 스포츠과학연구소를 설치 운영하고 있는데, 북경시 스포츠과학연구소, 상해시 스포츠과학연구소도 역사 및 규모면에서 결코 뒤지지 않는다. 또한 과거 1993년 세계 여자육상장거리분야의 돌풍을 일으킨 바 있는 마군단의 주된 훈련법이었던 고지훈련을 위한 선수촌 및 훈련시설이 해발 2000미터 이상의 높이에 7개소나 설치되어 있다. 고지훈련장의 중심은 도시자체가 해발 1890미터에 위치한 곤명시의 고지훈련장을 들 수 있는데, 이곳에는 육상경기장, 수영장, 9개의 잔디축구장 등을 비롯한 충분한 훈련시설은 물론 과학적인 연구를 위한 시설도 이미 1980년대부터 갖추어 왔다.

중국 스포츠과학의 또 다른 비밀은 각 시에 설치된 체육학원(체육대학 : 연구인력양성중심)과 각 성별로 설치되어 있는 운동기술학원(체육전문대학 : 운동선수양성중심)에 있다. 대표적인 체육학원은 북경 및 상해의 체육학원을 들 수 있으며, 북경체육학원은 1953년에 이미 설립되었다. 세계적인 여자육상선수로 알려졌던 마군단의 왕쥰사선수는 요령성운동기술학원 소속이었으며, 마쥰린감독도 이곳의 육상지도자이다. 중국의 스포츠과학은 신비스러운 한방의학처럼 베일에 가려져 있지만, 세계 스포츠를 주도하기에 조금도 손색이 없는 역사, 시설, 인적 규모를 갖추고 있다.

국가체위체육과학연구소 (CISS) : 중국의 스포츠과학을 주도하고 있는 국가체위체육과학연구소는 풍부한 선수자원을 보유한 중국 특유의 인해전술식 경기력 향상방안을 과학적으로 현장에 적용하기 위해서 노력하고 있으며, 정부차원의 지원을 받는 기관이다. 북경시내의 체육관로 11번지에 위치한 연구소는 중국 대표선수들의 선수촌에 인접하고 있으며, 운동훈련, 구기훈련, 생물역학, 운동의학, 운동생리학, 스포츠이론, 체육기구장비 등의 세부적 연구실을 운영하고 있다. 선진스포츠강국과의 교류도 활발하여, 오래전부터 세계 30여개국의 연구소와 학술교류협정을 맺고 있다. 과거 죽의 장막으로 불리우던 시절을 생각하면, 스포츠과학에 관한 한 이미 개방적인 정책을 운영해 온 것이다.

이곳 연구진과 시설을 살펴보면, 중국이 세계적 수준을 유지하는 종목의 집중적인 투자를 하고 있음을 쉽게 알 수 있다. 탁구선수들의 훈련장비인 탁구 로보트는 다양한 구질의 서비스를 제공해주는 장비로서, 미국 연구진들과 비밀리에 제작한 것으로 알려져 있다. 탁구 훈련장에는 볼의 속도와 회전을 측정할수 있는 역학적 장비들을 설치하여 훈련에 활용하고 있다. 수영선수들의 심폐기능 강화를 위한 고지훈련을 위해서 곤명(운남성에 위치 : 해발 1890 m)에 대표팀훈련장을 설치하고 운동생리학연구실의 많은 연구진들이 과학적인 훈련방법에 대한 연구를 수행해 왔다. 조정의 경우에도 고지에 위치한 호수에 훈련장을 설치하여 훈련에 임하고 있으며, 선수들의 체력평가와 훈련을 위해서 독일과 공동개발한 컴퓨터 로윙머신을 이용하여 운동부하와 범위를 컴퓨터 프로그램에 의해서 정밀하게 통제할 수 있도록 한다. 이들 종목들은 세계대회에서 중국이 맹위를 떨치는 대표적인 종목들이다. 또한 이곳에서는 엄청난 인력자원으로부터 보다 과학적인 방법에 의해서 선수를 발굴해내는 방안을 모색해오면서 많은 노하우를 가지고 있다. 스포츠의학과 관련된 접목에서는 한방의학에 의한 생리기능 활성물질의 개발과 전통의학에 의한 마사지, 침술, 뜸, 기공 등에 대한 연구가 활발하게 진행되고 있다. 특히 이러한 한방의학의 접목은 높은 강도의 훈련후 효과적인 피로회복기법을 개발하는데 크게 영향을 미치는 것으로 간주된다.

그림 3-3.
90년대 초반 중국여자장거리 육상의 세계제패를 주도한 중국의 마쥰렌 감독과 저자 (1993년 겨울 중국 심양에서 실시된 우리나라 여자마라톤 국가대표팀과 중국대표팀의 합동 전지훈련시 만남)

참고문헌

김기진 (2007). 경기력 향상을 위한 트레이닝 방법과 컨디션의 생화학적 분석. (사)올림픽성화회 춘계학술세미나, pp.33-52.

제 4 장

체중조절과 경기력

1 신체구성과 운동

세계적인 선수들의 모든 것은 후배선수들에게 관심의 대상이 되며, 최대한 유사한 특성을 가지기 위한 모델링의 기준이 된다. 그러한 특성 중 가장 기본이 되는 일반사항으로서는 체중 및 신체구성을 중심으로 한 체격적 특성을 들 수 있다. 각 종목별로 우수선수들에 의해서 분석된 결과를 토대로 최대 경기력을 발휘할 수 있는 적정 체중과 신체구성 기준이 제시되고 있다. 흔히 선수나 지도자들은 체중을 줄이면 경기력이 향상된다고 거의 무조건적으로 믿고 있다. 그러나 체중 줄이기에 지나치게 의존하는 과정에서 경기력이 저하됨은 물론 상해를 입을 가능성이 증가된다. 선수들은 전체 체격이나 체중보다는 제지방조직 혹은 체지방량과 같이 구체적인 요인에 관심을 가져야 한다.

제지방조직의 증가가 요구되는 종목은 근력, 순발력 및 근지구력이 강조되는 종목에서는 매우 중요하다. 장거리달리기선수는 제지방조직의 지나친 증가현상이 경기력에 방해가 될 수 있다. 수직 및 수평거리를 최대화시켜야 하는 도약종목의 선수들도 제지방조직이 지나치게 증가되면 불리해질 수 있다. 도약선수들이 필요로 하는 순발력은 일차적으로 활동조직에 해당하는 제지방조직이 중요한 역할을 하지만, 지나치게 무게를 가중시킴으로서 부정적인 영향을 미칠수 도 있는 것이다. 또한 대부분의 종목에서 체지방량은 불필요한 것으로 간주되면서 거의 무조건적으로 최대한 감소시키려고 한다. 그러나 체지방은 장시간 운동시 추가적인 에너지원이 되며, 내분비기능의 적절한 유지에도 영향을 미치기 때문에 그 감소량의 적정수준이 세심하게 고려되어야 한다. 선수들의 바람직한 체격특성을 유지하기 위해서는 종목별 특성이 절대적으로 고려되어야 하며, 선수 개인은 자신의 신체구성에 대해서 단순히 체중만을 파악하는 수준에 그치는 것이 아니라, 체표면적, 신체밀도, 근육 및 뼈의 양, 체지방 및 제지방체중 등과 같이 최대한 세부적인 구성요인에 대한 파악을 통해서 바람직한 신체구성에 의한 체격특성을 가지도록 하는 것이 경기력 향상에 도움이 될 것이다.

2 체지방률과 경기력

운동선수의 체지방률은 경기력에 절대적으로 불리하게 작용한다. 양궁과 사격처럼 정적인 활동으로 이루어지는 종목을 제외하고, 육상의 달리기와 멀리뛰기, 대부분의 구기운동처럼 공간을 통해서 체중을 이동해야하는 종목들 대부분에서 부정적인 영향을 미친다. 체지방량이 부정적인 영향을 미치는 구체적인 체력요인으로는 스피드, 지구력, 평형성, 민첩성 및 순발력을 들 수 있다. 이론적 모형에 의한 분석결과에 의하면, 체지방률이 10%미만이면 200m 달리기는 29.3초, 멀리뛰기는 7m25cm, 2분간 윗몸일으키기는 43회를 기록한데 반해서, 체지방률이 15%이상이면 200m 달리기는 35.0초, 멀리뛰기는 6m09cm, 2분간 윗몸일으키기는 36회를 나타내면서 현저한 기록저하를 나타낸다.

그러나 체지방이 부정적인 영향을 미치는 종목의 예외적인 종목으로는 밀어치기를 주된 기술로 하는 일본 씨름인 스모선수가 대표적인 예로서, 중심이동의 저항을 증가시킬 수 있다. 과학적인 충분한 검증을 거치지 않아서 논란의 대상은 되지만, 부가된 무게에 의해서 무게중심을 낮출수 있어서 무거운 중량을 들어올려야 하는 거리의 감소를 비롯한 역학적 장점을 가져다 줄 수 있기 때문에, 이러한 역학적 장점이 경기력 향상에 긍정적으로 작용할 수 있는 중량급 역도선수도 예외에 해당할 것이다. 또한 수영의 경우 체지방은 부력증가에 의해서 물의 추진력 방해현상을 억제하며, 에너지소비량을 감소시킬수 있다는 관점에서 유리한 영향을 미칠 수 있다. 그러나 대부분의 종목에서 남 · 녀선수 모두 20%이상의 체지방률을 나타내지는 않는다. 체지방량이 경기력에 대해서 긍정 혹은 부정의 중요한 영향을 미치게 된다는데는 이견이 없을 것 같다. 그러나 체지방의 감소를 위해서 과도한 운동과 식이요법은 소화계 질환을 비롯하여 식욕부진 및 식사거부와 같은 신경성 정신질환 환자가 되기도 한다. 적절한 방법에 의한 적정수준의 체지방량 조절은 운동선수에게 있어서도 일반인처럼 매우 중요하다.

그림 4-1. 체지방률과 경기력

3 체중조절의 문제점

체중조절은 모든 체급종목, 체조, 피겨스케이팅, 리듬체조 등의 종목에서 트레이닝 못지않게 경기력에 중요한 영향을 미친다. 특히 체급종목 선수들은 가급적 낮은 체급으로 출전하여 신체적으로 자신보다 열등한 선수들을 대상으로 우월한 경기를 수행하기 위해서 체중감량을 실시한다. 일반적으로 많은 선수들은 단기간의 신속한 감량을 위해서 체내 수분 및 에너지섭취량 감소시키고자 한다. 이때 주로 이용되는 방법으로는 사우나, 땀복, 고온에서의 운동, 이뇨제 및 완하제의 투약, 식이조절 및 단식, 의도적인 구토 등과 같은 극단적인 방법들이 포함된다. 과거 태릉선수촌에 입촌한 유도 국가대표 정세훈선수가 하루만에 11kg의 체중을 감량하면서 안타깝게 목숨을 잃은 사건이 기억에 생생하다. 단기간의 무리한 체중감량은 영양소의 부족, 체내 수분 및 제지방량의 감소, 글리코겐을 비롯한 체내 에너지원 저장량의 감소, 전해질의 불균형을 초래하여 심혈관기능, 체온조절기능, 신장기능 및 인지기능 등을 저하시킨다. 이러한 영향은 결과적으로 근력, 순발력, 심폐지구력 등과 같은 체력요인을 현저히 저하시키고, 만성피로, 월경기능상실 및 골무기질 감소 등과 같이 선수들의 건강을 심각하게 위협하는 증상을 나타내게 된다.

중학교 이상의 주요 체급선수들을 대상으로 한 최근 연구결과에 의하면, 국내선수들중 약 85%이상이 경기를 앞두고 감량을 실시하는 것으로 나타났으며, 그 가운데 80%이상은 땀복 및 사우나와 같은 수분감소방법을 병행하고 있으며 약 10%이상은 이뇨제를 비롯한 약물을 이용하고 있는데, 나이 어린 중 · 고선수가 대학 · 실업선수보다 약물을 이용하는 비율이 더욱 높은 것

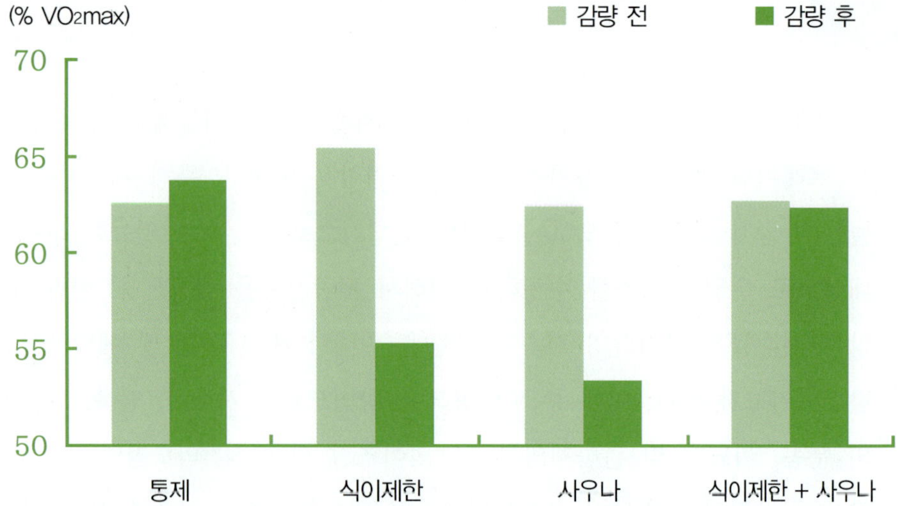

그림 4-2. 체중조절 방법에 따른 젖산역치수준의 변화 비교 (김기진, 2001)

으로 나타나므로서 심각성을 더해준다. 이뇨제 복용은 혈당량 증가, 두통초래, 무기력증 발생의 위험성이 높으며, 도핑테스트에도 문제점을 가진다. 또한, 이들의 감량기간은 7일 이내가 17%, 평균 10일로 나타나므로서, 단기간 감량이 가장 널리 이용되고 있다. 국내선수들이 감량을 처음으로 경험하는 평균연령은 14.6세로서 어린 시절부터 무리한 감량을 시도하는 것으로 간주된다. 감량후 대부분의 선수들이 피로, 갈증, 허기, 현기증, 공격성, 탈진, 근육경련 및 불안 등과 같은 심각한 부작용을 경험한다. 체급선수들의 체중감량에 대한 대책마련이 절실하게 요청된다.

4 체중조절의 기본적인 지침

체급선수들의 가장 바람직한 체중조절방법은 평상시 훈련과정에서 적절한 식이요법과 운동량을 통해서 자신의 한계체중 범위 내를 유지하거나, 1~2kg정도의 추가감량이 필요한 수준으로 유지하는 방법을 들 수 있다. 그러나 많은 선수들은 추가감량이 필요한 체중을 유지하게 되는데, 체중조절을 위한 추가감량시에는 기본적인 지침을 지키도록 하므로서, 체중감량의 문제점을 방지할 수 있을 것이다. 체중감량은 충분한 기간을 가지면서, 주단위로 0.5kg의 범위내에서 실시하되, 보다 많은 감량이 요구된다고 하더라도 1주일에 1.0kg 이상이 초과되지 않도록 해야 한다. 식이제한을 병행할 경우 정상적인 섭취량보다 500kcal 이하의 식이감소를 실시해야만 한다. 식사 섭취량을 조절하는 경우에는 탄수화물, 단백질, 지방, 비타민 및 무기질과 더불어 수분의 적절한 섭취균형을 유지하는 상태에서 식단을 구성토록 해야 한다. 또한 하루 3회의 규칙적인 식사를 통해서 섭취량 감소를 적용해야 한다. 많은 선수들이 감량을 위한 섭취량 제한시 아침 및 점심식사를 굶거나 저녁식사를 하게 되는데, 이것은 오히려 감량을 방해하게 된다. 동일한 섭취량을 3회로 나누어 섭취하는 경우에 비해서 단 1회에 섭취할 경우 체중이 더 많이 증가되는 것으로 동물실험을 통해서 밝혀져 있다. 또한 감량을 위한 섭취량 제한을 적용하는 경우 탈수현상이 병행될 가능성이 높기 때문에 수분섭취는 정상적으로 이루어져야 하며, 경우에 따라서는 보다 많은 수분섭취를 실시해야 한다. 감량을 위한 약물섭취는 절대로 삼가해야 하며, 탈수와 관련된 사우나, 땀복 등에 의한 방법을 이용하는 것은 최대한 억제되어야 한다.

그림 4-3. 체급선수의 체중조절은 경기력에 중요한 영향을 미친다

5 바람직한 체중조절의 모색

운동선수들의 체중조절은 기본적인 지침과 더불어 경기력을 제한하는 것을 최대한 방지하기 위한 방법을 모색하기 위해서 다양한 연구들이 시도되고 있다. 감량을 위한 섭취제한시 대부분은 체수분의 감소를 나타내며, 아울러 운동선수들에게 절대적으로 중요한 제지방조직이 60%, 불필요한 체지방조직이 40%의 감소범위를 나타낼 뿐이다. 운동선수가 완전히 금식을 실시하는 경우 1주일에 약 2kg이상의 체지방 감소는 불가능하다. 금식초기에 가장 신속하게 감소되는 것은 수분과 탄수화물로서 3일간의 금식에서 체내 탄수화물의 고갈현상이 일어나게 되며, 이러한 경우 지방이 에너지로 동원되면서 대사부산물인 케톤체를 혈액내에 축적시키는 케톤혈증을 유발하게 된다. 따라서 식이섭취 제한시 탄수화물의 저장량이 감소되지 않도록 해야 할 것이다.

감량을 위한 섭취량의 제한시 식단구성비율은 균형적으로 실시하되, 그 비율을 적절하게 조절하므로서, 종목별 경기력의 저하현상을 최대한 방지할 수 있는 것으로 알려져 있다. 즉 장시간의 지구력을 필요로 하는 종목은 탄수화물의 높은 비율을, 근력 및 순발력을 주로 요구하는 종목은 단백질 위주의 식단구성을 통한 감량을 실시하므로서, 자신의 종목에 알맞는 감량이 가능하게 된다. 또한 대부분의 체급종목은 체중감량기간을 가지고 계체를 통과된 후에 경기에 실제로 출전하기 까지 최소한 5시간 이상의 시간적 여유를 가지게 되며, 이 시간동안에 재섭취를 위한 식사를 실시하게 된다. 이 식사과정에서의 식단구성시 감량과정에서 적용된 종목별 특수성을 고려한 식단비율로 조절할 경우 경기력 감소현상을 방지하는데 도움을 줄 수 있다. 체급선수들의 감량방법은 기본적인 지침에 따르되 경기력을 최대한 유지하거나 보다 향상시킬 수 있는 다양한 과학적 연구들이 널리 시도되고 있다. 이러한 시도에도 불구하고 무조건적인 감량방법을 실시하는 국내선수들이 너무나 많다는 것은 안타까운 현실이다.

참고문헌

김기진 (2001). 태권도선수의 단기 체중감량 방법간 신체구성 및 유, 무산소성 운동능력 변화의 비교. 대한스포츠의학회지, 19(1), 108~115.

제5장

속도와 경쟁

1 속도와 경쟁

스포츠 장면은 흔히 경쟁의 장면으로 표현된다. 상대선수 및 주위 환경과의 경쟁은 물론 보다 힘든 경쟁은 자신과의 싸움이라고 한다. 정정당당하게 최선을 다하는 경쟁이야 말로 스포츠가 가지는 존재의 이유이다. 스포츠 장면에서 나타나는 또 하나의 경쟁은 인간과 공이 벌이는 속도의 경쟁을 들 수 있다. 스포츠 장면에서 인간은 공을 최대한 빠르고 정확하게 보낼수 있도록 하는 능력, 스스로 공보다 빠르게 움직일 수 있는 능력의 경쟁을 벌이며, 이러한 경쟁에서 스포츠과학은 중요한 역할을 담당한다.

인간의 능력한계가 어디까지인가 하는 것은 많은 스포츠과학자들의 주된 관심대상이다. 빠른 능력은 역시 100m 기록을 중심으로 살펴보아야 한다. 1936년 베를린올림픽에서 제시오웬스(미국)가 기록한 10초02에서 1968년 처음 10초대를 돌파하여 9초99를 기록한 이후 2009년 9초58를 기록 중이다. 약물의 도움으로 벤존슨(캐나다)이 서울올림픽에서 기록한 9초83은 불인정된 바 있다. 초당 최고속력을 기준으로 하면 200m 기록에서 찾아야 한다. 왜냐하면 최고속력에 도달하는데 약 3초이상의 경과시간이 요구됨으로서, 한때 100m최고기록의 보유자였던 도노반 베일리는 초당 10.16m, 200m 마이클존슨의 최고속력은 초당 10.35m로서 시속 37.26km에 해당한다.

현재 세계에서 가장 빠른 육상선수는 당연히 자메이카의 우사인 볼트이다. 우사인 볼트는 2008년 베이징올림픽과 2009년 베를린세계육상선수권대회에서 100m, 200m와 400m계주에서 모두 우승하여 올림픽과 세계선수권대회 모두에서 단거리 3관왕을 차지한 유일한 스프린터로서 3종목 모두에서 세계최고기록을 보유하고 있다. 육상경기의 속도경쟁은 흔히 100m를 중심으로 비교되며 100m 기록이 가장 빠른 것으로 알고 있다.

그러나 우사인 볼트가 가진 단거리 3종목의 세계최고기록을 비교해보면 가장 빠른 평균속력을 발휘한 종목은 초속 10.44m의 100m가 아닌 초속 10.78m의 400m계주로서 100m당 평균기록으로 환산하면 9초28에 해당한다. 계주선수는 20m 길이구간(테이크 오버 존)에서 바통을 다음 선수에게 넘겨줄 때 빠른 가속이 유지되며 팔을 길게 뻗혀서 바통을 주고받기 때문에 실제 달리는 거리가 줄어들게 된다. 팀 경주의 특성상 선수들의 심리적 흥분도도 더욱 높아지는 효과를 가진다. 4명의 주자는 제각기 특성을 가진 선수들로서 효율적인 팀 구성에 의한 기록상승효과를 가져오게 되면서 각각의 100m를 더욱 빠르게 달린 것으로 나타난다. 1번 주자는 빠른 반응속도에 의한 스타트가 우수한 선수, 2번 주자는 140m 정도의 가속력이 우수한 선수, 3번 주자는 가속력과 곡선주로에 능한 200m에 강한 선수, 마지막 주자는 초반 가속력이 강한 선수가 구성된다.

일반적으로 100m와 200m 기록을 기준으로 초당 최고속력을 비교하면 흔히 200m가 더욱 빠르게 나타난다. 속력이 제로인 스타트에서 최고속력에 도달하는데 약 3초 이상의 경과시간이 요구되는데, 한차례의 스타트 과정이 생략되기 때문에 100m기록을 한차례 더하는 것보다 더욱 빨라진다. 가속력이 주어진 상태에서 달리는 거리가 더 길고 곡선주로에서 직선주로로 들어설 때 방해가 되던 원심력이 순간적으로 사라지면서 더욱 강한 추진력이 주어질 수 있다. 100m는 근육의 수축이완 속도가 과도하게 빨리 진행되면서 최고파워를 발휘하는 능력이 200m 보다 상대적으로 비효율적으로 나타날 수 있다. 실제 대부분의 세계적인 스프린터들은 200m 평균속력이 100m 보다 빠르게 나타난다. 우사인 볼트도 2008년 베이징올림픽에서는 100m의 평균속력이 초속 10.32m였으며, 200m의 평균속력은 10.36m로서 더욱 빠르게 나타났다. 볼트는 베이징올림픽의 400m 계주에서 세계신기록을 수립할 당시 3번 주자로 활약하여 역시 200m에 강한 선수로 간주되었다. 그러나 2009년 베를린세계선수권대회에서 세계최고기록을 수립할 당시에는 다른 양상을 나타냄으로서 새로운 관심을 이끌어내고 있다. 볼트는 200m에서는 초당 10.42m의 속력를 나타냈으나 100m에서는 초당 10.44m로서 더욱 빠른 속력을 나타냈다. 그는 베이징올림픽이후 1년 동안 계속해서 훈련하고 진화하여 200m의 가속력을 능가하는 엄청난 파워를 100m에서 폭발시키도록 재무장했던 것이다.

구기종목 중 인간이 별도의 경기용구를 사용하지 않고 나타낼 수 있는 공의 속도 중 가장 빠른 것은 야구를 들 수 있는데, 손으로 던진 야구공은 시속 약 165km까지 기록된 바 있다. 발로 차는 축구공은 90년 이탈리아월드컵 때 황보관선수가 스페인전에서 성공시킨 프리킥의 시속 114㎞에서부터 브라질의 카를로스가 기록한 시속 150km까지 기록된 바 있다.

별도의 장비나 기구를 이용하는 것에 비하면 공헌도는 낮지만, 스포츠과학은 선수자신의 능력으로 선수자신의 속도와 공의 속도를 높이기 위한 경쟁과정에서 중요한 영향을 미친다. 과학적인 트레이닝에서부터 공의 소재와 형태개발에 이르기 까지 첨단과학의 도움을 받는다. 파워는 경기상황에서 매우 중요한 속도와 다이밍을 결정하는 가장 중요한 체력요인으로서 과학적인 트레이닝의 주된 초점에 해당한다.

2 사이클의 속도경쟁

스포츠 장면에서 벌이는 속도와의 경쟁중 장비를 이용해서 발휘하는 인간 스스로의 속도를 높이기 위한 경쟁을 벌이는 대표적인 종목으로는 스피드 스케이팅과 사이클을 들 수 있다. 사이클 벨로드롬경기중 가장 빠른 속도를 나타내는 종목은 역시 1km 독주로서, 현재 세계기록은 5초 875로서 시속 61.146km(초당 16.985m)에 해당한다. 스피드 스케이팅은 스타트에 따른 최고속도 도달시간의 경과로 인해서 최단거리 종목인 500m 보다 역시 1000m가 더 빠른 속도를 나타낸다. 1000m 세계기록은 1분 6초 42로서 시속 54.2km(초당 15.056m)에 해당한다. 이 종목들의 속도와의 경쟁에서 가장 큰 제약요인은 역시 공기저항이다. 스피드 스케이팅의 경우 실내링크가 건설되면서 현저한 기록의 향상을 가져왔으나 현재로서는 스피드 스케이팅보다 사이클이 더 빠른 속도를 나타내고 있다.

사이클의 첨단과학을 적용한 분석실험은 주로 풍속과 풍향의 조절과 분석기기의 설비가 가능한 터널구조 속에서 이루어졌다. 공기저항을 줄이기 위한 시도는 선수의 허리를 앞으로 최대한 구부린 최적자세를 나타냈는데, 선수의 호흡과 혈류이동을 제한할 가능성이 있는 것으로 지적되었으나, 호흡가스분석과 정맥 회귀 및 심장 박출기능 등을 분석한 결과 전혀 이상이 없는 것으로 나타났다. 벨로드롬 경기에서 원판형 디스크 형태의 뒷바퀴는 공기가 바퀴 양 표면으로 물 흐르듯 흐르게 하기 위한 것이며, 도로 경기에서는 디스크형 바퀴는 옆바람에 쓰러지기 쉽기 때문에 스포크가 3~5개로 압축된 바퀴가 이용된다. 스포크가 원형 단면에서 지름 1, 2mm의 납작한 타원형으로 바뀐 것은 한 점의 바람이라도 더 줄이기 위한 노력이다. 벨로드롬에서 디스크바퀴와 더불어 앞바퀴의 직경을 최소화하면서 마찰저항을 방지하기 위하여 뒤바퀴쪽으로 체중이 실리도록 구조를 변화시켰다. 프레임은 가벼우면서도 단단하고 충격 흡수가 뛰어난 소재가 요구되어, 초창기의 크롬 합금 이후 알루미늄, 티타늄, 탄소섬유 순으로 발전해 왔다. 최근엔 하중이 가해지는 부분에 단단한 알루미늄을 사용하고 나머지는 탄소섬유를 주로 이용한다. 앞바퀴의 살도 공기저항을 줄이도록 칼날형으로 만들었다. 사이클에서 나타난 높은 속도는 첨단과학의 적용결과이다. 공기저항을 줄이기 위한 물방울형의 헬멧에 난 구멍은 공기를 순환시켜 머리의 열을 식히기 위함이다. 사이클은 규격이 규제된 만큼 향후 디자인 개발에 더욱 주력할 것으로 예상되며, 림폭도 20mm이하로 가늘어지고, 핸들을 비롯한 모든 부품은 타원형으로 바뀌게 될 것이다. 해를 거듭할수록 국제대회에서는 더욱 새롭게 개발된 사이클을 타고 나타날 것이다.

3 얼음 위의 속도경쟁

비록 사이클과의 속도경쟁에서 뒤졌으나, 스피드와 쇼트랙 스케이팅 역시 첨단과학을 이용한 속도와의 경쟁에서 다양한 시도가 적용되어 왔다. 98년 2월17일 일본 나가노 화이트링크에서 열린 동계올림픽 쇼트트랙 남자 1000m 결승전에서 김동성은 중국의 리자준을 스케이트 날 하나 차이인 0.05차로 따돌리고 한국에 첫 금메달을 선물했다. 당시 김동성이 신었던 스케이트화는 수공 몰드화로서 뒤꿈치와 발목 밑부분에 방탄조끼 소재로 쓰이는 탄소섬유 캐브라를 에폭시(특수 접착제의 일종)로 6겹으로 접착한 후 역시 탄소섬유로 겉마감하므로서 발목을 완전히 고정하여 킥이 잘 먹고 빙판에 대한 착지도를 높여 주었다. 발목 윗부분은 쇠가죽을 사용해 유연성을 높인 것이다. 선수의 발에 딱 맞고 뒤꿈치와 발목을 견고하게 지지해 줄 수 있도록 한 것이다. 한달 기준으로 4켤레 밖에 제작할 수 없는 수공예의 첨단과학이 빚어낸 결과였다.

스케이트 날의 경우 네덜란드의 메이플사가 공학실험결과 매끈하게 코너링할 수 있는 최적 두께가 1.1㎜인 것을 밝혀낸 것이 새롭게 널리 이용되고 있다. 스케이트날의 경우 바이킹사의 경우 1.0㎜를 고집하여 널리 이용되어 왔으나 다시 뒤진 것이다. 그러나 0.1㎜ 두꺼워진 날은 빙판저항을 높이기 때문에 체력이 우수한 선수만이 사용할 수 있다. 선수 개인의 특성을 정밀분석하는 것이 선행되어야 함을 의미한다. 스피드 스케이팅에서는 스케이트 날이 신발 밑바닥에 고정된 기존 스케이트와 달리 뒤축이 발꿈치에서 붙었다 떨어졌다 하도록 하므로서 스피드 향상에 탁월한 효과가 있음이 입증된 클랩 스케이트가 95년 네덜란드의 바이킹사에서 처음 개발된 후 이미 일반화 되어 있다. 네덜란드가 스피드 스케이팅의 강국으로 군림해온 것은 스케이트화 개발을 위한 첨단과학의 제조업체가 앞서거니 뒤서거니 경쟁하면서 경기력 향상의 한 축을 담당하기 때문이다. 우리나라도 벤쿠버 동계올림픽에서 스피드 스케이팅의 강국으로 자리잡게 되었다. 스케이트 장비의 과학화를 위해서 더욱 노력해야 할 것이다.

4 물속의 속도경쟁

인간의 물 속 속도는 시속 110km의 돛새치(sailfish)와 비교하면 거북이 수준에도 못미친다. 물 속의 최고속도는 94년 3월 러시아의 알렉산더 포포프가 쇼트코스(25m풀) 남자 자유형 100m에서 세운 46초74로서 시속 8km가 채 안 된다. 그렇지만 속도와의 경쟁은 과학적인 트레이닝을 비롯하여 수영복의 개발에 이르기까지 다양하게 시도되어 왔다. 64년 도쿄올림픽에서 일본 미즈노사가 개발한 나일론 100% 수영복은 기록탄생의 신호탄이었다. 88서울올림픽에서는 실의 굵기가 종전의 3분의 1정도인 '잠자리 날개' 같은 수영복이 나와 물과의 마찰계수를 최소화했으며, 비중이 0.91로 물보다 가벼운 소재로서 완전방수인 폴리프로플렌으로 만든 수영복도 개발 됐다. 그러나 수영복의 개발과정은 98년 7월 영국 셰필드에서 열린 영연방대회에서 우승한 폴 팔머의 전신수영복까지 내놓기에 이르러 소재와 더불어 형태의 변화를 위한 과학적 접근이 요구된다. 이언 소프(호주), 잉게 데 브루인(네덜란드) 등 전신수영복을 입은 선수들이 한해 전반기에 세운 세계기록만 9개이며, 최고의 스프린터였던 마이클 클림(자유형 100m, 접영 100m)과 수잔 오닐(자유형 200m, 접영 200m), 이언 서프(자유형 200m, 400m) 등 세계 최정상의 호주 선수들도 99년 범태평양대회에서 전신수영복으로 금메달을 휩쓸었다.

전신수영복을 처음 내놓은 아디다스수영복의 경우 나일론 72%와 라이크 28%를 혼합한 뒤 가장 매끄러운 화학물로 알려진 테플론을 코팅한 특수원단으로 피부보다 저항은 줄인다는 것이다. 스피도사의 '패스트스킨(Fastskin)'은 상어 피부의 돌기처럼 수영복 표면을 V자 모양의 미세한 홈과 특수코팅으로 처리하고 소재도 라이크라 · 폴리에스터(Lycra polyester)의 합성소재로 구성하여, 수영복 표면에 닿은 물이 소용돌이를 일으키며 미끄러지듯 흘러 내려 저항을 줄인 것이다. 아울러 전신을 죄어주어 젖산축적 방지를 통한 근육의 피로도를 낮추고 부상방지의 테이핑 효과를 준다는 것이다. 또한 전신수영복은 수영선수를 슈퍼맨이 된 것처럼 느끼도록 하며, 물의 저항을 줄일수 있다는 심리적 효과까지 주는 것으로 간주된다.

전신수영복에 관한 내용은 스포츠웨어 부분에서 다소 추가된다. 물속에서의 속도경쟁은 머리카락을 모두 자르는 시도에서부터 저항을 줄이는 수영모, 항공공학을 적용하여 물의 저항을 줄인 물안경의 개발에 까지 접근하였다. 물안경은 거친 물이 와류를 형성하면 그만큼 저항을 받게되는데, 이를 없애도록 저항을 가장 적게 받는 형태는 비행기 앞머리부분과 비슷한 '바람에 노출된 물방울이 만드는 모양'으로서 옆면들은 한결같이 계란처럼 둥글게 처리되고, 착용감을 높이기 위해 플렉시블 실리콘이나 네오프렌 등 신소재들도 채택되고 있다. 그러나 국제수영연맹(FINA)은 2010년부터 전신수영복을 일종의 도핑형태로 간주하여 그 착용을 금지하고 재질도 직물로 된 수용복만 착용을 허용하도록 규정을 새롭게 개정하였다.

5 도구를 이용한 속도경쟁

도구를 이용해서 공의 속도를 빠르게 하는 종목으로는 골프, 테니스, 야구, 배드민턴 등을 들 수 있다. 골프공은 장타시 최고시속 273km, 테니스 서비스공은 최고시속 217km, 배드민턴 스매쉬시 셔틀콕의 최고시속 250km 등에는 공과 도구의 소재와 형태의 계속적인 개발을 통해서 나타난 경쟁의 결과이다. 도구를 이용한 가장 빠른 공의 속도를 기록중인 골프에서 과학이 공헌할 수 있는 요인은 선수자신의 스윙자세 및 속도를 높이기 위한 트레이닝, 골프크럽과 공의 소재 및 형태의 변화를 들 수 있다. 스윙자세는 근육기능과 유연성에 의해서 클럽으로부터 공에 전달시키는 파워를 높이는데 집중되어야 할 것이다. 그러나 이 요인에서는 역시 정확성이 보다 중요한 요구사항에 해당하기 때문에 선수자신의 트레이닝은 웨이트 트레이닝, 고유신경근 활성화기법(PNF), 심리훈련 등 다양한 요인이 복합적으로 고려되어야 한다.

골프공은 골프역사를 주도해왔는데, 골프공이 멀리날 수 있으면서 코스길이가 연장되었고 클럽의 소재와 형태변화에도 영향을 미친 것이다. 현재와 비슷한 형태의 최초 골프공인 '페더리공'에서 시작되어 '러버코어공'을 거쳐 소재와 표면처리과정에 첨단과학이 적용되면서 비거리와 정확도가 더욱 향상되고 있다. 가장 바깥쪽은 부드러운 소재의 커버, 두 번째 커버(맨틀)는 단단한 소재를 이용하였는데, 그 주된 소재로는 티타늄, 비스무트, 텅스텐 등이 있다. 골프공 중심에는 고체대신 액체를 넣은 것까지 등장했다. 표면은 유체역학에서 제시된 공기저항의 주 요인인 형상저항(빠른 속도의 공이 가지는 앞 뒤 표면상 압력차로 발생하는 저항)과 마찰저항(공기와의 마찰로 발생하는 저항)을 최소화시키는 범위로서 골프공이 가지는 적정 '레이놀즈의 수'에 해당하는 5만에서 15만정도를 나타내도록 2중 딤플처리를 적용한 것이다. 골프공과 클럽의 소재 및 형태 변화에 적용된 첨단과학은 골프공의 속도경쟁을 중심으로 한 경기력 향상을 주도하고 있다.

6 셔틀콕과의 속도경쟁

배드민턴은 인도의 마을이름을 딴 '푸나' 경기가 발전하여 영국의 역시 마을이름을 딴 경기로 완성되어 이제 누구나 즐기는 레저스포츠로 까지 발전하였다. 실제 한경기당 에너지소비량은 투수가 한경기시 100개의 투구를 하는 것보다 많은 것으로 알려져 엄청난 심폐지구력은 물론 강한 스트로크 및 네트플레이를 위해서 높은 스피드와 반사신경이 아울러 요구된다. 배드민턴은 셔틀콕이 부리는 묘기에 대한 인간의 도전으로 볼 수 있다. 셔틀콕은 무게가 약 5g에 불과한데, 공기의 흐름과 온도에 민감하여 고온일수록 빠른 속도를 나타낸다. 닭의 깃털에서 오리 및 거위의 깃털로 바뀌면서 가격시 회전을 쉽게 일으키며 수직낙하되기 때문에 어깨 힘보다 손목 힘을 강화하는데 주력하게 되었다.

셔틀콕의 속도는 네트앞에서 가격시 시속 250km까지 나타내면서 그 방향을 바꾸기 때문에 이 속도에 대비한 신속한 반응과 발의 움직임이 가능해야 한다. 서브에 이어 상대로부터 다가오는 셔틀콕을 받아치기 위해서는 보다 빠른 체중이동을 위한 발의 움직임이 강조되며, 대표적인 공격기술인 스매쉬는 셔틀콕의 속도 및 정확성이 요구되는데, 관절의 각도, 라켓스윙의 각도 및 속도를 위한 기술과 힘이 함께 경쟁해야 한다. 셔틀콕과의 경쟁은 가격시 라켓면의 위치와 각도, 가격전 · 후의 라켓속도, 가격시의 근육기능 등에서 이루어져야 한다. 다른 종목의 스윙동작과 같이 가격후 라켓속도가 중요한데, 테니스와 달리 손목에 의한 스윙속도유지가 중요하게 작용한다. 배드민턴은 손목을 중심으로 발의 동작, 눈의 정확성과 판단력, 심폐기능을 중심으로 한 전신지구력 등 몸전체의 능력을 바탕으로 셔틀콕의 속도와 경쟁하는 운동으로서 트레이닝방향이 설정되어야 한다.

제6장

스포츠장비와 시설

1 기록향상을 위한 스포츠용구의 개발

기록향상을 위한 스포츠용구의 개발은 대부분의 종목에서 찾아볼 수 있다. 사이클경기의 자전거구조, 스피드 스케이팅에서 클랩(clap) 스케이트의 등장, 장대높이뛰기의 폴대, 골프클럽과 공의 재질, 양궁 활과 화살의 재질, 야구배트의 신소재, 탁구의 이질러버 등은 경기력 향상에 이용된 대표적인 첨단과학의 결정체이다. 최첨단 자전거는 공기저항을 줄이기 위해서 디스크 바퀴로 바뀌고, 앞바퀴의 직경은 적어졌으며, 굴림마찰력이 적은 터블러 타이어를 장착하였고, 선수의 헬멧은 저항형성을 일으키는 소용돌이 현상을 없애기 위한 유선형으로 바뀌었다.

장대높이뛰기의 폴대는 나무막대, 대나무, 강철, 두랄루민, 알루미늄에 이어 유리섬유(glass fiber)가 이용되고 있다. 폴대의 소재개발은 선수들의 기술개발보다 기록향상에 더욱 큰 영향을 미치면서, 60년대의 4m대 기록에서 유리섬유가 사용된 이후 6m14cm의 세계기록을 수립하기에 이르렀다. 골프클럽의 샤프트에 흑연, 붕소 및 탄소가 함유된 신소재가 이용되며, 깃털뭉치에서 시작된 골프공은 코어 및 커버부분에 티탄가루를 넣은 것에서부터 딤플을 일정하게 배열하여 파워손실을 줄이도록 한 것에 이르기까지 다양한 개발이 이루어지고 있다. 양궁의 활과 화살의 소재도 첨단과학이 적용되어 탄소섬유 세라믹을 소재로 한 활과 카본화살이 이용되고 있다. 야구규정상 사용이 금지된 압축방망이도 원목에 압력을 가해 반발력을 높인 과학적 접근의 산물에 해당한다. 우리나라의 탁구선수들이 적응하지 못해 고전했던 중국선수들의 이질러버의 개발에도 스포츠과학이 적용된 것이다. 사격선수들의 명중률을 높이기 위한 총의 개발, 테니스와 배드민턴의 라켓에 매여진 줄의 경우 질기면서 탄성이 우수한 화학섬유 재질이 가장 널리 이용되고 있다. 첨단과학을 이용한 스포츠용구의 계속적인 개발은 인간한계를 극복하는 기록향상에 필수적인 과정이다.

2 부상방지를 위한 스포츠용구개발

스포츠용구개발을 위한 첨단과학의 적용은 기록향상과 더불어 선수들의 부상방지와 안전성도 함께 고려하였다. 선수보호는 기록향상보다 우선되어야 할 과제일 것이다. 부상방지를 위한 스포츠용구의 개발은 당연히 경기력 향상에 공헌하게 된다. 스포츠용 신발의 경우 가장 우선적으로 부상방지에 초점을 맞추어 왔다. 농구선수들의 신발은 가장 많은 부상 부위중 하나인 발목보호를 위해서 지지대가 부착된 것을 착용한다. 야구의 포수, 필드하키 및 아이스하키의 골키퍼가 착용하는 보호장비는 필수적인 선수보호장비이다. 복싱 및 태권도의 호구, 사이클선수 및 미식축구선수의 헬멧, 활강스키어들이 착용하는 헬멧과 보호안경 등도 대표적인 선수보호장비이다. 물론 이러한 장비들을 보다 가벼우면서 충격방지를 비롯한 보호역할에 뛰어나도록 효율적인 소재와 디자인을 개발하는 과정에서 첨단과학이 이용되어 왔다.

배구 및 체조경기의 마루바닥에는 선수에게 충격을 최소화 하기 위한 신소재가 깔려지게 되었다. 테니스엘보의 결정적인 요인에 해당하는 라켓으로부터 팔꿈치로 전해지는 진동을 감소시키는 재질로서 흑연(graphite)과 붕소(boron)로 만든 라켓이 개발되었다.

여자선수들이 착용하는 브래지어의 개발과정에서 선수보호를 위한 영상기억합금 테크닉이 가장 먼저 도입되었다. 높이뛰기와 장대높이뛰기 선수들의 착지에는 흙에서부터 모래, 톱밥 및 스폰지로 변형되어 최근에는 공기를 주입시킨 에어쿠션이 이용된다. 야구경기장의 펜스에 부착된 충격방지장치, 충격완화에 효율성을 높이도록 소재는 물론 설계까지 고려된 스피드 스케이팅 및 쇼트랙 경기장의 펜스 등은 선수보호를 위한 것이며, 선수부상의 위험성이 높은 인조잔디도 최대한의 상해방지를 위한 소재개발의 주된 연구대상이 되고 있다. 운동선수들이 가장 빈번하게 부상을 입는 발목 및 무릎부위의 보호대는 그 구조 및 소재개발의 주된 대상이 되고 있다. 이러한 선수보호장비 및 시설의 개발은 결과적으로 기록향상에 공헌한다.

3 첨단과학을 이용한 트레이닝 기구

트레이닝은 운동선수의 경기력 향상을 위한 가장 핵심적인 과정으로서 광범위한 스포츠과학의 적용을 요구하고 있으며, 첨단과학에 의한 트레이닝 기구의 개발도 이러한 과정의 중요한 일부에 해당한다. 근육기능향상을 위한 주된 트레이닝기구로서는 웨이트 트레이닝에서 이용되는 바벨 및 덤벨을 중심으로 한 것이 주류를 이룬다. 그러나 근육기능향상을 위한 첨단 트레이닝 장치로서 등속성(isokinetic) 트레이닝 기구를 들 수 있다.

근육기능부분에서 가장 중요한 근파워 향상을 위해서는 부하속도의 적절성이 매우 중요한데, 일반적인 웨이트 트레이닝에서는 정확한 속도의 부하가 불가능하다. 운동종목들은 각각 속도와의 경쟁을 이루는 과정에서 요구되는 근수축속도를 다르게 가진다. 따라서 일정한 수준이상의 속도가 부하되어야 트레이닝 효과가 나타나며, 요구되는 수준의 속도에서 근육수축이 일어나도록 부하가 주어질 수 있는 등속성 트레이닝기구는 근육기능 강화를 위한 첨단에 해당한다. 등속성 트레이닝기구는 발휘하는 속도가 떨어지면 부하가 주어지지 않기 때문에 과도한 부하에 의한 오버트레이닝(over-training)도 방지할 수 있다. 이 기구는 바벨 및 덤벨처럼 일정한 관절각도에서만 부하가 100% 주어지는 단점을 보완하여 모든 관절의 각도에서 효과를 나타낸다. 이러한 원리는 국소적인 근육기능향상에만 적용되는 것이 아니라 노르딕스키에르고미터, 스위밍에르고미터 등의 장치에도 적절하게 장착되면서 각 종목의 특수성을 고려한 전신강화기능을 이루도록 적용되고 있다. 육상선수들은 이 원리가 런닝과정에서 적용될 수 있는 스피드슈트(speed chute)를 이용한 트레이닝을 트랙에서 실시하는 경우도 있다. 낙하산을 등에 메고 달릴 경우

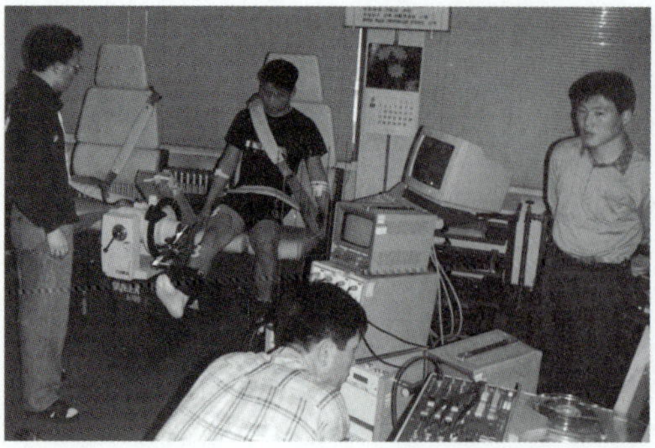

그림 6-1. 등속성 트레이닝시 근기능 변화분석을 위한 근전도 측정장면

그림 6-2. 낙하산을 이용한 스피드슈트 트레이닝 장면

공기저항에 의해서 속도가 빠를수록 저항이 증가하도록 하여 높은 트레이닝 효과를 기대할 수 있는 것이다.

효율적인 트레이닝을 위해서는 첨단기구 및 장치가 널리 이용되는데, 각 종목별 동작에 의한 속도, 저항 및 경사 등의 조절이 가능한 트레드밀, 자전거에르고미터, 노르딕에르고미터 등에서부터 수영탱크에서 물의 흐름방향과 속도를 인위적으로 조절하여 동작의 부하조절이 가능한 스위밍플룸(swimming flume), 실제종목의 상황을 유사하게 유도하기 위한 피칭머신이나, 중국의 탁구선수들이 널리 이용하는 로봇탁구 등이 있다. 또한 사격이나 양궁에서 이용되는 피드백시스템은 경기력 향상을 위해서 많은 도움을 주고 있다.

스캣(SCATT)으로 불리우는 사격훈련시스템은 사격선수의 탄착군 형성에 도움을 주기 위한 것으로서 격발 시점을 중심으로 총구의 움직임을 컴퓨터 스크린에 나타내는 첨단장치이다. 과거 러시아의 항공우주국에서 이용하던 방법으로 알려진 이 시스템은 총구에 부착된 카메라와 표적판에 설치된 적외선 발생장치가 상호작용을 일으켜 총구가 어떻게 흔들리는지를 사수에게 알려준다. 총구에 부착된 카메라 뒤쪽에 디지털 카메라의 광전소자와 같은 센서가 붙어있어 표적판을 향하는 총구의 움직임을 찍는다. 사각형 표적의 가로세로 가운데 네곳에 적외선 발생장치가 부착돼 있다. 이 빨간전등 네개는 표적을 알려주는 신호발생기 역할을 담당하며, 발생된 신호는 총구에 달린 센서를 포함한 소형 카메라가 인식한다. 사수가 표적을 향해 조준해 실제 격발할 때까지 총구가 흔들리는 것을 카메라와 빨간전등 네개가 상호작용하여 총구의 움직임을 파악한다. 총구의 움직임이 상하로 많이 일어나면 호흡불안, 좌우로 많이 흔들리면 자세가 문제로 지적되어 호흡 및 자세안정 상태를 향상시키게 된다. 이러한 추적은 조준과 격발의 시간간격을 측정하여 가장 적절한 조준시간을 일정하게 유지하도록 하는데도 도움을 준다.

양궁선수들의 피드백시스템은 조준과 슈팅상황에서 생리-심리적 상태를 분석하여 선수에게 알려주어 교정토록하므로서 최적 생리-심리상태에서 슈팅이 가능하도록 해준다. 이때 이용되는 주요 생리-심리상태는 종합생체분석기에 의해서 측정된 심박수, 호흡곡선, 뇌파, 안구운동, 근전도, 피부전기저항 등이 포함된다. 이러한 항목들은 선수 몸내부에서 일어나는 상태파악이 정확하게 이루어지도록 정보를 제공해주는 것이다.

선수들의 부상은 경기와 훈련과정에서 흔히 발생하며 경기력향상의 중요한 제한요인으로 작용한다. 선수들의 부상후 의학적 치료과정에서 부상전의 상태로 체력을 유지하여 경기장으로 복귀토록 하는 과정의 재활트레이닝은 필수적이며, 일반인의 치료과정과는 다르게 보다 정밀하고 세부적인 접근이 요구된다. 첨단과학은 이러한 복귀과정에서의 효율적인 재활트레이닝에서도 중요한 역할을 담당한다. 부상후 재활과정에서 중요한 요인중 하나는 근육기능을 들 수 있는데, 부상후 오랜 침상생활이나 관절 및 근육의 치료를 위한 석고고정상태가 장기간 지속될 경우에는 근육기능이 가장 신속하게 저하된다. 따라서 이의 신속한 재활은 선수들의 경기력 향상을 위해서 중요한 부문이다. 움직임이 가능한 상태로 회복된 경우에는 등속성 트레이닝과 같은 첨단방법이 이용될 수 있으나, 석고고정상태 혹은 전체적인 움직임이 어려운 상태에서도 국소적인 근육의 위축현상에 의한 근력저하 방지를 위해서 이용될 수 있는 것으로 전기자극에 의한 트레이닝방법이 제시되고 있다. 최근 이 방법은 전기파장이나 자극시간의 적절한 조절을 통해서 국소적인 근육위축 방지에 효과적인 것으로 간주되고 있다. 움직임이 가능한 본격적인 재활 트레이닝을 실시하기 전부터 근육기능 회복을 위한 전기자극방법은 선수의 경기장 복귀를 그만큼 앞당기게 할 수 있다.

스위스의 신발연구가인 칼 뮐러는 아프리카 마사이족이 맨발로 수십km를 걸어도 거뜬한 것이 특유의 걸음걸이 때문이라는 관점에서 '마사이맨발공법(MBT)'에 의한 재활신발을 개발하였다. 걷거나 달리기시 뛰기와 튀기 동작을 반복하여 관절에 무리가 있으나, 마사이족은 달릴 때 발꿈치부터 내디딘 후 발가락 끝으로 차오를 때까지 마치 바퀴가 구르는 것과 같이 리드미컬한 자세로서 관절의 무리를 덜고 다리근육의 균형적인 발달을 도와준다. 이 재활신발은 인위적으로 마사이족의 걷기방식을 만들어주기 위해 신발바닥을 둥글게 만들고 충격을 완화해주는 특수쿠션을 부착하여 하지 부상후 실시되는 트레이닝에 의한 재활 프로그램으로 활용될 수 있다. 부상방지도 중요하지만 부상 후 신속한 경기장 복귀를 위한 과학적 재활 트레이닝 프로그램의 계속적인 개발에도 관심을 가져야 한다.

4 스포츠웨어

수영경기에서 기존의 수영복과는 전혀 다른 몸 전체를 감싸도록 하여 물의 저항을 줄이는데 도움을 주는 전신수영복의 등장은 스포츠웨어가 경기력에 중요한 영향을 미치게 된다는 주장을 뒷받침해주는 대표적인 예이다. 첨단 스포츠웨어 개발의 주된 초점이 열발생을 줄이거나 열보존에 효과적인 섬유를 찾아내는데 맞추어 오면서, 하이폴라를 개발하여 외부로부터 공기유입이 가능하도록 만들었다. 또한 햇빛에 의한 열 흡수를 차단하는데 도움을 주게 되었다. 경기 중에 흘리는 땀으로 인해서 무게가 증가하는 유니폼은 경기력발휘의 장애요인으로 작용하기 때문에 수분을 효율적으로 발산시키고 통풍이 잘되는 섬유가 요구된다.

수영복의 대표적인 소재는 방열성 및 신축성이 우수하고 물의 저항 감소에 효과적인 프리콜라이클러(Precoleicular)로 불리우는 특수섬유가 이용되어 왔는데, 이 소재로 온 몸을 감싸도록 하는 것이 기록향상에 효과적이라는 주장이 제기되면서 국내수영선수들도 전체를 감싸는 수영복을 착용하기에 이르렀다. 면에서부터 시작된 수영복 소재는 나일론, 폴리우레탄, 폴리우레탄과 폴리에스테르를 혼합한 리오스팩, 폴리프로필렌을 이용한 물에 뜨는 소재까지 개발되기에 이르렀다.

육상선수들은 기존의 수영복보다 체표면을 더 적게 감싸는 경기복은 물론 여자선수들은 비키니에 가까운 유니폼을 착용하는데, 서울올림픽에서 미국의 그리피스 조이너선수는 공기저항 감소에 도움을 준다는 차원에서 발목에서부터 머리를 덮는 모자까지 하나로 연결된 육상복을 입고 출전하였다.

모자까지 하나로 연결한 경기복은 펄럭이는 머리카락이 공기저항을 일으킨다는 관점에서 이를 방지하기 위한 시도로서 스피드 스케이팅선수들의 유니폼에서 쉽게 볼 수 있는 장면이다. 경기복을 착용하여 경기에 임하는 과정에서 자세 변화시 발생하는 옷의 주름이 공기저항을 높일수 있다는 관점에서 주름제거에도 관심을 기울여 왔다. 유니폼의 색깔과 디자인 조차도 과학적인 고려가 요구된다. 우리나라 축구대표팀이 착용하는 붉은 색의 유니폼이 상대선수를 흥분시킬 수 있다는 지적도 스포츠심리학의 측면을 고려한 주장이었다. 스포츠웨어의 개발은 경기력 향상을 위해서 첨단과학의 적용이 요구되는 스포츠과학의 중요한 한 분야에 해당한다.

수영 경기는 선수들의 기량뿐만 아니라 물의 저항을 최대한 줄이는 수영복 과학의 경연장이기도 하다. 신소재 개발에는 수영복이 가장 앞서 있는 분야이기도 하다. 수영은 0.01초로도 승부가 결정될 수 있는데, 0.01초면 2.5㎝를 갈 수 있는 시간이다.

신소재 수영복 중 가장 널리 알려져 있는 것은 전신수영복이다. 2000년 시드니올림픽에서 독특한 외관의 전신수영복을 입은 호주의 이언 소프와 호주 선수들이 놀라운 기록들을 새롭게 수립 하였다. 소프는 올림픽에서만 세계신기록을 3개나 세우며 3관왕에 오르는 기염을 토했다. 소프와 당시 전신수영복을 입은 선수들은 17개 종목에서 신기록을 수립하였다. 전신수영복은 입는 데만 10분이 넘게 걸리고 수영복을 착용하는 것을 도와주는 사람도 네 명이나 필요하다. 그러나 전신수영복의 성능을 알면 그런 불편을 감수할 가치가 충분하다. 전신수영복은 몸 전체를 감싸 근육의 떨림을 막아 피로를 덜 느끼는 특징이 있다. 또 특수 코팅 처리된 표면은 원래 피부보다 훨씬 매끄러워 물을 튀겨 내기 때문에 물의 저항을 줄일 수 있는 장점이 있다. 전신수영복은 사실 상어의 피부에서 힌트를 얻은 기술이다. 상어의 피부 표면은 매끄러워 보이지만 작은 삼각형 돌기들이 수없이 나 있다. 전신수영복도 마찬가지로 수영복 표면에 작은 삼각형 돌기가 나 있어, 물과 표면 마찰력을 5% 이상 줄여주는 효과가 있다. 보통 물이 피부에 닿을 때 소용돌이가 발생하는데, 이 돌기가 그 소용돌이를 잡아주는 역할을 하기 때문이다. 골프공의 표면도 일부러 요철을 만들어 마찰력을 줄인 것이다. 언뜻 이해가 가지 않을지 모르지만 매끈한 표면보다 울퉁불퉁해 보이는 게 저항을 덜 받고 멀리 날아가는 원리다.

전신수영복 이후 수영복의 신소재 개발은 더욱 치열해졌다. 2008년 베이징올림픽을 앞두고 개발된 수영복은 초음파로 섬유를 이어 붙여 봉제선이 없고, 경계선은 방수소재 직물을 사용해서 기존 수영복에 비해 마찰을 24% 줄인 특징을 가졌다. 또 부력은 향상되고 마찰은 줄어들어 결과적으로 전체 속도가 2% 정도 빨라지는 효과를 발휘하였다. 특히 움직임이 많은 무릎 부위에는 실리콘을 넣어 주름이 잡히는 것을 방지하고, 발목을 감싸는 부분도 실리콘 소재를 사용하는 등 부위별로 다른 소재와 기능을 배치하여 개발한 첨단 과학의 산물이었다. 그러나 아무리 성능이 우수한 수영복을 입은 선수라도 궁극적으로 승부를 판가름하는 것은 자신의 노력이다.

그림 6-3. 수영선수의 전신수영복

5 스포츠화

1. 스포츠용 신발의 개발

스포츠용구의 개발은 기록향상은 물론 선수보호를 목적으로 한 스포츠 과학의 중요한 역할중 한 분야를 차지한다. 스포츠용 신발의 발전과정은 기록향상과 부상방지에 큰 공헌을 해 왔다. 신발의 과학화는 운동수행과정에서 신체에 주어지는 충격을 최대한 감소시키고 발목과 발 뒷부분을 안정시키면서, 발 형태 차이를 적절하게 고려한 신발의 개발 등에 초점이 맞추어져 왔다. 스포츠용 신발의 개발은 생체역학 및 스포츠공학의 연구분야로서, 신발 착용시 움직임 분석을 위한 3차원 입체영상분석기법, 압력센서와 적외선카메라로서 바닥면의 압력분포를 측정하는 기법 등을 이용해서 전체적인 신발 무게, 신발 바닥면에 주어지는 충격량과 그 흡수상태, 바닥면의 내구성, 발 뒷꿈치의 움직임조절 등에 관한 분석이 주된 주제로 포함되어 왔다.

신발무게는 육상선수에게서 기록향상의 중요한 장애로 작용하기 때문에 최대한 가벼운 신발을 선호한다. 단거리 육상화의 무게를 줄이는 경쟁을 계속해 온 신발제조업체는 100g도 채 않되는 신발을 내놓기에 이르렀다. 96년 아틀랜타올림픽 남자 200m 및 400m 우승자였던 마이클 존슨의 육상화는 「황금슈즈」로서 그 만을 위해서 나이키가 특수제조한 신발이었다. 스파이크 핀 6개를 가벼운 특수재질로 처리하고, 밑창두께를 2mm로 줄였으며, 외피는 하나로 된 천으로 처리하여 한쪽의 무게가 약 99.2g에 불과하였다. 그의 신발은 트랙 런닝시 발생하는 원심력을 줄이고 안정감을 높이면서, 신발속에서의 발 미끄럼 방지를 위해서 신발 안팎의 디자인과 재질을 바꾸었다. 또한 공기저항을 줄이기 위해서 표면을 특수래커로 처리하였다. 존슨의 발 크기는

290mm인데 실제 신발은 이보다 약간 작게 만들어 완전히 발에 밀착되도록 하므로서 더욱 가볍게 느껴지도록 하였다. 신발색깔도 관중의 관심을 끌기 위해서 예선에서는 보라색 바탕에 노란색줄무늬, 결승에서는 황금색을 띠도록 하였다.

신발무게는 마라톤선수에게 더욱 거북한 존재로서, 경기시 신발무게가 100g이 무거울수록 에너지소비량의 1%가 추가손실되는 것으로 보고된 바 있다. 일본에서는 110g의 무게를 가진 마라톤화를 개발하였는데, 뛰어난 탄성을 지녔으면서도 두께를 줄일 수 있는 줌 에어(zoom air)소재를 사용한 것이다. 우리나라는 과거 70년대 세계시장에서 생산량 1위의 신발왕국으로서 스포츠용 신발개발의 선두주자였으나, 아직까지도 신발제조의 근본이 되는 발의 길이, 폭, 높이 등을 중심으로 한 발의 표준유형인 「신골」을 만들어내지 못하는 것으로 알려져 있다. 우리 신발제조업계는 화려했던 신발왕국의 면모를 되찾기 위해서, 육상선수들이 요구하는 「신은 듯 신지 않은 듯 하면서 폭발적인 탄성을 가진 신발」을 만들 수 있도록 다시 뛰어야 할 것이다.

2. 스포츠용 신발의 충격완화

스포츠용 신발의 보다 중요한 초점 중 하나로 충격흡수를 들 수 있다. 운동선수들이 경기수행시 체중의 이동에 의해서 자극받는 충격의 정도는 엄청나다. 육상선수들이 런닝시 받는 충격은 체중의 3배, 농구 및 배구선수들의 점프후 착지시 받는 충격은 체중의 10배 이상에 달한다. 배구경기시 주공격수는 한 경기에서 100회 이상의 스파이크를 시도하며, 농구선수는 슈팅과 리바운드를 위해서 무수한 점프기회를 가짐으로서 많은 충격에 시달리게 된다. 370mm의 발 크기를 가지고 체중 100 kg이상을 유지하는 미국 NBA의

샤킬오닐이 리바운드 후 착지시 충격량은 1톤이상에 이른다. 이러한 충격을 이겨내기 위해서 발목, 무릎, 허리, 척추 주위의 근육은 물론 관절연골들이 완충작용을 효과적으로 수행하지만, 이 과정에서 흔히 부상이 발생하게 된다. 이러한 충격 완충의 절대적인 역할을 신발이 담당하기 때문에 신발개발의 핵심은 완충능력 향상에 그 초점이 맞추어진다.

세계 굴지의 신발제조업체는 충격완화를 위해서 탄성이 좋으면서 가벼운 신발바닥의 소재를 개발하기에 주력하고 있다. 주로 이용되는 소재로는 「에어」로 불리우는 공기보다 비중이 가벼운 특수가스, 실리콘성분의 특수젤, 특수 폴리우레탄 필름을 이용한 6각형의 벌집구조, 「에어텍시스템」으로 불리우는 용수철과 바퀴를 장착한 특수 수레 등이 있다. 또한 발의 동작과 체중의 이동에 따라서 공기흐름이 바뀌도록 하는 시스템이 이용되어 충격흡수 및 반발력이 효과적으로 발휘될 수 있도록 하였다. 이들의 충격완화 노력은 발의 구조와 관련된 개인적 특성까지도 고려된다. 남자배구 국가대표의 대표적인 공격수였던 김세진과 신진식은 발바닥 굴곡상의 특성으로 인해서 착지시 닿는 면이 각각 바깥쪽과 안쪽이 먼저 닿기 때문에 착지시 충격완화를 위해서 바깥쪽면과 안쪽면에 보조 패드를 부착한 신발을 이용했었다.

밑창이 가지는 충격완화와 더불어 마찰력을 조절하는 것도 중요한 과제인데 마찰력 조절을 위해서 이용되는 방법으로서 밑창무늬를 이용하는 것이다. 테니스의 경우 코트마다 마찰력 특성이 차이를 가지는데, 클레이코트에서는 적당히 미끄러지면서 정지가 가능하고 스트로크시 회전이 용이토록 하기 위해서 앞부분에 동심원이 배치된 갈매기무늬를 이루도록 했다. 하드코트에서는 잘 미끄러지도록 큼직큼직한 무늬를 이루도록 했다. 배구화는 마찰력을 높이도록 가로선 무늬가 대부분이며, 농구화는 좌우 움직임까지도 고려해야 하기 때문에 가로 및 세로선을 혼합해서 만들었다. 경기력향상과 부상방지를 위한 스포츠용 신발의 개발 과정은 밑창의 소재와 무늬의 조절 등을 중심으로 끝없이 계속되고 있다.

3. 육상선수 발의 분석

일본 고베에 위치한 아식스 스포츠공학연구소에서 맞춤 신발을 제작하기 위해서 우리나라 육상국가대표선수들이 발의 구조를 정밀분석한 바 있다. 1인당 1시간에 걸쳐 첨단 기계와 촉진(손으로 하는 진단)을 통한 검사를 받았다. 576개의 측정봉이 달린 측정계가 발바닥 굴곡도를 조사했고, 8개의 레이저 감지기가 들어간 3D 족형(足形) 계측기로 발 모양을 입체 분석했다. 아울러 전문가들이 직접 손으로 만져 가며 발목 유연성, 무릎 관절 각도, 골반의 형태 등 32개 세부항목을 검사했다.

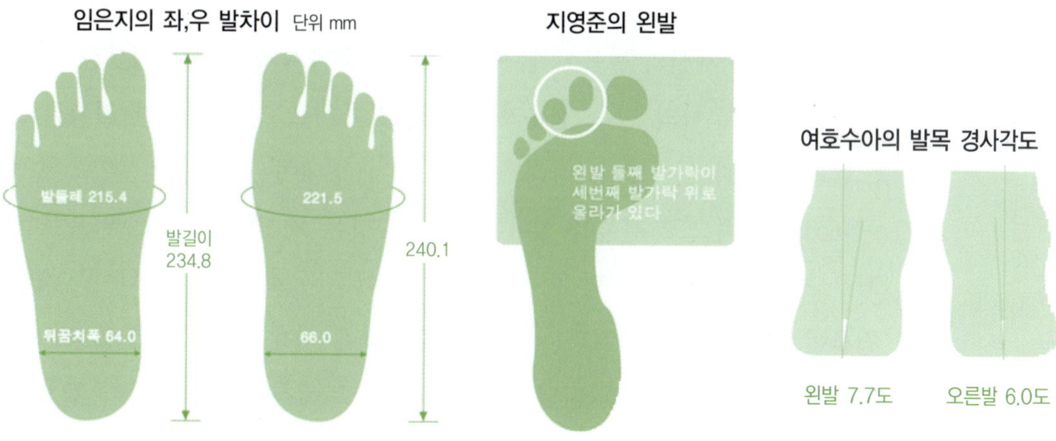

그림 6-4. 우리나라 육상선수들의 발 구조분석 결과

분석결과 한국 선수 대부분이 기능적으로 부적절한 신발을 신고 있는 것으로 지적하였다. 2009 대구국제마라톤 우승자인 지영준과 2007 춘천마라톤 2위인 이선영은 꼭 끼는 신발을 신고 달린 탓에 발가락 관절이 위로 튀어나와 둥글게 굽었다는 진단을 받았다. 발가락이 굽으면 발끝으로 땅을 채는 동작에서 힘의 손실이 발생해 기록 저하로 이어진다. 지영준의 왼발 둘째 발가락이 셋째 발가락 위로 올라가 있는 것과, 이선영의 양쪽 엄지발가락 발톱이 까맣게 죽어 있는 것도 작은 신발에 의한 것으로 지적하면서 두 선수는 평소보다 5㎜ 큰 신발을 신어야 한다는 판정을 받았다. 250㎜짜리 경기화를 신어 온 박병권은 신발 크기를 10㎜나 늘려야 한다는 말에 놀라는 표정이었다. 박병권은 "마지막 스퍼트 때 상대에게 밀리는 느낌을 받곤 했는데 발가락 및 신발 상태와 관련이 있는 줄은 몰랐다"고 했다.

여자 장대높이뛰기 한국기록(4m35) 보유자인 임은지는 평소 장대를 들고 달릴 때 몸이 약간씩 기우뚱거린다는 느낌을 갖고 있었다. 한국 육상 남자 100m의 유망주인 여호수아(성결대)는 평소 발 바깥쪽에 힘을 주고 걷는 버릇이 있다. 자신의 발목이 몸 안쪽으로 기울어져 있다는 어렴풋한 느낌 때문이다. 여호수아의 발을 전문가들이 첨단 기계로 정밀 측정한 결과는 그의 느낌과 정확히 일치했다. 다리가 약간 'X'자 형태여서, 왼발이 7.7도, 오른발이 6.0도 안쪽으로 기울어 있다는 진단이 나온 것이다. 이의 보완을 위해선 좌우 신발 밑창의 발바닥 아치 부분을 높여주는 보강재 사용이 필요하다는 결론이 내려졌다. 검사결과는 왼발이 오른발에 비해 상대적으로 얇고 크기도 5㎜가량 작은 것으로 나타났다. 왼쪽 발 스트레칭과 근력운동이 필요하며, 신발도 특수 재료로 왼쪽을 보강해야 한다는 결론이 내려졌다. 육상선수들이 부상을 줄이고 능력을 최대한 발휘하기 위해선 발 상태를 정확히 측정해 특성에 맞는 신발을 착용하는 것이 필수적이다.

4. 스포츠용 신발의 물기제거

경기력 향상을 위한 스포츠용 신발의 개발에는 운동시 흐르는 땀으로 인해서 발생하는 신발의 물기제거를 위한 노력도 중요한 과제이다. 마라톤선수는 42.195km를 달리는 동안 몸 전체가 흘리는 땀의 양은 약 800cc에 이르며, 발에서만 평상시보다 흘리는 땀의 5배 이상에 해당하는 약 40cc의 땀을 흘리게 되는 것으로 알려져 있다. 농구경기시에는 마라톤과 비교할 때 3배가량의 더 많은 땀을 흘리는 것으로 보고된 바 있다. 이러한 땀으로 인해서 신발은 물을 먹은 것처럼 무겁게 변해서 약 40g이상 더 무거워진다. 신발에 땀이 차면 무거워지는 것은 물론 미끄러짐에 의해서 중심유지가 어렵게 되어 농구경기처럼 좌우이동이 빈번한 경기에서는 경기력의 효율적인 발휘에 치명적이다. 특히 물기 때문에 미끄러지면서 신발이 벗겨지게라도 되면 경기를 망치게 된다. 바르셀로나올림픽 마라톤경기에서 일본이 자랑하는 마라톤화를 착용한 일본선수가 신발이 벗겨지면서 페이스를 잃은 경우는 황영조선수가 우승을 차지하는데 크게 공헌을 한 사례(?)로 TV중계를 통해서 기억되고 있다. 따라서 신발내부를 물기가 없는 상태로 유지하기 위한 노력에 크게 관심을 기울여 왔다. 신발내부의 물기제거를 위한 방안으로는 외피를 그물망으로 만들거나 구멍을 뚫어 공기가 잘 통하도록 하는 고전적인 방법, 신발바닥에 장착한 매우 가는 비닐파이프와 배출구를 서로 연결하여 뜨거운 공기를 밖으로 유출시키는 방법, 팡이제거제와 세라믹 함유섬유를 이용해서 항균처리하는 방법 등이 동원된다.

고온다습한 환경에서 치러진 96년 아틀랜타올림픽에서 우리나라 마라톤선수들이 신었던 신발에는 공기를 잘 통하도록 하기 위해서 외부는 그물망과 서릿발 구조에 부드러운 재질을 입힌 특수 냉각섬유를 사용했으며, 중창부분은 신발과 지면의 마찰열 차단을 위한 특수단열처리가공을 실시하였다.

물기묻은 신발을 가볍게 하기 위해서 신발표면과 내부의 방수처리는 필수적이며, 이를 위한 소재의 개발이 강조된다. 신발은 개인의 특성은 물론 외부 환경의 변화까지도 고려하여 운동시 발생하는 땀의 신속한 처리를 위한 기술력의 개발에 관심을 기울여야 할 것이다.

5. 선수들이 신는 신발의 비밀

한국 여자 역도의 에이스 장미란이 신는 역도화는 뒷굽이 나무 재질로 돼 있는 딱딱한 신발이다. 역도화는 다른 신발과 디르게 뒷굽에 쿠션이 있으면 무거운 하중을 견딜 수가 없기 때문이다. 일반적으로 역도선수들은 나무 뒷굽으로 된 신발을 신는데 이는 안정성 때문이다. 스펀지 쿠션 재질의 뒷굽을 쓰면 바벨을 들 때 엄청난 하중에 눌려 선수가 중심을 잃을 수도 있다. 역도화 밑창 중간에는 탄성이 우수한 내구성 플라스틱이 붙어 있는데, 이는 몸을 숙였다 펴며 바벨을 올리는 동작에서 중앙 지지대 역할을 하며 탄력을 부여한다. 또한 역도화는 끈도 일반 운동화보다 두껍고 신축성이 적다. 모두 엄청난 무게 밑에서 발을 단단하게 고정시키기 위한 장치들이다.

40여개의 발자국으로 승부를 내는 육상 100m 선수용 신발의 밑창은 강한 탄력을 가진 플라스틱으로 만들어진다. 땅을 박차고 달릴 수 있는 스파이크는 신발 앞쪽에만 박혀 있다. 따라서 신발에 쿠션이 거의 없는 것이 특징이다. 100m용 신발에 쿠션이 있으면 발이 땅에 붙어 있는 시간이 길어지기 때문에 기록 단축에 오히려 방해가 되기 때문이다. 딱딱한 밑창은 땅을 차고 나가는 순간부터 몸이 앞으로 나가려는 에너지를 증폭시키는 효과가 있다. 반면 달릴 때 발 전체를 사용하게 되는 중장거리용 신발은 뒤꿈치에 부드러운 쿠션을 붙여서 제작한다. 최근 나이키는 베이징올림픽을 앞두고 무게가

100g도 안 되는 초경량 중장거리화를 출시하기도 했다. 특히 마라토너 이봉주가 사용했던 아식스의 마라톤화는 신발 바닥에 쌀겨를 넣어 미끄럼을 방지한 기능으로 유명하다.

육상의 투척 종목인 포환, 해머, 원반 던지기 선수용 신발과 창 던지기 선수용 신발은 모양이 완전히 다르다. 포환, 해머, 원반 던지기는 기본적으로 회전 운동이 필요한 종목인데 반해서 창 던지기는 그렇지 않기 때문이다. 거구의 포환 선수가 보통 신발을 신고 맹렬히 회전하면 밑창이 남아나지 않는다. 따라서 밑창 바닥 소재는 마모에 강하게 화학처리를 한 특수 고무를 쓰는 것이 특징이다. 반면 힘찬 도약 후에 창을 던지는 투창은 신발에 스파이크가 달려 있으며 좌·우측 모양도 서로 다르다. 투창은 도약 이후 한쪽 발을 고정시킨 상태에서 던지게 되므로 지지하는 발쪽에 단단한 하이컷(high cut : 부츠처럼 발목 지지대가 높이 올라오는 형태)을 채택한다. 신발끈이 풀리면 안 되는 규정 때문에 특별히 제작된 신발을 신는 경우도 있다. 레슬링은 경기 중 신발 끈이 풀리면 곧바로 1점의 벌점을 받는다. 경기 지연을 막으려는 규정이다. 최근에는 지퍼 달린 덮개로 아예 신발끈을 속으로 감추는 제품도 만들어지고 있다. 그러나 전통적인 방식으로 끈을 테이핑하기도 한다.

6 경기장 시설

경기장에는 선수들의 기록과 순위 판정을 위해서 첨단장비들이 설치되어 있다. 또한 경기장면을 과학적으로 분석하기 위해시 고속카메라들이 육상, 체조경기장내의 요소요소에는 물론 수영장내의 물속까지도 설치되어 있다. 이러한 시설들은 경기를 수행하는데 전혀 장애가 되지 않으면서, 선수들의 기술분석과 경기력 향상을 위한 새로운 기술개발에 귀중한 자료를 제공해준다. 경기장을 만들 때 이미 이러한 시설들이 포함되어져 있으며, 부족한 것은 스포츠과학자들이 그때그때 추가로 설치한다. 훌륭한 경기장의 건립에는 경기장면의 정밀한 촬영과 분석을 위해서 건축학자와 스포츠과학자들이 함께 참여하여 설계한다.

최근에 개최된 올림픽의 대부분 경기장에는 이러한 시설들이 훌륭하게 설치되어 있는 것으로 알려져 있다. IOC와 국제육상경기연맹은 올림픽과 세계선수권대회가 열릴 때 마다 경기력과 기술변화의 추세를 분석하기 위해서 스포츠과학분석팀들을 동원하며 대회 후 곧바로 보고서로 제출된다. 물론 이러한 시설들은 기록과 순위판정에도 최대한 이용된다. 100m의 순위와 기록판정을 위해서 결승테이프와 계시원의 스톱워치를 활용하는 시대는 과거의 추억에 지나지 않는다. 시속 36.6Km대로 질주하는 인간탄환들의 순위를 결정하는데는 TV 비디오로도 불가능하다. 골인지점을 중심으로 설치된 초당 100프레임 이상의 구분이 가능한 고속비디오와 초당 1000프레임의 사진촬영으로 순위가 결정되며, 기록은 광전자감응장치를 이용해 전광판에 계시된다. 출발시에도 부정출발 감지를 위해서 출발대 밑에 부착된 전자감응장치에서 경고음이 울리게 된다. 출발신호총, 출발대 및 골인지점 등이 모두 전자장치에 연결되어 부정출발, 골인순위 및 기록 게시가 자동으로 이루어진다.

투척경기의 정확한 기록측정은 게시원이 투척된 창이나 원반의 투척지점에 광파측정기를 꽂으면서 자동으로 이루어지며, 멀리뛰기에서도 도움닫기에 이은 발구름대에 출발선 침범판정을 위한 센서가 부착되어 있다. 육상경기보다 더욱 속도가 빠른 사이클, 빙상의 스피드 스케이팅과 쇼트렉에서도 전자게시장치를 널리 이용하고 있다. 수영장에도 출발신호총, 출발대 및 경승점의 압력센서 등이 서로 연결되어 부정출발 및 기록 게시를 정확하게 실시 한다. 시속 200Km대에 거의 육박하는 테니스서브의 경우 서비스라인 근처에 설치된 감응장치로 폴트를 판정한다. 사격 및 양궁장에서는 멀리 떨어진 표적의 촬영이 가능한 카메라가 설치되어 관중이나 시청자들이 경기결과를 바로 볼 수 있도록 한다. 사격과 양궁경기의 경기진행상황이 흥미롭게 중계될 수 있는 것은 첨단과학시설의 도움이 절대적으로 영향을 미친 것이다. 아틀랜타올림픽에서 우리 여자양궁선수가 표적 중앙에 설치된 소형카메라를 맞추는 솜씨를 과시해서 TV중계가 한 때 중단되어 세계인을 다시 한번 놀라게 한 것이다.

펜싱의 경우 오래전부터 칼끝과 선수신체의 유효부위를 연결한 전자장치를 이용해서 유효점수를 판정해왔다. 판정 때문에 항상 물의를 빚어온 복싱, 태권도 등에서도 컴퓨터채점기를 이용하여 판정의 객관성을 높이려고 노력하고 있다. 비록 늦었지만 보다 정확한 기록게시와 판정은 물론 기술분석까지 고려한 첨단과학에 의한 경기장 건립에 우리도 관심을 가져야 한다.

제 7 장

고온과 저온의 운동

1 더위에 강한 운동선수

여름철의 고온과 다습은 대부분의 운동선수들이 경기력을 발휘하는데 부정적으로 작용한다, 특히 체력적으로 어려움을 겪기 때문에 동계훈련을 비롯해서 평소 체력훈련을 열심히 해야 한다고 강조하고 있다. 고온환경은 운동시 발생하는 체열의 증가와 더불어 적절한 체온유지를 어렵게 하기 때문일 것이다. 그러나 높은 기온이 오히려 긍정적으로 작용하는 경우도 많다. 96년 아틀랜터 올림픽은 대회기간중 대부분 기온이 38℃ 이상의 고온이 유지되면서, 전반적인 기록경기는 역대 올림픽대회에 미치지 못하는 저하된 경기력을 나타냈다. 그러나 경기시간이 짧으면서 순간적인 파워에 의존하는 종목에서는 체열증가에 의한 체온조절의 필요성이 중요하지 않을 뿐만 아니라 오히려 긍정적인 영향을 미친 것으로 나타났다. 예를 들어, 육상 남자 단거리 100m와 200m에서는 캐나다의 도노반 베일리(9초84)와 미국의 마이클존슨(19초32)이 각각 세계신기록을 수립하였으며, 역도경기에서는 14개의 세계신기록이 수립된 것이다. 고온에서는 공기의 밀도가 낮아지면서 공기저항이 줄어들게 된다. 따라서 체중의 이동이나 물체의 이동이 용이해지기 때문에 상대적으로 단거리선수와 역도선수는 유리해지는 것이다. 투원반이나 투포환의 경우에도 마찬가지로 작용한다.

야구의 경우 투수의 볼 속도도 더욱 빨라질 가능성이 높은데, 이 경우 타자와 투수 쪽의 누가 더 유리한가? 하는 것은 다시한번 생각 볼 문제이다. 고온에서 공기밀도가 낮아지면 타자가 친 공도 그만큼 멀리갈 수 있게 되는 것이다. 고온으로 인한 체력저하정도는 타자보다 투수에게 더욱 악영향을 미치게 된다는 관점에서 강속구에 유리한 홈런타자의 경우 습도가 높지 않은 상태의 고온에서는 더욱 유리해질 가능성이 높다. 물론 이러한 손익계산은 개인에 따라서 차이를 나타낸다. 여름에 강한 체력의 유지가 가능한 투수의 경우에는 고온의 유리함에 의존할 수도 있을 것이다. 우리나라의 경우 여름철에 습도가 높으며, 장마철에는 더욱 그렇다. 습도가 높을때는 양털과 가죽으로 싸여진 야구공의 특성상 공기중의 습기를 흡수하므로서 탄성이 저하되어 볼의 속도도 떨어지고 비행거리가 단축된다. 따라서 장마철에는 타자가 불리해지며, 강속구 투수보다는 변화구를 주된 무기로 이용하는 투수가 더욱 유리해진다는 것을 선수기용에 고려해 볼 필요성이 있다. 축구경기에서도 장마철이나 습도가 높은 조건에서는 수중전이 전개되거나 지면이 높은 마찰력을 나타내기 때문에 체력의 저하가 훨씬 높아진다. 기술보다는 체력이 우수한 선수를 기용하는 점을 고려해보거나 적절한 선수교체를 고려해 볼 필요성이 있다.

그림 7-1. 고온에 유리한 역도선수

2 더위와 스포츠 음료

운동경기는 흔히 더위 속에서도 아랑곳하지 않고 계속된다. 그렇다고 해서 더위 속에서 무작정 경기를 수행하는 것은 바람지하지 못하다. 물론 종목에 따라서 경기를 해도 더위의 기준이 모두 동일한 것은 아니며 다소 차이를 가진다. 더위 환경에서 사람에게 주어지는 스트레스의 극복이 가능한 수준을 고려할때는 기온 뿐만아니라 습도, 바람의 속도 및 복사량 등이 복합적으로 영향을 미치게 된다. 즉 공기의 온도(건구온도), 피부발한 증발에 영향을 미치는 온도(습구온도), 복사열 전도지표온도(흑구온도) 등을 복합적으로 고려해서 운동수행이 불가능한 기준을 판단하게 된다. 이러한 요인을 고려한 건습흑구온도(WBGT) 지수가 28℃이면 마라톤경기를 중단하도록 스포츠의학자들은 주장하고 있다.

더위 속에서의 운동시 많은 사람들이 가까이 하는 것 중에 빼놓을수 없는 것이 음료이다. 더위 속에서는 대부분 상승하는 체온을 조절하기 위해서 땀을 흘리면서 수분과 전해질의 손실을 가져오게 된다. 손실되는 수분과 전해질을 적절하게 유지해주기 위해서 음료를 통한 추가섭취의 중요성은 1970년대 초반에 처음으로 강조되었으며, 그 이후 다양한 기능을 가진 음료의 개발이 제시되었다. 수분 및 전해질 공급을 비롯한 특수한 성분의 추가섭취를 통해서 신체기능을 활성화시키는 목적으로 이용되는 것을 기능성 음료라고 하며, 이러한 기능성 음료중 운동과 직접적인 관련성을 가지는 것이 스포츠음료이다. 요즈음 많은 사람들이 관심을 가지는 다이어트 음료도 일종의 대표적인 기능성 음료이다. 최근 경제관련 분석자료에서 국내의 기능성 음료시장은 연간매출액이 1,000억을 상회하는 것으로 보고된 바 있는데, 이는 스포

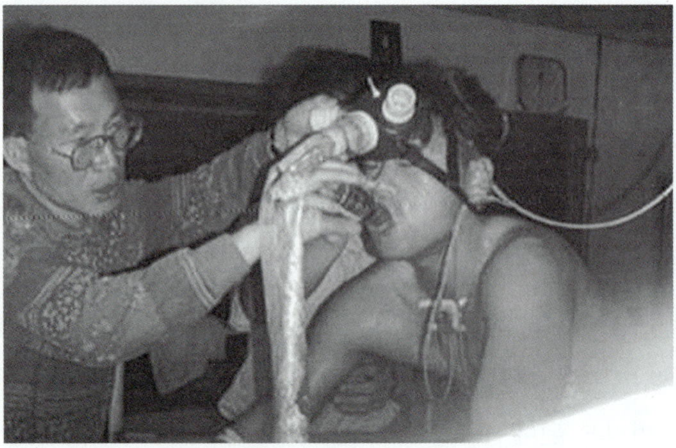

그림 7-2. 운동중 스포츠 음료 섭취 효과의 분석을 위한 실험장면

츠 음료를 비롯한 기능성 음료의 중요성을 잘 대변해준다.

스포츠 음료는 수분 및 전해질공급을 위한 것에만 그 목적이 국한되는 것은 아니다. 장시간 동안 운동을 지속해야하는 경우에 요구되는 에너지를 계속적 및 효율적으로 생성하기 위해서 산소 및 에너지원을 원활하게 공급하는데도 중요한 역할을 담당하며, 에너지생성시 중간매개체 역할을 하는 화학적 물질이 잘 생성되거나 그 작용을 활성화시키기 위해서도 스포츠 음료가 절대적으로 요구된다. 또한 젖산이나 암모니아와 같이 운동시 발생하는 피로의 원인이 되는 물질들이 생성되는 것을 방지하거나 이를 효율적으로 제거하기 위해서도 스포츠 음료는 광범위하게 이용된다. 최근의 스포츠 음료에는 생리활성물질을 포함시켜 수분 및 전해질 공급은 물론 운동능력 향상의 복합적인 기능을 가진 음료개발에도 관심을 가지고 있는데, 국내의 경우 민간요법 및 한방요법 등에 근거한 생약 및 자연식품으로부터 추출된 물질들을 포함시키는 방안을 모색하기 위해서 다양한 실험들이 진행되고 있다.

3 왜 스포츠 음료를 마셔야 하는가?

여름철이 되면서 스포츠 음료가 중요하게 고려되는 이유는 역시 수분 및 전해질의 적절한 유지기능이 스포츠 음료의 주된 기능에 해당하기 때문이다. 휴식시에는 시간당 약 100 ml이하의 수분손실을 나타내며 이 대부분도 소변에 의한 것인데 반해서 고온에서의 1시간이상 운동을 수행하게 되면 1리터이상의 수분손실과 더불어 90%이상이 땀에 의한 손실이다. 수분손실은 심박수와 체온을 상승시키는 주된 원인으로 작용하게 된다. 즉 체내수분의 감소현상은 혈액량을 감소시켜 피부와 근육으로 혈액을 순환시키는 능력을 저하하여 체온 증가현상과 더불어 활동하는 근육에 대한 산소 및 에너지원의 공급을 어렵게 만들어 결과적으로 운동능력 저하의 중요한 요인으로 작용하게 된다. 일반적으로 기온 28℃이상에서 운동을 수행하는 경우 체표면적 1㎡를 기준으로 1시간동안 약 1.2리터 이상의 땀을 흘리게 되며, 이는 체중 1~1.5%이상의 땀을 흘리는 것을 의미한다. 체내 수분량이 체중의 1%이상 감소하면 운동강도를 2%정도 낮출 수밖에 없다. 또한 더위속에서 흘리는 땀속에는 나트륨, 염소 및 칼륨 등을 비롯한 여러 가지 전해질이 함께 빠져나가게 되는데, 전해질의 균형이 깨지면 근육수축을 위한 신경자극의 전달과정이 정상적으로 이루어지지 못하게 된다.

우리나라 축구선수들이 태국 및 말레이시아 등과 같은 더운 지역에서 후반전에 하지의 경직현상이 쉽게 발생하는 것도 이러한 요인이 영향을 미친 까닭이다. 운동시 흘리는 땀속에는 개인의 체력수준에 따라서 전해질의 함유량이 차이를 나타내는데, 남자에 비해서 여자가 전해질의 함량이 많으며, 훈련이 잘 되어 있지 않을수록 전해질의 함량이 많기 때문에 보다 많은 양의 전해질 추가공급이 요구된다. 그런데 사람이 더위속에서 운동을 할 때 느끼는 갈증의 민감함은 다른 동물에 비해서 매우 비효율적이다. 즉 자신이 흘린 땀을 통해서 손실된 수분량의 1/6정도만 섭취해도 갈증이 해소된다. 따라서 더위속에서의 운동시에는 음료의 공급이 필수적이며, 자신의 갈증해소를 느끼는 것보다는 더욱 많은 양의 수분을 공급해야 한다.

인간활동 1시간을 기준으로 살펴볼 때 휴식시에는 약 100ml의 수분손실시 60%는 소변으로 배설되며 음료섭취 30%와 음식섭취 60% 및 대사성 수분생성 10%를 통해서 수분보충이 이루어지지만, 고온에서의 운동시에는 약 1.3리터의 수분손실중 90%이상에 해당하는 1.2리터가 땀으로 배출되며 이들 대부분은 음료섭취를 통해서만 그 보충이 가능하기 때문에, 여름철의 운동시에는 음료섭취가 중요한 요인으로 작용하게 된다. 또한 수분의 적절한 보충시에는 전해질의 공급도 함께 요구되므로서 전해질이 추가로 함유된 스포츠 음료의 이용이 강조된다.

4 어떤 스포츠 음료를 마셔야 하는가?

스포츠 음료는 수분 및 전해질의 공급 뿐만아니라 장시간의 운동시 에너지원의 공급과 피로생성방지 및 효율적인 회복 등의 관점에서 그 성분구성이 중요한 요인으로 간주된다. 일부 학자들은 음료의 성분구성에는 역시 수분의 충분한 공급이 가장 중요하기 때문에 전해질을 비롯한 특수한 물질의 함유는 그다지 중요하지 않으며 생수의 섭취가 보다 적절하다고 주장한 경우도 있다. 이에 반해서 수분만을 섭취하는 경우 희석효과를 가져오면서 전해질 농도를 더욱 감소시켜 보다 많은 부작용을 초래한다고 주장하였다. 고온에서의 운동시 흘리는 땀의 성분은 휴식시에 비해서 수분의 함량이 더욱 많아지며, 신장에서는 상대적으로 전해질의 재흡수에 더욱 치중하기 때문에 고온일수록 전해질보다는 수분의 공급에 더욱 많은 관심을 가져야 한다. 스포츠 음료에는 설탕을 비롯한 약간의 에너지원을 함유함으로서 장시간 운동시 부족해질 수 있는 에너지원 보충에 도움을 준다고 볼 수 있다. 그러나 몇몇 연구에서는 에너지원의 보충을 목적으로 할 경우 보다 많은 양의 에너지원이 포함되어야 하며, 그 수준에 이르게 하기 위해서는 음료의 삼투압이 증가되면서 효율적인 수분섭취를 방해하는 문제점이 있다고 지적하였다. 운동시 1차적으로 가장 중요한 에너지원에 해당하는 탄수화물을 기준으로 할 때, 글루코스 보다는 그 분해가 용이한 과당 혹은 글루코스 중합체성분의 함유가 요구되는 것도 이 때문이다.

스포츠 음료는 그 공급을 원활하게 위해서 체내 삼투압을 고려한 등장액 음료가 적절하기 때문에 에너지원의 함유시 위에서 흡수되는 속도를 고려한 특수한 성분의 에너지원 형태가 포함되어야 한다. 운동시에는 피로생성과 관련하여 체내 산성화가 주된 요인으로 작용하는 점을 고려하여 음료의 경우에도 약알카리성이 적절하게 권장되고 있다. 또한 음료의 온도도 체내에서 그것을 데우는데 열량이 소모되며 소화계의 저항성을 고려해서 지나친 저온은 부적절한 것으로 간주되었으나, 고온에서는 운동시 발생하는 체열을 감소시키는 것이 무엇보다도 중요하기 때문에 이에 도움을 줄 수 있다는 관점에서 4~8℃의 저온이 적절한 것으로 강조되고 있다. 따라서 이러한 성분의 함유를 고려한 스포츠 음료의 개발과 이용에는 여러 가지 성분의 함유, 온도 및 특성 등이 충분히 고려된 다양한 접근이 강조되어야 하는데, 스포츠 음료의 이용은 개인의 특성과 운동환경 및 조건에 따라서 보다 특수하게 차별화되어야 한다. 더위에서 장시간 운동을 수행하면서 많은 땀을 흘리는 경우에는 전해질은 소량이 함유되어 있으면서 수분공급의 중요성을 강조하고 있는 스포츠 음료를 이용하는 것이 타당하다고 볼 수 있다.

5 동계체력훈련은 추울수록 도움이 될 수 있다

추운 겨울이 되면 우리선수들은 저마다 보따리를 싸서 강남을 향하는 제비가 된다. 내년 시즌을 보다 알차게 준비하기 위해서 막대한 예산을 투자하면서 남쪽으로, 해외로 이사를 가는 것이다. 따뜻한 곳에서의 훈련은 분명 추운 곳에서 보다 많은 도움이 된다. 그러나 동계기간에 체력향상만을 목표로 할 경우에는 굳이 따뜻한 곳을 찾을 필요가 있을까?

추운 환경에 인체가 노출되면 피부 및 혈액의 온도가 감소하면서 이를 감지한 체온조절중추가 떨림, 열 발생, 말초혈관수축 등에 의한 반응을 일으키면서 체온을 높이기 위한 방어기능을 수행하게 된다. 추운 환경에서는 근육온도가 저하되면서 근육기능이 현저히 저하되기 때문에 운동을 수행할 때 동일한 운동강도를 유지하려고 하면 근육이 더욱 쉽게 피로해진다. 따라서 추운 환경에서 운동을 수행하면 이러한 근육피로를 이기기 위한 저항능력이 길러지게 된다. 또한 추운 환경에서는 약해진 근육기능을 보완하기 위해서 파워발휘에 동원되는 빠른 속도의 근섬유(속근섬유) 수축기능이 활성화된다. 즉 이러한 자극과 반응과정을 살펴볼 때, 결과적으로 추운 환경에 대한 노출은 근육의 파워향상효과를 가져오게 되는 것이다. 추운 환경은 말초혈관을 수축시켜 말초에 흐르는 혈액량을 감소시켜 산소공급을 어렵게 만들어 심장에 부담을 주고 심폐기능을 저하시킨다. 추운 환경에 의해서 체온이 떨어질 경우 심장에서 혈액을 내보내는 능력이 감소되어 운동을 주로 수행하는 근육이 산소부족에 허덕이게 된다. 이러한 자극이 훈련과정에서 계속 주어지면 심장과 근육이 그만큼 적응되어 저항능력이 향상되는 것이다. 산소부족에 대한 저항능력을 가지기 위해서 근육은 산소가 공급되는 길에 해당하는 모세혈관과 에너지를 만드는 공장인 미토콘드리아를 많이 가지도록 변화하는 것이다.

따뜻한 남쪽의 호주도 겨울에는 매우 추운 지역이 있는데, 이곳의 원주민들은 추운 환경에서 오랫동안 적응되어 심폐기능이 우수한 것으로 알려져 있다. 과거 호주선수들이 세계 마라톤계의 강자로 군림하던 이유도 여기에 있었는지 모른다. 이러한 사실을 고려할 때 동계훈련에서 주어지는 추운 환경은 근육 및 심폐기능을 중심으로 한 체력향상에 도움을 주게 된다. 동계훈련의 경우 추위에 대한 대비, 보온, 무리한 근수축에 의한 상해방지, 충분한 준비운동의 요구 등에 의해서 부정적인 환경으로만 생각해 왔다. 그러나 추위의 부정적인 요인이 긍정적인 요인으로 작용할 수 있다는 것을 확인할 수 있다. 기술향상 보다는 체력향상에 주된 초점을 맞추는 동계훈련일 경우 굳이 많은 돈을 들여가면서 따뜻한 지역을 찾는 전지훈련에 대해서는 재검토가 요구된다.

그림 7-3. 추위속의 체력운동은 도움이 된다

6 추위 속에서의 운동시 생리적 기능

근육은 차가운 환경에서 수축력과 수축속도가 감소되면서 파워발휘를 어렵게 하며, 신경계는 정상적인 온도에 비해서 근섬유 동원을 약화시키므로서 전반적인 운동능력은 저하된다. 만약 추운 환경에서 정상적인 온도와 같이 운동능력을 발휘하게 되면 더욱 쉽게 빨리 피로해진다. 추위에서의 운동시 충분한 단열과 운동대사를 통해서 체온이 정상적으로 유지된다면 운동능력은 그다지 감소되지 않지만, 체온유지를 위해서 더 많은 근육활동을 수행하면서 피로가 시작되고 근육활동이 둔화되면서 체열생성은 점차적으로 감소하게 된다. 따라서 추위 속에서 장시간 운동을 수행하게 되면 대사적 열생성이 감소되면서 체온이 감소하고 운동능력도 저하됨은 물론 열 생성능력이 감소되어 위험한 상태에 빠져들게 된다.

저온과 더불어 바람은 대류와 전도를 통해서 열 손실속도를 증가시킴으로서 풍속냉각 요인으로 작용하여 더욱 추위를 느끼게 만들기 때문에 추위 속에서 바람을 막기 위한 복장이 요구된다. 인간의 체온저하에 대한 저항능

그림 7-4. 추위속에서의 빙상 운동

력의 한계는 직장온도가 24.2~25.7℃에 이르게 되면 거의 사망하게 된다. 그러나 일단 체온이 35℃에 이르면 시상하부는 체온조절능력이 어렵게 되며, 약 29.5℃가 되면서 조절능력을 완전히 상실하게 된다. 체온저하의 사망원인은 시상하부의 조절능력 저하에 의한 졸음현상부터 시작되지만, 결정적인 원인은 심장박동의 조절장치인 동방결절에 영향을 미치면서 심장 박출의 중단으로 이어지게 된다. 추위 속에서의 운동시 찬 공기는 몸 내부로 들어오면서 신속하게 따뜻해진다. -25℃의 추운 공기도 코를 통과하면서 약 15℃까지 따뜻해지면서 정상적인 호흡이 이루어지도록 하는데, 과도한 추위에서 장시간동안 찬 공기를 마시게 되면 호흡기능에 영향을 미쳐 호흡속도와 호흡량을 감소시키며, 극단적으로 운동성 천식을 유발할 가능성이 증가된다. 코를 통한 찬 공기의 보온은 호흡기관 보호에 도움을 준다는 관점에서 추위 속에서의 운동시에는 코를 통한 호흡 혹은 마스크의 활용도 필요할 것이다.

7 저온환경에 대한 인간의 적응기능

인간이 저온환경에 적응하는 기능에는 신비스럽게 느껴지는 것이 많다. 대표적인 적응과정으로는 스스로의 체온자체를 낮추는 방법을 들 수 있는데, 1930년대 호주 내륙 사막지방의 나체 유목민들은 일교차가 큰 영하의 밤에도 편안하게 잠을 이루었는데, 월등한 피부혈관 수축능력을 바탕으로 피부온도를 27℃까지 떨어뜨리면서 체열을 보존하여 추위에 견디는 능력을 나타냈다. 또 다른 추위적응방법으로는 대사량을 증가시키는 방법으로서, 적은 체구에도 불구하고 높은 체중당 열량을 나타내는 에스키모인들이 그 대표적인 예이다. 그들은 온대지방에 거주하는 유럽인보다 10~50%의 높은 대사량을 가지고 있다. 그러나 이러한 대사량의 증가방법만으로는 북극지역의 혹독한 추위를 견딜수 없기 때문에 털옷, 이글루, 불 등을 적절하게 이용하여 체온을 유지할 수 있었다. 추위적응의 신비스러운 기능중 대표적인 예로는 단열기능의 향상을 들 수 있다. 우리나라의 해녀들은 저온의 물속에서 단열기능을 통해서 스스로 체온을 유지할 수 있었기 때문에 추운 겨울에도 물질을 할 수 있었던 것이다. 이들의 단열기능에 가장 중요한 기전은 피부혈관의 축소기능과 역류열교환을 들 수 있다. 역류열교환기능은 동맥혈의 따뜻한 열을 신체내부로 유입되는 정맥혈로 이동시켜 열보존효과를 높이는 것이다. 그들은 추운겨울 물질과정에서 체온계가 없음에도 불구하고 스스로의 감각을 통해서 체온이 35℃ 이하로 떨어질 경우 물질을 중단하고 모닥불 앞으로 다가갔으며, 다시 37℃가 되면 물질을 시작한 것으로 나타났다. 어린시절부터 대대로 내려오면서 물질을 하는 과정에서 체온유지의 중요성을 체험으로 파악한 것이다. 이러한 결과들은 미 해군들의 저온침수 훈련과정에서 중요한 자료로 활용되고 있다. 해녀들은 일반여성보다 많은 에너지를 섭취하면서도 비만인 경우는 찾아볼 수 없다. 또한 그들은 물질에 의한 저온침수환경에 적응해오는 과정에서 심장과 근육의 모세혈관도 크게 발달하였고, 질병에 대한 면역기능도 크게 향상된 것으로 나타났다.

우리나라 해녀들은 해수온도가 27℃인 하절기에 하루에 약 100번씩 200분 동안 물질작업하며, 해수온도가 10℃까지 내려가는 동절기에는 하루 1회 20분 정도 작업을 하는 것으로 알려져 있다. 우리나라 해녀들이 물질할 수 있는 지역은 제주도를 포함한 근해의 수심 5~7m 정도이며 연간 평균 수온은 여름철에 22~26℃, 겨울철에 10~13℃ 정도이다. 한국 해녀들의 대부분은 2~3세대를 계승 해오면서 어린 나이(13~15세)부터 물질(harvesting seafood from the ocean bottom)을 시작하여 거의 평생 동안 계속한다. Hong(1963)은 해녀들이 실험실내에 설치된 수중탱크에서 떨림(shivering)을 일으키지 않고 인내할 수 있는 수온은 해녀그룹이 30℃, 통제그룹이 31℃로서 해녀는 오랜 기간 동안 수중활동에 대한 적응을 통해서 저온침수에 대한 저항능력이 향상되어 있다고 하였다. 해녀의 장시간 저온침수와 수영 활동은 추위스트레스에 대한 적응과 면역 기능향상에 긍정적인 영향을 미칠 수 있다. 또한 근섬유 구성비와 모세혈관 밀도의 긍정적인 변화(Bae et al., 2003)와 함께 심혈관계의 기능도 향상될 수 있다(Holm et al., 1998). 그러나 해녀들은 흔히 반복적 무호흡 잠수로 인한 뇌 손상이 증가되는 부정적인 증상을 나타낼 수 있는 것(Kohshi, Kinnoshita, Abe, & Okudera, 1998)으로 지적되고 있다. 요즈음 해녀들은 잠수복을 착용하거나 문명의 이기를 널리 이용하면서 신체적 기능이 예전의 해녀들보다는 크게 저하되고 있다. 심폐기능과 근육기능을 향상시키기 위해서 저온의 물속환경을 이용한 트레이닝 프로그램 개발의 필요성을 강조해볼 수 있다.

참고문헌

Bae, K. A., Ahn, N. Y., Kwon, Y. W., Kim, C., Yoon, C. S., Park, S. C., & Kim, C. K. (2003). Muscle fibre size and capillarity in Korean diving women. Acta. Physiol. Scand., 179, 167~172.

Holm, B., Schagatay, E., Kobayashi, T., Masuda, A., Ohdaira, T., & Honda, A. (1998). Cardiovascular change in elderly male breath-hold divers(Ama) and their socio-economical background at Chikura in Japan. Appl. Human Sci., 17(5), 181~187.

Hong, S. K. (1963). Comparison of diving and non-diving women of Korea. Fed. Proc., 22, 831~833.

Kohshi, K., Kinnoshita, Y., Abe, H., & Okudera, T. (1998). Multiple cerbral infarction in Japanese breath-hold divers: two case reports. Mt. Sinai J. Med., 65(4),

제8장

고지와 우주에서 운동하면?

1 고지대 환경

고지대에 오르면 숨이 차고 산소부족을 느끼기 때문에 운동선수들의 경기력이 저하된다. 1968년 해발 2290m의 고지대인 멕시코시티에서 올림픽이 개최되기 전에 대부분의 참가선수들은 이러한 환경적 특성에 대비하기 위한 훈련을 전개한 바 있다. 고지대에서 경기가 실시되면 모든 종목이 불리한 것은 아니다. 단거리, 도약, 투척 등과 같은 종목은 오히려 유리한 환경을 제공한다. 당시 대회에서 높이뛰기의 미국의 포스베리선수는 올림픽신기록을 6cm 높여 놓았으며, 멀리뛰기에서는 미국의 밥버몬선수가 한꺼번에 56cm를 경신하는 경이적인 세계신기록(8m 90cm)을 수립하였다. 리 에반스선수는 400m에서 약 1초를 앞당기는 경이적인 세계신기록을 수립하여 20년간이나 그대로 유지되었다. 고지대의 저기압에 의한 환경상태는 비교적 지속시간이 짧고 순간적으로 폭발적인 힘의 발휘를 요구하는 종목에 있어서는 공기저항이 감소되면서 경기력을 높이는데 긍정적으로 작용한다는 것을 의미한다. 그러나 고지대의 저기압 환경은 산소운반과 이용능력이 중요한 영향을 미치는 대부분의 운동종목에서는 부정적인 영향을 미치기 때문에 선수들이 힘들어 하게 된다.

고지대 환경이 인간능력에 부정적인 영향을 미친다는 최초의 보고서는 기원전 326년에 기록된 바 있는데, 알렉산더대왕의 군대가 인도원정시 고산지대를 지나면서 추운 기상을 비롯한 이상 기후에 대해 기록한 것이다. 저기압에 의한 영향이 보다 중요하게 제안된 것은 1644년 토리첼리가 수은기압계를 고안하고, 1648년 파스칼이 높은 고도에서 기압계의 압력감소를 증명하면서 부터이다. 고지대와 스포츠의 관련성에 집중적인 관심을 가지게 된 것은 역시 1968년 멕시코 올림픽대회때 부터이다. 인간의 생리적 기능에 영향을 미치는 고지대라는 용어를 적용하는 높이는 1500m부터이며, 개인에 따라서 이보다 낮은 높이에서도 다소 영향을 받는 경우도 있다.

고지대가 인간의 생리적 기능에 영향을 미치는 중요한 요인은 기압의 감소를 들 수 있는데, 평지의 해수면에서는 760mmHg인 기압이 8,848m의 에베레스트산 정상에서는 약 250mmHg를 나타낸다. 기압은 기후상태, 계절 등에 따라서 차이를 나타내는데, 에베레스트산의 1월 평균기압은 243mmHg이지만, 6~7월에는 약 255mmHg를 나타낸다. 평지와 고지대의 가스비율은 동일하여 산소분압은 동일한 20.93%이지만, 이러한 기압은 공기를 구성하는 가스의 분압에 영향을 미친다. 즉 해수면은 산소분압이 약 159mmHg이지만, 에베레스트산에서는 약 48mmHg로 저하된다. 산소분압의 감소는 신체내부의 산소분압이 40mmHg이기 때문에 고지대에 올라갈수록 대기와 신체내부의 산소분압 차이가 감소하면서 산소가 신체내부로 이동하는 능력을 저하시키게 되어 산소부족을 느끼게 된다. 이러한 산소운반능력의 저하현상은 장시간 산소를 충분히 이용하면서 수행하는 운동종목에서는 경기력 현저히 떨어뜨리게 되는 것이다. 또한 고지대는 1,000m 오를 때 마다 6℃씩 하강하는 기온저하와 더불어 절대습도도 저하되면서, 신체내부의 수분증발을 촉진시켜 추위와 아울러 탈수현상을 일으키게 된다.

또한 태양복사의 강도도 높게 나타나는데, 빛이 신체에 도달하기전에 통과하는 공기층의 거리가 짧으면서 대기중으로 흡수되는 태양광선(특히 자외선)이 더욱 적어져 보다 많은 태양광선이 신체에 작용하며, 눈위에 서있는 경우는 반사량이 많아져 자외선으로부터 더욱 쉽게 노출된다. 그래서 고지대의 스키장에서 피부가 더욱 검게 그을리는 것이다.

그림 8-1. 고지에서는 근력발휘가 유리해진다

2 고지대 환경의 생리적 영향

고지대 환경이 가지는 산소분압의 감소현상은 운동중에 요구되는 산소의 체내이동을 방해하기 때문에 산소부족현상을 느끼게 된다. 고지대에서 운동을 수행하는 경우 부족한 산소를 공급하기 위해서 더욱 많은 공기를 흡입하려고 뇌의 호흡중추가 호흡을 평상시보다 65%의 호흡증가를 초래하고 높은 호흡수를 나타내면서 숨이 가빠진다. 산소가 체내에서 운반되기 위해서는 산소를 혈액중에서 싣고 다니는 헤모글로빈과 잘 결합되어야 하는데, 산소분압이 감소하면 헤모글로빈이라는 운반차가 산소를 탑재하는 능력이 떨어지게 된다. 또한 운동시에는 산소를 싣고 간 혈액으로부터 실제로 이용하는 근육으로 신속하게 이동시키는 확산능력(Diffusion Capacity)도 저하된다. 또한 고지대에서는 습도가 낮아 체내 혈액에 함유된 수분이 쉽게 증발되면서 혈액량이 줄어들어 심장에서 한번에 내보낼수 있는 혈액량(1회 박출량)이 감소된다. 따라서 부족한 심장의 박출량을 보상하려고 심장이 자주 뛰어 심박수의 증가현상을 초래하게 된다.

근육에서의 운동시 필요한 에너지를 생성하는 과정에서의 산소부족은 젖산으로 불리우는 피로물질을 더욱 많이 축적하게 된다. 즉 고지대에서 평지와 동일한 운동강도로 운동을 하는 경우 심장도 자주 뛰어 피곤하지만, 근육도 쉽게 피로해지면서 더욱 힘들게 되는 것이다. 산소와 혈액량과 관련된 고지대의 환경적인 제약은 마라톤을 비롯한 중·장거리선수는 물론 지구력이 요구되는 대부분의 운동선수들에게 중요한 체력요인에 해당하는 심폐기능의 저하를 초래하게 된다. 심폐기능의 중요한 지표가 되는 최대산소섭취량의 경우 1500m 높이에서부터 1000m씩 높아질 때 마다 약 11%씩 감소된다.

이것은 고지대에서 신체적인 운동능력을 극도로 제한하게 되는 기전이다. 보다 높은 최대산소섭취량을 가진 사람은 이러한 환경적 제약을 쉽게 극복할 수 있다. 1978년 이탈리아의 라인홀드 메스너와 오스트리아의 피터 하벨라, 1993년 우리나라의 박영석이 산소보충없이 에베레스트산의 정상에 오를수 있었던 것은 그들이 초인적인 심폐기능을 가졌기 때문이었다.

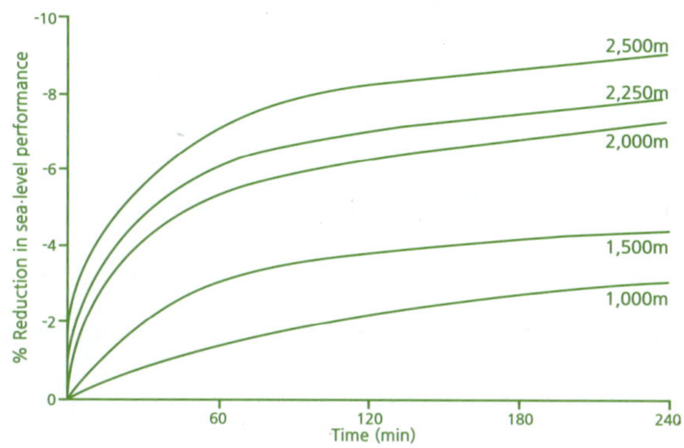

그림 8-2. 고지 높이에 따른 경기력 변화의 정도 비교

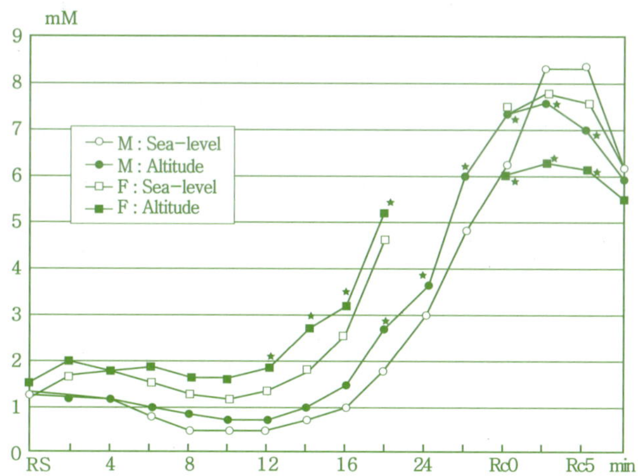

그림 8-3. 평지와 1980m 높이에서의 점증적 최대운동시 혈중 젖산농도의 비교 (김기진 등, 1996)

3 고지대에 대한 인간의 순응

고지대의 산소분압 저하를 비롯한 환경적 제약은 인간의 생리적 능력을 저하시키지만, 일정한 수준까지는 인간의 적응을 허용한다. 고지대의 산소결핍은 적혈구 생성을 촉진하는 호르몬의 방출을 증가시켜 처음 몇 주동안 적혈구수를 증가시킨다. 고지대에 도착해서 3시간부터 적혈구양이 증가하기 시작해서 2일후에는 최고치에 도달한다. 페루의 안데스산맥에 살고있는 주민들은 평지거주자가 42~48%를 나타내는 적혈구용적비가 65%를 나타낸다. 또한 고지대에 오래동안 머물게 되면 헤모글로빈도 많아지고 근육에 혈액을 공급하는 모세혈관의 밀도도 함께 증가하여 산소를 운반하는 능력이 향상된다. 이러한 환경적 제약에 대한 인간의 순응능력 때문에 고지대에서 일정기간이 지나게 되면 스스로 견뎌낼 수 있는 것이다. 또한 이러한 순응효과를 이용해서 심폐기능을 향상시키는 고지훈련(altitude training)이라는 트레이닝 프로그램이 선수들의 관심이 대상이 되고 있다. 즉 고지대에서 이루어지는 경기에 미리 대비하거나, 평지에서 마라톤을 비롯한 장거리경기가 치러지는 경우 몇 주전에 고지대로 올라가 훈련을 실시하면서 환경적 제약을 극복하는 과정에서 향상된 심폐기능을 바탕으로 다시 평지로 내려오게 되면 우수한 경기력을 발휘할 수 있게 된다. 이러한 고지훈련은 오래전부터 이용되어 왔으나, 마라톤선수들에게 집중적인 관심의 대상이 된 것은 올림픽 2연패의 아베베선수가 에티오피아의 고지대 출신선수였으며, 케냐, 멕시코, 스페인 등과 같은 고지대 거주자 출신 선수들이 세계 마라톤의 최강자로 떠오르고, 1992년이후 세계 여자육상 장거리와 여자수영의 강자로 떠오른 중국의 마군단 소속선수들과 여자수영선수들이 이러한 훈련방법을 이용한 것으로 알려지면서이다.

고지훈련은 환경적 제약을 이용한 과학적인 트레이닝방법으로서 세심한 주의를 요구한다. 고지대는 그만큼 인간에게 힘든 조건에 해당하기 때문이다. 고지훈련은 3~4주동안만 실시되어야 하는데, 지나치게 오랜 기간은 인간의 생리적 능력에 엄청난 부담으로 작용한다. 중국의 마쥰린감독은 개인적인 고백에서 고지훈련이 선수들에게 도움이 된다는 막연한 생각으로 처음에 6개월동안 실시한 결과 대부분의 여자선수들이 약 1년간에 걸쳐 월경주기의 심각한 혼란을 초래한 경우가 있었다고 실토한 바 있다. 고지훈련후 평지로 되돌아온 경우에 훈련효과는 2~3주만 지속되기 때문에 중요한 경기를 앞두고 적절한 시기에 실시되어야 한다. 훈련시 고지대높이는 1500~2500m 범위에서 실시되어야 한다. 그것은 높이가 낮으면 훈련효과를 기대할 수 없으며. 지나치게 높을 경우에는 실제적인 러닝훈련이 불가능하기 때문이다. 또한 고지훈련은 평지훈련보다 힘들기 때문에 처음 1주동안은 운동강도를 65~70%로 낮추어 실시하면서 적절한 적응상태가 이루어지도록 한 후 본격적인 훈련을 실시토록 해야 하며, 수분 및 영양섭취, 과학적인 분석 등이 병행되어야 한다.

그림 8-4. 고지훈련은 평지에서의 경기력 향상에 도움이 된다

4 고지훈련장의 정보

고지훈련은 마라톤선수를 비롯한 장거리종목은 물론 구기운동선수들의 심폐기능 향상에 도움이 되는 것으로 널리 알려지면서, 세계각국에서는 고지훈련장의 건설과 이용에 관심을 가지게 되었다. 중국의 경우 1973년 해발 1900m높이에 위치한 운남성 곤명시의 고지훈련장 건립을 비롯하여 8개의 고지훈련장을 가지고 있다. 특히 곤명고지훈련장은 잔디축구장 10면, 400m 육상트랙 2개, 실내체육관 2동은 물론 별도로 실내수영장 및 크로스칸츄리를 포함한 육상전용훈련장 등을 보유하고 마군단을 비롯한 육상 및 수영계의 세계적 선수를 배출한 바 있다. 유럽의 경우 스위스 및 프랑스의 알프스지방, 불가리아, 스페인 등의 산악지대에는 첨단과학시설을 갖춘 육상트랙, 실내수영장 등을 포함한 고지훈련장을 보유하고 선수들의 고지훈련을 적극적으로 활용하고 있으며, 세계적 마라톤선수들은 중요한 경기에 대비하여 고지훈련장을 이용하고 있다.

국내의 경우 1993년에 중국 및 케냐선수들의 성적에 자극을 받아 마라톤선수들을 중심으로 이러한 고지훈련에 적극적인 관심을 가지면서 외국의 고지훈련장을 이용한 바 있다. 히로시마아시안게임에 대비하여 훈련할 때 황영조선수를 비롯한 남녀국가대표팀은 중국의 곤명 고지훈련장에서 전지훈련을 실시하였다. 그후 국내 육상계에서도 고지훈련장 건립에 관심을 가졌으나, 산악지대의 높이가 낮아서 적절한 후보지를 찾아내는데 어려움을 겪던 중, 비록 높이는 미흡하지만(약 1350m) 기후조건을 비롯한 특수한 영향으로 현저한 산소부족현상을 나타내는 것으로 알려져 온 태백시의 함백산에 고지훈련장을 건립하기에 이르렀다. 당시 고지훈련장 설치를 위해서 3차례에 걸친 과학적인 분석을 실시하고 여러 가지 입지조건을 분석한 후 미흡하지만 다소의 고지훈련효과는 물론 기후와 관련된 환경적 특성이 장거리육상선수들의 훈련장으로서 활용가치가 인정되면서 육상트랙과 선수숙소를 건설하여 최근 국내의 많은 육상선수들이 전지훈련장으로 이용하고 있다.

그림 8-5. 해발 1980m높이의 중국 곤명의 고지훈련장

그림 8-6. 해발 1350m높이의 태백선수촌

5 환경제약의 첨단시설을 이용한 훈련장

고지훈련을 위해서는 적절한 높이에 시설이 갖추어진 훈련장으로 이동해야 하는 번거로움이 뒤따르게 된다. 이러한 번거로움을 해소하기 위하여 고지의 환경을 인위적으로 조작할 수 있는 인공기후실(environmental chamber)을 만들어 활용하기도 한다. 고지환경에 거주하는 자체가 중요한 생리적 변화를 가져오게 된다는 관점에서 인공기후실내에서 거주하면서 훈련은 정상적인 대기에서 실시하는 최근의 새로운 고지훈련방법의 적용도 가능하게 만들었다. 기온, 습도, 풍속, 풍향, 기압, 조도 등을 인위적으로 조절할 수 있는 인공기후실내에 트레드밀이나 자전거에르고미터와 같은 운동기구를 설치하고 자동호흡가스분석장치, 근전도, 심전도 등과 같은 첨단 생리기능 분석장비들을 설치함으로서 여러 가지 환경조건에 운동을 수행할 때 생리적 기능의 적응과정을 분석할 수 있다. 한겨울에도 한여름과 같은 환경을 조성할 수도 있으며, 가압과 감압을 통해서 에베레스트산의 정상이나 바다 속의 환경도 만들어낼 수 있다.

수온 및 물의 흐름속도 조절이 가능한 수영탱크(swimming flume)에서 수영을 실시토록 하면서 수온변화에 따른 체온조절기능을 분석하거나 새로운 영법을 개발할 수 있으며, 물의 저항을 이용한 훈련장비로도 활용할 수 있다. 공군의 실험장비 중에는 인간 원심분리기가 이용되기도 하는데, 갑작스러운 회전동작에서 평형기능 유지를 비롯한 인체반응의 분석이 가능하며 선수들의 평형감각 향상을 위한 훈련장비로도 활용될 수 있다. 인공기후실은 운동선수들의 생리적 기능분석이나 훈련장비로만 이용되는 것은 아니다. 산업공학분야에서 의복재질의 개발, 단열재를 비롯한 건축자재의 성능분석, 화공 및 전자제품의 내구·내후성 등과 관련된 특성분석에도 널리 활용되고 있다. 미국의 우주비행사들은 무중력조건이 만들어진 인공기후실에서 우주여행을 위한 훈련을 미리부터 실시하고 있다. 각국의 스포츠과학수준을 결정하는 첨단과학의 발달은 선수들이 환경제약을 극복하여 우수한 경기력을 발휘하는데 도움을 제공하게 된다. 그 나라의 첨단과학 수준은 운동선수들의 경기력의 상당부분을 미리 결정하게 된다.

6 우주생활과 근육

지구상에서는 모든 물체에 자체의 중력(重力)이 작용하기 때문에 안정시는 물론 운동시에도 이러한 중력을 극복하기 위해서 보다 큰 힘의 발휘가 요구된다. 따라서 중력은 근육을 비롯한 신체기능 발휘시 중요한 자극으로 작용한다. 그러나 달의 경우 지구에서 받게 되는 중력의 불과 17%만이 작용하므로서 무중력상태로 일컬어진다. 무중력상태에서 움직이는 경우에는 힘이 적게 요구되며, 신체적 자극이 거의 사라지게 된다. 무중력상태의 우주공간에서 오랜 생활을 영위하는 것은 중력에 의한 자극이 작용하지 않으면서 운동선수들이 부상을 입게 되어 신체를 움직일수 없는 상태와 흡사해지므로서 정상적인 신체구조를 유지하는데 어렵게 만든다. 무중력상태에서는 체중이 극히 가벼워짐으로서 체중과 관련된 자세유지에 요구되는 근육수축이 불필요하기 때문에 근육에 대한 자극이 극히 감소된다. 이러한 자극의 감소는 근육의 구조적 퇴화와 기능감소를 초래한다. 우주공간에서 오랜시간 생활을 하는 경우 무중력에 의한 자극상실로 말미암아 근력과 근육의 횡단면적이 현저히 감소되는 근위축현상(muscle atrophy)이 나타나게 된다.

근위축현상은 단백질 합성의 감소가 주된 원인으로 작용하며, 큰 힘의 발휘시 주로 동원되는 속근섬유의 위축현상이 더욱 높게 나타나는데, 단백질을 충분히 섭취하여도 중력 자극을 비롯한 적절한 운동자극이 주어지지 않으면 근육의 정상적인 발달이 불가능하다는 것을 의미한다. 골절과 인대손상 등의 경우 석고고정(cast)의 처치를 하게 되면서 장기간 활동이 제한되는 경우에도 무중력상태처럼 근위축 현상을 나타낸다. 한쪽 다리나 팔에 상해를 입어 석고고정을 실시한 경험자들은 일정기간이 지난후 석고고정을 풀었을 때 한쪽 다리나 팔이 현저히 가늘어져 있는 것을 쉽게 느꼈을 것이다. 장시간 입원하여 침대생활을 오랫동안 가지게 되었을 경우에도 다리를 중심으로 한 근위축현상이 나타나게 된다. 사지동물의 경우 한쪽 다리를 공중에 매달아놓으면 매달려진 다리에는 중력자극이 주어지지 않으면서 현저한 근위축현상을 나타낸다. 따라서 우주공간에서도 근육의 구조 및 기능적 상실을 방지하기 위한 특수한 운동프로그램의 수행이 절대적으로 필요하다. 상해를 입어 오랜시간동안 환자상태를 유지하였거나, 석고고정을 실시했던 경우에 운동수행을 비롯한 재활트레이닝을 가지면서 근육의 구조 및 기능적 회복을 이룬 후 본격적인 훈련을 시작해야 하는 것도 이러한 이유 때문이다. 신체구조 및 기능의 정상적인 유지와 발달을 위해서 중력과 더불어 운동의 중요성이 더욱 강조될 수 있는 부분이다.

그림 8-7. 우주에서는 특히 운동이 요구된다

7 우주생활과 뼈

1975년 미국의 우주생리학자 람바우트(Rambaut)연구팀은 제미니, 아폴로 및 스카이랩 계획에 참가한 우주비행사들을 대상으로 분석한 결과, 무중력상태의 우주공간에서 18개월이상의 생활을 수행한 후 지구로 귀환한 우주비행사들이 심각한 골격변화와 칼슘상실현상을 나타내면서 골절발생의 위험이 매우 높아진 것으로 발표하였다. 특히 발뒤꿈치의 종골에서 무기질 감소가 현저히 나타났다. 중력에 의한 자극이 상실되었을 때 뼈의 무기질 감소가 현저해짐을 의미하는 결과이다. 이러한 보고 후 우주선의 좁은 공간내에 비행사들이 우주탐험의 바쁜 와중에 규칙적으로 운동을 할 수 있는 특수한 트레이닝 시설을 필수적으로 갖추게 되었다. 1991년 미국 텍사스대학의 운동생리학자 콘버티노와 아담스는 우주생활중의 뼈의 상실현상에는 배설을 통한 칼슘손실이 크게 나타나는 뼈의 분해증가현상이 현저해지는 것도 중요한 원인으로 작용한다고 주장하였다. 중력자극 감소에 의한 뼈의 형성지연과 뼈의 분해현상증가가 복합적으로 작용할 가능성이 높은 것이다. 이러한 현상은 장기간동안 환자로서 침상생활을 한 후에도 거의 동일하게 나타난다. 인간의 뼈는 중력자극을 중심으로 뼈에 연결된 근육의 수축을 통해서 적절한 자극이 주어져야만 정상적인 발달상태를 유지할 수 있다는 것을 의미한다.

중년여성들의 폐경기이후 흔히 발생하는 골다공증은 칼슘대사의 저조로 뼈의 무기질상실이 주된 원인이다. 골다공증에 대한 적절한 처치나 예방과 관련해서 운동프로그램의 중요성이 강조되는 이유는 운동부족이 상태를 더욱 악화시키는데 반해서 운동시에는 중력을 비롯한 근수축에 의해서 뼈에 대한 적절한 자극이 주어지면서 칼슘대사를 촉진시키기 때문이다. 골다공증

방지 및 처치를 위한 운동시 체중부하효과가 높은 운동종목이 선택되어져야 하는 것도 중력자극의 중요성을 나타내는 것이다. 이러한 이유 때문에 부력에 의해서 체중부하효과가 다소 낮은 수영이 골다공증 예방과 처치를 위해서는 체중이동이 많이 요구되는 에어로빅댄스와 기구를 통한 중력자극이 크게 작용하는 웨이트 트레이닝에 비해서 상대적으로 그 효과가 낮을 것으로 추정되고 있다. 우주비행사들의 뼈 무기질 상실현상에 대한 보고서를 통해서 중력자극과 더불어 적절한 운동자극을 통해서 튼튼한 뼈로서의 정상적인 발달이 이루어지며 골다공증도 예방된다는 것이 명확하게 확인된 것이다.

8 우주생활과 심장혈관기능

무중력상태에서는 혈액 중의 수분감소로 인해서 전체적인 혈액량을 감소시키는 현상이 나타난다. 중력이 약해지면 하지부위로 보내지는 혈액량이 줄어들고 심장쪽으로 혈액이 많이 모이게 되면서 순간적으로 전체적인 혈압증가를 비롯해서 신장의 동맥혈압이 증가한다. 중력상태에서는 혈액이 하지로 많이 몰리지만, 무중력상태에서는 몸 전체로 골고루 혈액이 보내지면서 심장이 우리 몸 내부에 상대적으로 많은 혈액을 가진 것으로 착각하게 만든다. 따라서 신장으로부터 보다 많은 수분이 배설되어 혈액량이 감소하게 된다. 혈액량 감소는 혈압 감소로 이어지고 심장이 큰 힘을 발휘할 필요성을 느끼지 못하면서 심장의 크기도 점차 줄어들게 된다. 무중력상태에서의 혈액량 감소는 결과적으로 심박수의 증가와 심장에서 한번에 내보내는 혈액량을 감소시키면서 심장기능의 효율성이 약화된다. 중력이 정상적인 상태에서 운동이 부족한 경우에 나타나는 심장기능 저하와 동일한 결과를 초래한다. 우주비행사들이 우주공간에서 혈액량이 감소된 후 중력상태의 지구로 귀환하면 저혈압증세를 나타낸다.

무중력상태에서 발생하는 심장기능저하를 방지하기 위하여 미국의 스카이랩(Skylab)계획에서는 우주선내에 운동시설을 갖추도록 하였다. 1975년 미국의 사윈(Sawin)연구팀은 스카이랩 승무원들이 우주비행에도 불구하고 우주선내에서의 규칙적인 운동을 수행하여 오히려 최대산소섭취량이 향상되었다고 보고하였다. 우주선내에서의 운동시설은 특이한 시설을 요구한다. 신체를 운동기구에 고정될 수 있도록 해야하며, 심장기능향상을 위한 고정 자전거에르고미터, 근육과 뼈에 보다 많은 자극을 줄 수 있는 신전성 수축운동장비 등이 포함되어야 한다. 우주선내에서도 스포츠과학에 근거를 둔 정확하고 체계적인 운동을 수행토록 하므로서 우주비행 중 발생할수 있는 위험성을 방지할 수 있으며, 비행사들이 지구에 귀환한 후 보다 신속하게 적응할 수 있도록 해준다. 인간의 환경에 의한 제약을 극복하기 위해서는 첨단 스포츠과학에 바탕을 둔 운동프로그램의 적용이 절대적으로 중요함을 나타내주는 것이다.

9 시차와 경기력

국가대표선수를 비롯한 많은 운동선수들은 국민들에게 승전보를 전하기 위해서 세계 도처에 흩어져 있는 경기장소로 이동한다. 특히 동서로 여러시간대가 다르게 적용되는 곳에서 경기를 치루어야 한다. 이러한 해외경기시 스스로 가지는 정상적인 일주기리듬(circadian rhythm)의 많은 혼란을 경험하고 이에 대해서 효율적으로 적응하지 못해 충분한 경기력을 발휘하지 못한다. 일주기리듬은 약 24시간을 주기로 체온, 수면, 호르몬활동 등과 같은 생리적 기능과 관련하여 일정하게 유지되는 인간기능의 시계에 해당한다. 그러나 동서의 시간대가 다른 지역(시차를 가진 지역)으로 빠른 속도로 횡단할 경우 외부의 환경적인 주기와 일주기리듬이 차이를 나타내므로서 신체적 기능은 혼란을 일으키며 이로 인해 피로현상을 나타낸다. 굳이 해외원정을 가지 않더라도 수면부족, 활동시간대의 변화, 여성이 피임약을 복용하는 경우 등은 일주기리듬의 혼란을 가져오기 때문 비슷한 현상의 피로가 발생한다, 이러한 피로현상은 배를 타고 이동하는 것과 같이 느린 속도로 이동할 경우에는 거의 발생하지 않으며 제트기와 같이 빠른 속도로 이동할 경우 발생하기 때문에 제트피로(Jet lag)라고도 불리운다. 새로운 시간대에 도착하면 현지 시각에 시계를 맞추는 것처럼 인체기능도 현지에서의 일주기리듬에 맞추기 위해서 혼란의 과정을 가지는 것이다.

새로운 환경에 대한 일주기리듬을 맞추기까지 발생하는 시차피로의 일반적인 현상은 수면, 소화, 정신, 체력 등의 현저한 기능저하를 나타내며 두통, 심리적 불안, 감각장애 등을 나타내기도 한다. 따라서 시차피로가 발생하는 기간 중에는 경기력의 현저한 저하를 나타낸다. 미국의 스포츠생리학자

라이트를 비롯한 환경생리연구팀은 1983년 레슬링 및 장거리선수들을 대상으로 5~6시간의 시차지역에 이동하는 경우 근력 및 지구력이 현저하게 감소하는 것으로 보고한 바 있다. 이러한 보고서가 아니더라도 한번쯤 외국여행을 다녀온 사람들은 누구나 이러한 시차피로를 경험하였을 것이다. 해외원정경기를 할 때 동서의 이동중 서쪽으로 이동하는 경우보다 동쪽으로 이동하는 경우가 시차에 따른 피로현상은 더욱 현저해지는데 그 이유는 인체가 가지고 있는 일주기리듬이 24시간보다 약간 길기 때문에, 시간이 길어지는 서쪽 방향으로는 적응이 보다 쉽게 이루어질 수 있다. 기본적으로 시차피로는 1~2시간대의 차이에서는 거의 발생하지 않으며 3시간이상의 시차를 나타내는 지역에서 발생하기 시작하며, 시차에 대한 적응기간은 수면을 비롯한 각각의 생리적 기능에 따라서 차이를 나타내는데, 3시간의 시차지역에서 수면리듬은 2~5일, 심박수리듬은 3~4일, 협응력은 3~6일 등이 요구되는데, 전체적인 시차적응은 1시간당 1일이 요구된다고 볼 수 있다. 3시간의 시차지역에서 경기가 예정된 경우 우리선수들은 최소한 3일전에 현지에 도착하는 것이 적절하다고 볼 수 있다. 그러나 이러한 시차적응은 개인에 따라서 다양한 차이를 나타내며, 최대한 신속하게 효율적으로 적응하여 경기에 임할수 있도록 하는 것은 중요한 요인에 해당한다. 그래서 스포츠과학자들은 해외원정경기를 준비하는 대표선수들에게 시차극복을 위한 과학적인 프로그램을 제공해오고 있다.

그림 8-8. 외국원정에 나설 경우 시차에 의한 생리적 능력의 저하현상이 나타난다

10 시차극복을 위한 과학적인 프로그램

운동선수들의 시차극복을 위한 과학적인 프로그램에서는 빛, 음식, 신체 및 정신활동, 특수약물 및 식품 등의 요인을 포함하며, 이러한 모든 요인들은 현지시간대에 일주기리듬을 신속하게 맞추는 방향으로 초점이 이루어져야 한다. 빛과 관련된 것은 수면리듬의 조절에 중요한 영향을 미치게 된다. 탑승한 비행기에서 현지 시간대를 고려한 노력이 요구되는데, 도착시간이 낮이면 기내에서 도착시간에 맞추어 수면이 용이하도록 하며 도착시간이 밤이면 기내에서는 수면이 방지되도록 빛이 조절되어야 할 것이다.

실제로 수면은 참는 것이 수면을 이루려는 것보다는 쉽기 때문에 도착시간을 가능하다면 낮시간대로 하는 것이 효과적이다. 음식의 경우 육류, 어류, 닭고기, 계란 등과 같은 고단백식은 활동지향형이며 밥, 빵, 야채샐러드 등과 같은 고탄수화물식은 수면지향형에 가깝다. 따라서 도착시간이후 수면을 취해야 할 것인가, 아니면 활동을 해서 수면이 방지되어야 할 것인가에 따라서 식사내용의 차이를 가져야 하는데, 현지에 도착한 후 아침과 점심은 고단백식으로 하며 저녁식사는 고탄수화물식사를 실시하는 것이 적절한 방법이다. 메칠알콜함유 키산틴으로 분류되는 물질을 함유한 차, 커피, 홍차 등이 이용될 수 있는데, 차에 포함된 테오필린, 커피에 포함된 테오브로민과 카페인 등은 일주기리듬을 변화시키는데 효율적인 영향을 미치는 것으로 알려져 있다. 이러한 기호식의 이용은 리듬을 연장하기 위해서는 아침에, 짧게 줄이기 위해서는 초저녁에 섭취토록 하는 것이 적절한 것으로 알려져 있으나, 시간대와 개인성향에 따라서 그 효과가 크게 차이를 나타내기 때문에 세심한 주의를 요구한다.

수면조절에 영향을 미치는 세로토닌이나 멜라토닌과 같은 호르몬제재를 섭취하는 방법이 이용되기도 한다. 현지시간대에 대한 효율적인 적응을 목적으로 낮시간대의 활동을 유도하기 위해서 관광이나 쇼핑이 이용될 수도 있다. 경기전의 이러한 행동은 자칫 비난의 대상이 되기도 한다. 승리에 지나친 집착으로 도착후 곧바로 강도 높은 훈련을 실시하는 것은 경기를 망칠수도 있다. 시차극복을 위해서는 일반인들이 이해하기 힘든 훈련 스케쥴을 구성할 수도 있다는 것이 이해되어야 한다. 현지도착후 여러 가지 요인을 적절하게 고려하여 일주기리듬을 신속하게 맞추며 컨디션을 회복하여 본격적인 훈련을 실시한 후 경기에 임하도록 하는 것은 승리를 위해서 필수적인 것이다.

참고문헌

김기진, 김경태, 서봉하, 문신해, 양벽영(1996). 마라톤선소의 고지훈련시 현지적응과 관련된 지표의 변화. 운동과학, 5(1), 37-50

Convertino, V. A. (1991). Neuromuscular aspects in development of exercise countermeasures. The Physiologist, 34, S125~S128.

Convertino, V. A., & Adams, W. C. (1991). Enhanced vagal baroreflex response during 24 h after acute exercise. American Journal of Physiology, 260, R570~575.

Rambaut, P. C., Smith, M. C., Mack, P. B., & Vogel, J. M. (1975). Skeletal response. In R.S. Johnston, L. F. Dietlein, & C. A. Berry (Eds.). Biomedical results of Appllo(pp. 303~322)(NASA SP-368). Washington, DC : National Aeronautics and Space Administration.

Rennie, M. J., Edwards, R. H. T., Emery, P. W., Halliday, D., Lundholm, K., & Millward, D. J. (1983). Depressed protein synthesis is the dominant characteristics of muscle wasting and cachexia. Clinical Physiology, 3, 387~398.

Sawin, C. F., Rummel, J. A., & Michel, E. L. (1975). Instrumented personal exercise during long duration space flights. Avition, Space, and Environmental Medicine, 46, 394~400.

Ward, M.P., Milledge, J. S., & West, J. B. (1989). High altitude medicine and physiology. Philadelphia : University of Pennsylvannia Press.

Wright, J. E., Vogel, J. A., Sampson, J. B., Knapik, J. J., Patton, J. F., & Danniels, W. L.

(1983). Effects of travel across time zones(jet-lag) on exercise capacity and performance. Aviation, Space, and Environment Medicine, 54, 132~137.

제9장

축구의 과학

1 발의 위대함

발은 얼굴의 볼, 손과 함께 신체부위 중 감각이 가장 뛰어난 부위에 포함되면서도 가장 무시당하지만 4년마다 화려한 드라마를 연출하면서 전 세계인을 흥분시킨다. 발의 예술을 창조하는 축구선수는 엄청난 부와 명예를 얻게 되면서 부러움의 대상이 된다. 발은 한쪽을 기준으로 14개의 작은 뼈를 바탕으로 근육과 인대들이 섬세한 구조를 이룬다. 부모로부터 물려받은 훌륭한 구조의 발을 가지는 것은 축구선수를 비롯한 대부분의 우수한 운동선수가 되기 위한 필수적인 조건에 해당한다. 발은 체중을 지탱하면서 인체구조상 주춧돌을 이루고 일상생활은 물론 운동할 때 중요한 역할을 담당하지만 천대받는 경우가 많아 악취를 풍기기도 하고 맨땅에 내돌리기도 한다. 그러나 큰 몸집을 이동시키고 점핑 후 착지할 때 충격을 완화시키며 균형을 적절하게 유지하기 위한 신비스러운 건축학적 구조를 가지고 있다.

발의 구조 중 균형유지와 충격완충의 주된 역할을 담당하는 것으로 족궁(아치)이 있다. 족궁은 인간의 구조적 특성을 잘 나타내는 대표적인 요인으로서 포유동물 중에서 가장 잘 발달해 있다. 족궁은 해부학적으로 발가락에서부터 시작해서 족근골에 해당하는 종골(발뒤꿈치를 형성)에 이르는 전·후의 족궁과 족근골 일부와 중족골(발바닥의 대부분을 형성)이 형성하는 전·후의 족궁을 가진다. 강력한 인대와 건막에 의해서 뼈를 결합하여 전·후 및 좌·우의 족궁이 적절한 높이와 각도를 이루고 있다. 족궁의 높이는 개인에 따라서 다양한 차이를 가지며, 하루 중 시간대에 따라서도 경미한 차이를 나타낸다. 족궁만으로 운동능력을 판단할 수는 없다. 족궁이 없는 편평족은 신체기능 발휘를 어렵게 하는 제약요인으로서 신체균형 유지를 어렵게 하며 장시간 운동시 쉽게 피로해지면서, 운동지속능력이 저하되고 상해를 입을 가능성도 그만큼 높아지게 된다. 족궁이 지나치게 발달해서 그 각도가 큰 경우에도 전체 평형을 이루지 못하여 발바닥 중 일부분의 부위에만 지나치게 체중에 의한 하중이 주어지기 때문에 상해의 원인이 되기도 한다. 축구선수들의 경우 런닝 혹은 드리블 과정에서 신체적 균형을 이루도록 해주며, 가장 중요한 기술인 킥을 실시할 때 차는 발보다 딛는 발의 방향, 균형 및 위치가 정확하고 빠른 슈팅을 가능하게 한다는 관점에서 족궁의 적절한 발달은 축구선수의 필수적 요인에 해당한다.

편평족을 가진 선수들은 어려움을 극복하는데 도움을 주는 특수한 형태의 신발을 사용한다. 편평족의 발생은 주로 유전적인 특성에 의해서 나타난다. 족궁은 발의 뼈들을 연결해주는 강력한 인대의 결합에 의해서 형성되기 때문에 인대가 약화되거나, 불안정한 자세의 습관을 오랫동안 유지하거나, 신발의 크기가 부적절할 경우와 같이 후천적인 영향에 의해서 생겨나기도 한다. 어린 시절 적절한 신발을 신고 정상적인 발육이 가능하도록 해주는 것이 편평족의 발생을 방지하는데 중요한 영향을 미친다. 포르투칼의 에우제비오와 같이 편평족 중에서도 빈번한 상해발생과 기술상의 많은 어려움을 극복하고 뛰어난 경기력을 나타낸 예외적인 축구선수들도 있다. 축구선수가 아니더라도 발이 편해야 만사가 편할 것이며 발도 귀한 신체의 일부로서 위대한 존재의 가치를 망각하지 않아야 할 것이다.

2 귀한 골

국내에서 전개되는 막상막하의 프로경기에서는 통쾌한 1골이 응원하는 관중을 기쁘게 한다. 물론 관중들은 보다 많은 골을 기대하며 1골보다 많은 골이 성공되면 그 기쁨은 더욱 크게 나타날 수도 있다. 98년 프랑스월드컵에 출전한 우리 국가대표팀은 예선 3경기에서 29개의 슈팅중 골문안 슈팅은 8개뿐이었으며 그 중 2개만을 성공시켰다. 우리선수들의 골결정력은 경기때마다 지적되어온 고질적인 문제점이다. 축구강국들의 골 성공률은 우리대표팀보다 물론 훨씬 높다. 그러나 아무리 우수한 축구선수들이 벌이는 경기라 할지라도 농구에 비하면 그 성공률은 매우 떨어진다. 농구처럼 좁은 골을 향해 보다 큰 볼을 던지는데도 골이 그토록 많이 이루어지지만 왜 축구는 훨씬 넓은 골을 향해 슈팅을 하는데 득점이 잘 나지 않을까? 농구의 슈팅과 축구의 슈팅은 그 성공률이 왜 현저한 차이를 나타낼까? 물론 골키퍼가 신의 손을 자랑하며 꿋꿋이 버티는 탓도 있겠지만, 그보다는 발의 기술상 정교함이 손에 비해서 훨씬 뒤떨어지는 일반적인 요인 때문일 것이다. 또한 여기에는 매우 흥미있는 여러 가지 복합적인 기전이 슈팅 성공률의 차이에 영향을 미친다.

우선 손은 발보다 더욱 섬세하고 많은 근육이 작용하면서 동작을 수행하기 때문에 고도의 기술적인 동작수행이 가능하다. 운동의 정확성과 관련된 운동제어의 중요한 이론 중에는 보다 큰 힘을 발휘할 경우 힘의 가변성이 커지면서 수행되는 동작이 실수를 일으킬 가변성도 그만큼 높아지기 때문에 성공률이 저하된다(Schmidt의 법칙)는 주장이 널리 인식화되어 있다. 농구의 슈팅시보다 축구의 킥에서는 대근육이 동원되면서 큰 힘이 요구되기 때문에 실수할 가능성이 그만큼 높아지게 된다는 것이다. 농구의 경우 볼의 속도가 빠른 슈팅은 의미가 없는데 반해서 축구에서는 빠른 속도의 슈팅이 요구된다는 점도 성공률에 영향을 미치게 된다. 축구경기의 슈팅시 지나치게 강한 슈팅을 요구하기보다 정확한 슈팅을 강조하는 이유도 이러한 특성을 고려한 결과에 해당한다.

눈으로 받아들이는 시각적인 정보와 하지 근육에 의해서 발휘되는 운동정보의 협응성은 동작의 정확성에 영향을 미치는 핵심적인 요인이다. 운동수행과정에서 나타나는 반응 및 동작시간의 관점에서 살펴보면, 대뇌로부터 내려진 명령정보가 동작을 수행하는 근육에 이르기까지의 거리가 손보다 발이 먼거리에 위치하기 때문에 중간 매개변수가 다양하게 작용할 가능성이 높아져 눈-머리-발의 협응성이 눈-머리-손의 협응성보다 떨어지면서 슈팅의 성공률이 현저히 저하된다. 운동수행의 제어체계중 대표적인 이론인 폐쇄회로 및 개방회로 체계의 관점에서 동작의 정확성에 중요한 영향을 미치는 폐쇄회로체계상에서는 동작오류와 관련된 피드백을 통해서 수정이 이루어진다. 이러한 동작수정에 대한 피드백이 빈번하게 이루어질수록 그 성공률이 높아지는데, 한 경기에서 선수개인당 20회 이상의 슈팅기회가 주어지는 농구에 비해서 3~5차례의 슈팅기회만이 주어지는 축구의 경우 실수에 대한 피드백 기회가 현저히 줄어들기 때문에 성공률은 당연히 낮아지는 것이다. 국내 축구선수들의 골 결정력 부재는 경기때마다 비난의 대상이 되고 있으며, 슈팅의 성공률을 높이는 것은 국내 축구의 최대과제인 것만은 분명하다. 그러나 축구의 골은 그만큼 귀하고 얻기가 어려운 것인만큼 1골의 가치성에 대해서는 다소 이해의 폭을 넓게 가질 필요성이 있다.

3 축구선수와 반응시간

축구를 포함한 운동선수들이 선천적으로 머리가 좋아야 한다는 것은 반응시간의 패러다임 중에서 운동전반응시간을 중심으로 한 정보분석의 인지능력과 판단력이 중요함을 의미하며, 신속하게 주어진 상황을 분석하여 행동방향을 결정하는 능력이 요구되기 때문이다. 축구경기 상황에서 운동전반응시간을 중심으로 한 인지능력이 우수할수록 주저하지 않고 신속하게 반응할 수 있는 선천적으로 머리가 좋은 선수임을 의미하며, 상대수비가 많은 불리한 여건에서도 자기편의 선수에게 신속하고 정확한 패스가 가능하게 되는 것이다. 또한 주어진 여건과 관련된 여러 가지 정보를 인식한 후 이에 대한 반응을 선택하는 능력의 대부분은 운동반응시간이 차지한다. 따라서 훈련과정에서의 다양한 상황에 따른 적절한 반응을 선택하도록 하는 능력이 길러져야 한다. 이러한 능력은 훈련과정에서 주어진 자극으로부터 반응하기까지의 반응 모델링에 숙달되도록 하여 '어떻게 반응할 것인가' 하는 생각의 시간을 최대한 줄이도록 해야 함을 의미한다. 그러나 이러한 모델링은 단순한 반복에 의해서 향상되는 것이 아니라 정보의 인지, 분석 및 반응유형의 선택에 이르기까지 요구되는 우수한 두뇌능력을 바탕으로 생각하면서 행하는 축구훈련을 통해서 이루어진다. 축구선수는 선천성과 주로 관련된 운동전반응시간의 우수함과 더불어 훈련을 통해서 향상될 수 있는 운동반응시간도 함께 요구되는데, 이 두가지는 모두 머리가 좋을수록 우수하게 나타날 것이다. 축구는 발로 하는 것 같지만 분명 대부분의 스포츠와 마찬가지로 머리의 사용이 매우 중요하기 때문에 머리가 좋은 선수일수록 훌륭한 축구선수가 될 수 있을 것이다.

4 축구공의 발전

축구공의 기원은 소나 돼지의 오줌보에 바람을 넣거나, 새끼줄을 동그랗게 말거나, 동물가죽에 털을 집어 넣은 것에서부터 시작되었다. 축구공이 가죽으로 만들어지게 된 것은 1872년 잉글랜드 축구협회가 제정한 규정에서부터 근거한다. 국제축구연맹이 공인한 최초의 축구공은 1963년 아디다스가 만든 '산티아고' 라는 이름이 붙여진 것이었다. 월드컵에서 공식구가 적용된 것은 1970년 멕시코 월드컵대회에서 역시 아디다스의 '텔스타' 가 시조로서, 당시 천연가죽을 재료로 하여 흰색 육각형과 검은색 오각형이 서로 조화를 이루도록 만든 것이었다. 1930년 우루과이 월드컵에서는 서로 자신들에게 익숙해진 공을 사용할 것을 고집하여 전 · 후반 각각 두나라의 공으로 경기를 진행하기도 했다. 축구공에 대한 선수들의 기본적인 바람은 재질이 부드러워야 하며, 컨트롤이 용이하며, 킥을 할 때 속도가 빠르게 발휘되고 질기면서 방수가 잘 되는 것을 원하고 있다.

축구경기의 규칙에서 공의 크기, 무게, 압력을 규정하고 있기 때문에, 축구공의 발전을 위한 첨단과학의 적용은 주로 공의 가죽재질과 외형개발에 초점이 맞추어져 왔다. 속도를 빠르게 할 목적으로 공기저항의 감소, 수중전에 대비해 방수처리가 된 인조가죽의 개발, 스피드 및 정확성 향상을 위해서 미세 거품이 발생토록 하여 수축력과 반발력을 증가시킨 폴리우레탄 재질의 개발 등이 적용되어 왔다. 폴리우레탄의 미세거품들은 킥을 하면서 주어지는 충격에 의해서 순간적인 수축과 팽창에 의해 강한 반발력을 나타내므로서, 골키퍼에게는 상당한 어려움을 제공하게 되었다. 특히 폴리우레탄의 재질은 킥할 때 회전이 많이 걸리도록 해주므로서 예측불허의 방향을 제공하여 골키퍼들이 공을 잡는데 많은 부담으로 작용한다.

축구공의 개발은 아디다스가 주도 해왔는데, 아디다스에 의해서 개발된 공의 변천과정을 살펴보면, 1978년 아르헨티나 월드컵에서 사용된 '탱고'는 탄력과 회전력이 뛰어나 골키퍼들을 괴롭혔으며, 수중전에서도 탁월한 방수 능력을 발휘했다. 1982년 스페인월드컵에서의 '탱고 에스파냐', 1986년 멕시코월드컵에서는 합성수지로 제작된 '아스테카', 1994년 미국 월드컵에서의 '퀘스트라'를 비롯하여 '클래식', '오빗' 등의 공들이 선을 보였으며, 1998년 프랑스 월드컵에서는 '트리콜로'의 개발을 통해서 골키퍼의 수난과 더불어 공격진들의 스피디한 슈팅을 선보이게 되었다.

2000년의 유럽축구선수권대회에서는 '테라스트라 실버스트림' 공인구로 사용되었다. 축구공은 엄청난 시장성 때문에 축구의 스포츠 산업화를 주도하는 중요한 매개체의 역할도 담당한다. 2002년의 한 · 일 월드컵의 '피버노바'는 흰색 바탕에 바람개비 모양의 터빈엔진을 형상화시킨 4개의 황금색 삼각모양을 새겨 넣고 기포강화 플라스틱(Syntactic Foam)을 미세하고 극도로 압력이 높도록 소재를 개량하여 반발력, 탄력, 회전력, 정확성 등을 월등하게 향상시켰다. 2006년 독일월드컵에서는 12개의 오각형과 20개의 육각형으로 만들어지던 축구공이 6개의 사각형과 8개의 육각형으로 구성되어 보다 더 구형에 가깝도록 제작된 '팀가이스트'가 등장했다. 팀가이스트는 바느질로 가죽을 붙이던 기존의 제작 방식에서 탈피하고 열접착 방식이 최초로 사용됐다. 2010년 남아공월드컵 공인구 '자블라니'는 11개의 컬러가 사용되었으며 남아공 공용어중 하나인 줄루어로 '축하하다'는 뜻이다. 3차원 곡선 형태로 제작된 가죽조각 8개를 붙여 역대 공인구 가운데 가장 구형에 가깝다. 미세돌기가 표면에 자리해 골키퍼가 잡기 쉽도록 만들어졌고, 공을 드리블하는 선수들에게도 더욱 안정감을 준다. 변화무쌍한 움직임을 가짐으로서 강한 슈팅이 가능하여 공격선수에게 유리할 가능성이 높다. 축구공의 진화는 첨단 과학이 스포츠를 더욱 화려하고 즐겁게 만들고 있다는 것을 보여준다.

5 승부차기

2006 독일월드컵의 결승전에서 연장까지 가는 치열한 접전 끝에 승부차기로 프랑스의 트레제게가 실축하면서 이탈리아가 우승컵을 차지하였다. 2002년 대한민국의 월드컵 4강을 결정지은 것도 스페인과의 승부차기 끝에 차지한 승리였다. 승부차기가 월드컵에 처음 도입된 것은 1970년 멕시코월드컵이었으나 실제 승부차기가 적용되어 승부가 가려진 첫 번째 경기는 1982년 스페인월드컵에서 독일과 프랑스의 4강전이었다. 이때 승리한 독일은 이후 월드컵에서 가진 4차례의 승부차기를 모두 승리함으로서 뛰어난 집중력을 자랑하였다. 잉글랜드는 3차례의 승부차기에서 모두 패함으로서 유독 운이 없는 팀으로 기록되고 있다. 승부차기의 결과는 선수들에게 잔인하다고 할 정도로 심리적인 부담이 주어지기 때문에 의외의 결과가 나타나는 경우도 많지만, 슈팅의 정확성과 속도, 골키퍼의 방어능력에 의해서 결정된다.

축구선수의 슈팅속도는 축구강국 브라질의 킥의 명수로 알려진 카를로스선수는 최고 시속 150 km까지 가능한 것으로 알려져 있다. 일반선수들은 시속 80~100 km의 슈팅속도를 기록하며 국가대표선수들은 시속 120 km내외를 나타내다. 따라서 11m의 페널티킥 거리를 고려할 때 그 통과시간은 약 0.30~0.39초 정도가 소요된다. 골키퍼가 슈팅을 막아내는데 중요한 요인에 해당하는 반응시간을 측정한 결과 손만을 움직이는 반응시간의 경우 일반적으로 0.20~0.35초 정도가 소요되는데, 몸 전체를 움직여서 막아야 하기 때문에 반응시간은 더욱 많은 소요시간을 요구한다. 골키퍼가 막아내야 하는 좌우폭 7.32m의 절반인 3.66m 범위의 움직임이 요구되는 반응시간은 0.42~0.50초를 나타내므로서 페널티킥의 경우 시간상으로는 정면으로 날아오는 슈팅 이외에는 거의 방어가 불가능하다. 따라서 페널티킥의 경우 정확성만 높으면 일반적인 수준의 슈팅속도로도 충분히 성공시킬 수 있게 된다. 키커의 심리적 상태는 실제로 성공률에 영향을 미친다. 골키퍼를 쳐다보지 않고 가능하면 빨리 볼을 차야 하며, 경쟁 상태로부터 벗어나 자신에게 집중할 수 있는 능력이 매우 중요한 것으로 선수들은 주장한다. 또한 먼저 킥을 하는 팀이 유리한 것으로 간주되고 있는데 2006년 독일월드컵에서도 4차례의 승부차기 모두 먼저 킥을 한 팀이 승리하였다.

페널티킥은 슈팅보다 골키퍼가 먼저 움직일 수 없도록 규정하고 있다. 그러나 대부분의 골키퍼들은 슈팅을 막 하려는 순간 한쪽을 포기하고 한쪽만으로 반응하는 방어법을 선택하고 있다. 심판이 육안상으로 어느 쪽이 먼저인지를 판단할 수 없을 정도의 순간적인 상황에서 일어난다. 그런데 실제로 승부차기시 페널티킥의 성공률은 결코 100%를 나타내지 못하는 것은 방어가 가능하다는 것을 의미한다. 골키퍼가 양발을 벌리고 양팔을 좌우로 뻗히면 그 폭은 약 2.5-2.7m가 되며 좌우로 한발 정도를 움직이는 반응을 수행할 경우 약 2m정도가 그 폭이 넓어진다, 이렇게 되면 볼의 속도를 고려한 반응시간 범위 이내의 방어폭은 전체적으로 4.5~4.7m가 되므로서 슈팅은 좌우 골포스트를 중심으로 1.4~1.5 m의 위치로 이루어질 경우를 제외하고 정면으로 오는 것은 방어가 가능하게 된다. 따라서 골키퍼는 이 4.5~4.7m를 완벽하게 막아낼 수 있는 방법을 택해야 하며, 슈팅은 이 방어범위를 벗어난 골포스트와의 공간사이로 시속 100km 이상의 속도로 이루어지도록 훈련해야 할 것이다.

6 축구선수의 체력, 이동거리

축구선수는 모든 종목에서와 마찬가지로 체력이 중요한 요인에 해당한다. 축구경기는 전·후반경기를 끊임없이 달릴수 있는 체력도 요구되며, 순간적인 스피드와 강한 슈팅을 위한 파워도 함께 요구된다. 축구선수에게 요구되는 에너지생성능력은 끊임없는 지구력의 바탕이 되는 유산소성 능력과 순간적인 스피드와 파워의 바탕이 되는 무산소성 능력의 균형적인 조화가 요구된다. 축구에서 중요한 요인에 해당하는 기술도 이러한 체력이 충분히 뒷받침될 때 보다 효율적으로 발휘될 수 있다.

후반전이나 연장전에 이르기까지 지치지 않는 지구력은 경기결과에 중요한 영향을 미친다. 또한 국내대회의 경우 우승하기까지 하루 1경기씩 6~7경기를 이겨야만 가능해진다. 이러한 경우 지구력은 더욱 중요한 체력요인에 해당한다. 그러나 축구경기를 세부적으로 분석해보면 지구력만으로 모든 것이 이루어지는 것이 아님을 알 수 있다. 전·후반을 통틀어 선수들은 10~15 km의 거리를 뛰게 되며, 뛰는 거리는 위치에 따라서 차이를 나타낸다. 최전방의 공격수나 후방의 수비수들은 전체 뛰는 거리가 약 10 km이하로서 비교적 적은 범위를 나타내며, 미들필더들이 가장 많은 거리를 뛰게 된다. 물론 선수들이 자신의 최대속도로 달리는 비율은 전체 경기중 5~6%에 불과하며, 비교적 빠른 속도로 달리는 비율은 약 20~25%정도이다. 나머지 약 50%는 조깅의 속도이며, 그냥 걸어 다니는 경우도 약 25%를 차지한다. 걸어 다니는 범위를 최대한 줄이고 빠른 속도로 달리는 범위를 높일수록 부지런한 선수에 해당하며 경기결과에도 긍정적인 영향을 미치게 될 것이다. 멕시코월드컵에서 1 경기를 모두 뛴 선수들을 기준으로 분석한 결과에 의하면, 평균

볼에 터치한 횟수가 1 경기당 60회를 나타내는데, 당시 유명한 브라질의 펠레선수는 1 경기당 평균 96회를 볼에 터치하므로서 얼마나 부지런한 선수였음을 알 수 있다. 이러한 부지런함은 역시 지구력이 바탕을 이루게 된다.

그러나 축구선수를 발굴할 때는 단거리선수처럼 빠른 스피드와 파워를 가진 선수가 더욱 우선적으로 강조된다. 지구력은 훈련에 의해서 향상될 수 있는 범위는 다소 높은데 반해서 스피드나 파워는 훈련에 의해서 향상될 수 있는 범위가 그다지 높지 않기 때문이며, 골을 성공시킬 수 있는 기회는 대부분 최대속도로 달리는 5~6%의 범위에서 발휘되는 파워를 바탕으로 만들어지기 때문이다. 또한 축구선수의 경우 한 방향으로만 움직이는 것이 아니며, 순간적인 방향전환을 바탕으로 전 · 후 · 좌 · 우의 다양한 방향으로 달리는 능력이 함께 요구하게 된다. 순간적인 상황에 대해서 얼마나 신속하게 대처하느냐 하는 것은 지구력에 의해서 결정되는 것이 아니며, 스피드와 파워에 의해서 결정되기 때문이다. 공격수와 수비수간의 경쟁에서는 최대속도와 순간적인 임기응변능력에서 승부가 결정나기 때문에 순발력과 스피드의 토대가 되는 무산소성 능력이 축구선수에게 더욱 강조된다. 90분을 쉴새없이 빠르게 달릴수 있는 지구력이 바탕을 이루되 둥근 볼의 다양한 방향에 따라서 신속하게 움직이거나, 강하고 정확한 슈팅을 수행하거나, 보다 높이 점핑할 수 있는 탄성을 발휘하는 천부적인 파워는 축구선수에게서 가장 중요한 체력요인에 해당할 것이다.

7 축구선수의 고온 극복

무더운 여름에도 예외없이 축구경기는 열린다. 더위속에서 운동경기를 수행하는 과정에서는 체온상승과 이에 따른 체수분의 손실이 병행하게 된다. 체온상승을 방지하기 위한 기본적인 과정은 말초혈관을 확장시켜 혈액이 피부쪽으로 향하게 하여, 신체내부의 열이 피부를 통해서 대기중에 발산토록 하는 것을 들 수 있다. 그러나 더위 속에서 축구경기와 같이 힘든 운동시에는 말초혈류의 활성화만으로 체온싱승 방지가 미흡하기 때문에 땀을 흘리게 된다. 땀을 흘리는 이유는 물 1g이 증발할 때 585kcal의 열이 손실될 수 있다는 점을 이용한 체온증가 방지의 가장 효율적인 수단에 해당하기 때문이다. 이러한 신체 스스로의 기능만으로는 체온상승을 방지하는 것이 역시 미흡하다는 관점에서 축구경기의 전·후반 사이 휴식시간을 이용한 신체 냉각법을 제안해 본다.

14~17℃ 저온의 물로 가득 채워진 선수 한명이 겨우 들어갈 수 있는 용기를 라커룸에 미리 준비해서 다리와 얼굴은 밖으로 하고 몸통을 잠기도록 한 상태에서 감독의 작전지시를 듣도록 하는 것이다. 몸통에 냉각효과의 초점이 맞추어지도록 해야 하는데, 몸통은 고온에 대해서 골격근보다 내성능력이 비교적 약한 장기와 내장근이 주로 분포되어 있기 때문에 증가된 체온을 떨어뜨리는데 효과적이다. 짧은 시간이지만 증가된 체온을 낮추도록 하는 효과는 후반 20분정도까지는 체온상승을 방지하는데 영향을 미칠수 있다. 또한 몸통만을 물에 잠기도록 하는 자세는 축구경기에서 직접적으로 이용되는 다리부분은 지나친 냉각영향을 받지 않도록 할 수 있다. 이러한 냉각법은 경기후 휴식시간에 많은 땀을 흘리는 것을 방지해준다. 물론 운동중에는 체온조절을 위해서 땀을 흘려야 하는데, 땀을 흘리지 않고 체온을 낮출수 있다면

땀에 의한 수분 손실을 방지할 수 있을 것이다.

땀에 의한 수분 손실은 체온조절을 위해서 어쩔수 없지만, 수분손실은 혈액의 양적 손실과 더불어 전해질 손실이 병행되므로서 결과적으로 효율적인 운동수행의 제한적 요인으로 작용하게 될 것이다. 땀은 단위시간을 기준으로 할 경우 경기중보다 경기를 끝낸 직후에 더욱 증가하게 된다. 그것은 경기중에는 혈류가 사용되는 근육과 열발산을 위해서 피부쪽으로 함께 흐르게 되지만, 경기가 끝난 직후에는 피부쪽으로만 쏠리게 되어 땀이 더욱 많이 흐르게 되는 것이다. 따라서 휴식시간에 몸통을 저온탕에 잠기도록 하므로서 많이 흐를수 있는 땀에 의존하지 않고도 증가된 체온을 낮출수 있게 된다.

한편, 저온의 물로 채워진 작은 냉각용기를 한 개씩 준비하는 일이 번거롭게 여겨져서 얼음물수건만을 이용하는 경우에는 머리와 목부분을 식히는 방법이 좋다. 더위에서 치러지는 축구경기는 심리적으로도 고온의 부담을 느끼게 되는데, 머리 및 목부분은 냉각효율이 뛰어나며 열과 관련된 쾌적함을 가장 민감하게 느끼는 부위이기 때문이다. 흔히 열이 나는 환자에게 이마에 찬 물수건을 얹는 것이나, 여름철에 머리에 물을 부우면 가장 시원하게 느끼는 이유도 여기에 있다. 머리는 신체 체표면적의 10%에 불과하지만, 체열 발산은 전체의 20~30%를 나타낸다. 긴 머리카락은 체열의 효율적인 발산을 방해한다는 점에서, 여름에는 축구선수들도 머리를 짧게 잘라버리는 것을 고려해 볼 필요가 있다.

그림 9-1. 몸통 쿨팩을 이용한 고온극복은 축구선수의 피로회복에 도움을 줄 수 있다

8 축구화

축구화의 굽(stud)은 규정상 높이가 0.56cm 이하이며 굽끝의 직경은 1.25cm이상의 원형이어야 한다. 오래전의 축구선수들은 평평한 바닥의 일반적인 신발을 이용하였으나, 축구선수의 빠른 움직임과 방향전환을 위해서 굽을 박은 축구화가 생겨나게 되었다. 굽이 박힌 축구화는 독일의 아디다스사의 창업자인 '아디다슬라'가 처음 설계하였다. 1954년 스위스월드컵의 결승전에서 독일은 굽이 박힌 새로운 축구화를 신고 헝가리에게 3:2로 승리하며 우승을 차지하였다. 축구화의 구조를 살펴보면 과학의 결정체임을 알 수 있는데, 굽이 박힌 제일 밑부분은 발에 대한 집중적인 압박감을 분산시키기 위해서 세라믹 재질을 이용하며 그 위의 안창은 충격완충에 용이한 재질을 이용한다. 굽의 숫자는 축구선수의 움직임에 중요한 영향을 미침에 따라 선수위치나 개인적인 특성에 따라서 굽의 숫자를 달리한다. 섬세한 몸놀림을 위해서는 굽의 수가 적은 것, 순간적으로 큰 파워를 내거나 탄탄한 지지력이 요구되는 경우에는 굽의 수가 많은 것을 주로 이용한다.

축구화의 가죽은 소가죽을 많이 이용하지만 가장 우수한 재질은 캥거루가죽을 이용한다. 또한 축구화의 끈은 풀림을 방지하기 위해서 폴리에스터와 면을 절반씩 혼합한 것을 주로 이용한다. 축구화의 개발에는 인체공학적인 설계방법에 의해서 공의 속도와 회전력을 높이기 위한 재질과 형태를 모색하게 된다. 마치 신지 않은 듯한 느낌을 가질정도의 가벼운 축구화이면서도 킥이 효율적으로 수행될 수 있는 축구화가 요구될 것이다. 1998년 프랑스월드컵에서 선을 보인 미국에서 개발된 축구화는 그 무게가 150g에 불과하였다(그 이전까지는 일반적으로 약 250g).

첨단과학을 이용한 최적의 축구화를 개발하기 위해서 첨단과학의 적용 결과에 관한 예를 살펴보면 다음과 같다. 마찰력을 높이도록 표면이 우툴두툴한 인조가죽의 이용, 공의 감촉이 발에 잘 전달되도록 가죽표면에 대한 폴리우레탄 코팅처리, 견고하고 미끄럼 방지의 효율을 높이기 위해서 굽끝을 스테인레스 스틸처리, 바닥 탄성을 높이기 위한 바닥 안창의 에어기술적용, 발바닥에 전해지는 충격흡수력을 높이고 발의 피로를 최대한 억제하기 위해서 바닥창과 굽 사이에 탄소섬유를 덧대는 방법, 굽을 통해서 전해지는 지나친 자극으로 인한 상처자국을 없애기 위해서 굽의 압력을 분산시키는 특수합금의 밑창 등을 들 수 있다. 축구화는 무엇보다도 선수 자신의 발에 맞고 편안한 느낌을 주어야 할 것이다. 첨단과학에 의해서 선수들의 욕구를 충족시켜 줄 수 있는 축구화의 개발은 축구선수들의 경기력 향상에 중요한 영향을 미친다.

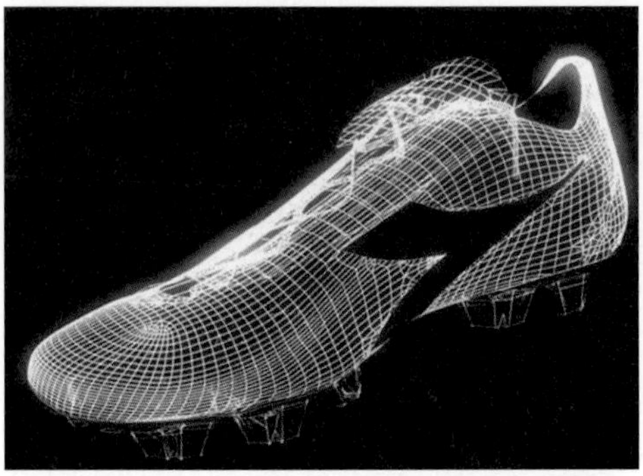

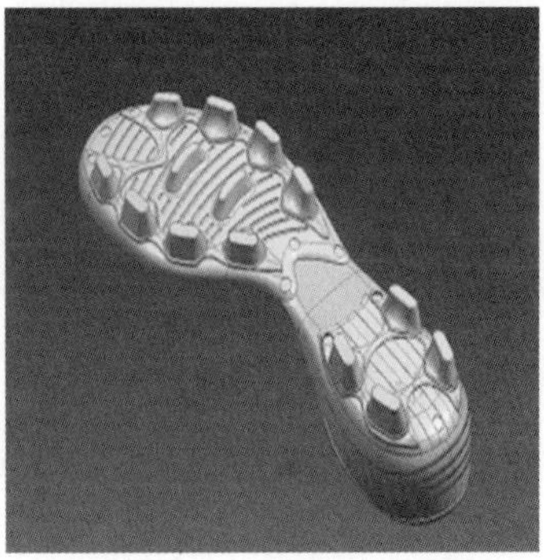

9 축구 볼의 마술

4년마다 온 세계인을 열광시키는 월드컵축구, 축구경기에서 관중들의 흥분을 더하게 하는 것은 역시 골이다. 골 중에서도 페널티 외곽에서의 프리킥이 강한 속도와 더불어 마술처럼 휘면서 수비선수들의 스크럼을 피해 들어가는 경우 더욱 열광하게 된다. 우리나라도 1990년 로마월드컵의 황보 관을 시작으로 2010년 남아공 월드컵의 박주영에 이르기까지월드컵 본선에서 1골씩은 꼭 멋진 프리킥으로 골을 기록해 왔다. 발로 차는 슈팅에서도 야구공처럼 커브볼을 그리게 되는데, 볼의 크기가 더욱 크기 때문에 휘는 정도도 더욱 크게 나타난다. 축구공이 휘면서 날아가는 것은 일명 바나나킥으로 불리우면서, 대퇴의 대근육과 발목을 중심으로 한 근육들이 발휘하는 엄청난 힘에 의해서 공이 높은 회전력을 가지도록 함으로서 가능해진다.

공이 회전하면서 진행할 경우, 그 진행방향과 바람의 흐름이 일치하면 날아가는 볼의 속도가 더욱 증가하여 공기의 압력이 감소하게 되는 방향으로 볼이 진행하게 되는 '마그누스 효과'가 축구공에도 적용된다. 마그누스 효과는 1852년 독일 물리학자 구스타프 마그누스가 포탄의 탄도를 연구하는 과정에서 발견하였다. 프리 키커가 오른발로 공의 아래 측면을 축구화 안쪽면으로 감아 차면 축구공은 대개 시계 반대 방향으로 회전한다. 이때 공의 오른쪽은 공기의 흐름과 부딪치면서 압력이 높아지고 그 반대쪽인 왼쪽은 회전 방향과 공기의 흐름이 일치해 압력이 낮아짐으로서 축구공은 압력이 낮은 왼쪽으로 휘어지면서 날아간다. 축구공은 높은 초속도를 바탕으로 9~10m의 일정한 거리를 지나서면서 볼의 방향이 변화하기 때문에 바나나킥을 완벽하게 구사하기 위해서는 다리의 근육이 강한 근력과 파워를 바탕으로 초속도를 높여야 하며, 발목을 중심으로 한 유연성이 뒷받침 되면서 볼의 회전력을 엄청나게 증가시켜야 한다. 축구경기에서 프리킥이나 코너킥시 수비수가 9.15m의 거리를 유지토록 하는 것은 그 이내에서는 볼의 회전속도보다 진행속도가 높아서 위험하기 때문에 선수보호를 목적으로 한 고려사항 중의 하나이다.

축구경기 중 가장 멋있는 바나나킥으로는 97년 파리 생드니구장에서 개최된 프레월드컵경기에서 브라질 카를로스선수가 홈팀인 프랑스팀의 방어벽을 우회하여 37m의 먼 거리를 날아가 환상적인 골을 기록한 장면을 들 수 있다. 이러한 바나나킥은 프리킥 뿐만 아니라 슈팅을 하도록 도와주는 센터링을 하는 경우에도 많이 이용된다. 센터링의 경우에는 발의 등과 안쪽 면을 이용해서 볼을 감싸듯이 차게 되는데, 이때 볼의 방향이 휘게 되면서 골키퍼가 볼의 착지지점을 판단하는데 더욱 어렵게 만든다. 바나나킥처럼 볼의 한쪽 모서리를 차는 것도 있지만, 볼의 정중앙을 차는 드롭킥도 있다. 드롭킥은 야구 투수가 던지는 너클볼처럼 회전이 없도록 하여 골대를 넘는 것처럼 보이지만, 골대 앞에서 갑자기 떨어지면서 골문 안으로 향하게 하는 것이다. 이러한 킥에 의한 슈팅은 골키퍼에게 가까워지면서 공의 방향을 예측할 수 없도록 만들기 때문에 막아내기가 더욱 어렵게 된다. 무회전 프리킥의 불규칙한 움직임은 회전없이 빠르게 날아가는 축구공의 뒤쪽에서 발생하는 '카르만(Karman) 소용돌이 효과'가 축구공을 마구 흔들어서 발생한다. 야구투수들이 손으로 만드는 마구만큼 정교하지는 않지만, 마술적인 슈팅은 발을 손처럼 쓰는 축구스타들이 만들어내는 유체역학에 의한 스포츠과학의 산물이다.

10 프랑스 축구의 과학

프랑스 축구가 비록 남아공월드컵에서는 16강에도 오르지 못하는 비극을 낳았지만 한때 세계 최강으로 군림하게 된 과정에는 역시 과학적인 선수육성을 고려하지 않을 수 없다. 98년 월드컵 당시 대표팀 운영체제를 살펴보면, 에메 자케감독을 필두로 3명의 코치진, 전 대표팀 감독이던 제라르 우이예를 비롯한 10명의 코치진으로 구성된 기술지원담당, 팀닥터인 장 미르셀 페레를 비롯한 4명의 트레이너와 물리치료사가 포함된 의무담당, 필립투르농 언론담당 등으로 스탭진이 구성되어 있다. 현재 히딩크감독을 필두로 한 우리 대표팀의 운영체제와 하드웨어상으로는 별로 다를게 없다. 프랑스 축구협회 제라르 에노 사무총장은 프랑스축구가 세계 최강에 오른 이유는 첫째, 선수들의 실력이며, 둘째, 프랑스 축구의 과학적인 선수양성체계라고 주장하였다.

프랑스 축구의 과학적인 양성체계의 대표적 산실은 클레르 퐁텐 국립기술센터를 들 수 있다. 파리 남서쪽 50km 지점의 랑부예 숲속에 위치한 이 센터는 건립당시 미테랑 대통령이 첫 삽을 뜨고, 98년 월드컵 당시 조직위원장을 역임하다가 개최직전에 사망한 페르낭 사르뜨르의 이름을 따서 '페르낭 사르뜨르 국립기술센터'로도 불리운다. 잔디구장 7개 및 인조잔디구장 3개와 비디오분석실, 체력측정 및 분석실, 의학센터, 도서관 등이 함께 하는 축구연구소 등 과학적인 시설을 갖춘 이 센터는 주요 대회를 앞둔 각급 국가대표팀의 관리를 위한 베이스 캠프이며, 선수와 지도자를 양성하는 축구학교이다. 에메 자케감독은 이 센터의 총감독이며, 14명의 지도자들이 각 연령별 및 여자대표팀을 맡고 있다. 프랑스의 대표적인 선수인 티에리 앙리, 니콜라 아넬카, 제레미 알리디에르가 모두 이 센터 출신이며, 항상 100명의 학생이

학과수업과 축구훈련을 수행하고 있다. 88년에 설립되었으며, 3년제로 운영중인 이 센터의 지금까지 졸업생은 총 154명으로서 그 중 80명이 프랑스 1부리그, 44명이 2부리그의 대표적인 선수로 활동하고 있다. 프랑스 전역에는 이 센터를 중심으로 지점격인 6개의 지방기술센터로 이어지며, 36명의 지역지도자 및 88명의 세부지역(道) 지도자가 활동하고 있으며, 아울러 각 프로팀의 선수양성센터(1, 2부리그 총 38개 센터)와 연계되어 있다. 클레르 퐁텐 국립기술센터의 학비는 전액 국가부담이며, 학과성적이 나쁘면 강제 퇴소된다. 이 센터의 지도자들은 프랑스 월드컵에 대비하는 대표팀을 위하여 선수선발, 의학적 컨디션 유지방안, 선수의 성격과 기질, 상대팀의 전력 분석 등 모든 과학적인 활용 프로그램을 전담하므로서, 경기력 향상에 결정적인 역할을 수행한 것이다.

2001년 기준으로 현재 프랑스 축구의 국내등록선수는 215만명, 프로선수로는 1부리그 18팀과 2부리그 20팀을 합쳐 800명, 아마추어 축구클럽 19,731개, 여자선수가 3만 5000명, 한해동안 열리는 경기수는 100만경기에 이를 정도로 방대하다. 프랑스 축구의 과학적 선수양성체계중 핵심적인 구도를 차지하는 프로팀의 선수양성센터는 새로운 기술을 개발하고 과학적인 프로그램을 통해서 새로운 스타를 육성하여 공급해주는 프랑스 축구의 원천격에 해당한다. 98년 월드컵 우승팀의 22명 선수중 19명이 이 센터로부터 배출된 선수에 해당한다. 이러한 센터중 99년 프랑스컵을 차지한 대표적인 프로축구팀 FC낭트의 선수양성센터 운영면을 살펴보자. FC낭트는 현재 활약중인 29명의 선수중 20명이 자체 양성센터 출신이며, 98년 월드컵 당시 우승팀의 디디에 데샹, 마르셀 드사이, 크리스티앙 카랑보 등 3명이 이 센터 출신이다. 이들중 '바위'라는 별명을 가진 수비수 '마르셀 드사이'는 아프리카 가나태생으로 이곳 FC 낭트센터에서 8살때부터 조련된 43년 2부팀으로 출발한 이 팀은 63년이후 계속해서 치열한 경쟁에도 불구하고 1부리그 소속을 유지하고 있으며, 가장 모범적인 선수양성센터를 운영하고 있다. 선수들이 즐겨찾는 웨이트 트레이닝장에는 과학적인 트레이닝 장비로 가득하며, 선수들의 신체적, 심리적, 기술적 능력을 측정하여 분석하는 자체 실험실을 유지하면서 과학적인 트레이닝과 선수발굴 및 육성을 꾀하고 있다.

한가지 관심의 대상이 되는 것은 이 센터 내에는 교육당국의 인가를 받은 고등학교 과정의 학교가 운영되면서 선수들이 틈틈이 학과공부를 병행하도록 해준다. 이 센터는 선수 1명을 육성하는데 모든 과학적인 지원을 위해서 연간 1억 2800만원을 투자하고 있으며, 18세이상의 2팀, 17세이하 및 15세이하 등 각 연령대별로 체계적인 선수육성이 가능한 시스템을 구축하고 있다. 프랑스 프로축구팀의 선수양성센터 운영은 프로축구리그의 적절한 운영을 바탕에 두고 있다. 프로축구팀은 경기를 통해서 인기를 누리는 역할만 담당하는 것은 아니며, 축구발전의 핵심적인 위치에 있다는 것을 잘 알 수 있다. 대구축구의 발전을 위해서 대구를 연고로 하는 대구 FC가 발전해야 되는 중요한 이유중 하나는 프로축구팀이 과학적이고 체계적인 선수육성의 중심에 있다는 것이다.

11 축구가 건강에 미치는 영향

축구는 뼈의 골밀도를 높여 뼈가 쉽게 다치지 않도록 하는 최고의 운동으로 알려져 있다. 사춘기 이전에 축구를 시작한 젊은 남성은 운동을 하지 않는 이들보다 다리와 척추의 골밀도가 현저히 높았으며, 이는 노년기의 골다공증으로 인한 척추 및 고관절 골절 위험을 줄이는 데 도움을 줄 수 있다. 연구 결과 축구선수들의 골무 기질 함량은 체중이나 칼슘 섭취량이 비슷한 다른 일반인들에 비해 무려 13%나 높았으며, 체지방은 오히려 낮았다. 2009년 브뤼셀에서 열린 유럽과학자학회는 골다공증으로 인한 고관절 골절 환자 수는 앞으로 50년 안에 97만2000명에 이를 것으로 예측했다. 고령자의 고관절 골절은 몸을 움직일 수 없게 하는 악재일 뿐만 아니라, 인체 기능 퇴화를 가속시켜 종래에는 사망률을 90%나 높일 수 있다.

축구는 심폐지구력, 근력, 유연성, 균형감각 등을 모두 강화시켜 주는 종합운동으로서 유연성은 스트레칭과 준비운동 과정에서, 나머지는 훈련과 경기 도중에 길러진다. 프로축구 선수가 전후반 90분을 통틀어 뛰는 거리는 무려 10~15km. 이중 20~30%는 전력질주로, 인체의 운동능력을 최대로 이끌어낸다. 나머지 70~80%는 이러한 전력질주를 위한 워밍업 단계이다. 축구 시합은 워밍업과 전력질주가 적당히 섞여 인체에 큰 무리를 주지 않으면서도 운동능력을 마음껏 발휘할 수 있는 기회를 마련해 준다. 동네 조기축구 회원들이 하루 평균 달리는 거리가 3km라고 해서 실망할 필요는 없다. 선수가 아닌 이상 이 정도 운동량이면 충분하다. 축구는 달리기로 이루어진 유산소운동 90%와 순간 공격에 쓰이는 근력운동으로서의 무산소운동 10%로 구성된다. 축구가 유산소운동으로 이루어졌다는 것은 지방을 에너지로 소비하여 비만방지에 탁월할 뿐 아니라 최대산소섭취량을 향상시켜 운동능력 및 심폐기능 향상에도 도움을 주며, 무산소운동의 동작이 포함되었다는 것은 근력을 키우는 데 도움이 된다는 것을 의미한다. 이런 점에서 헬스장에서 1시간 운동하는 것에 못지 않게 축구장에서 30분 운동하는 것이 흥미를 가지면서 건강을 지키는데 크게 도움이 된다.

그렇지만 축구만 하는 것이 좋은 것만은 아니다. 축구에 의한 건강효과를 제대로 기대하려면 시합뿐 아니라 제자리 뜀뛰기, 오래 달리기 등의 보강 트레이닝도 열심히 병행해야 한다. 특히 부상을 예방하는데 관심을 가져야 한다. 축구선수들도 아킬레스건염이나 염좌, 인대 손상 등의 부상에 힘들어 하는 것을 쉽게 볼 수 있다. 특히 부상을 예방하기 위해서 스스로가 주의를 해야 한다. 만용을 부리지 말고 평소에는 잘 하지 않던 개인기라든지 지나친 몸싸움을 불사하는 욕심을 버려야 한다. 체력훈련을 보강하는데 노력해야 한다. 축구선수들이 부상하는 부위는 슛을 할 때 쓰이는 주동근이 아니라 그 이외의 보조 근육들이다. 보조 근육을 강화하는 데 가장 효과적인 운동은 역시 가벼운 스트레칭으로서 근육이나 인대를 천천히 이완시킴으로써 유연성을 높이는 데도 도움을 준다. 시합 전 발가락, 발목 관절, 허벅지 근육, 옆구리, 허리, 어깨, 목의 순서로 각 10초씩 이완시켜 주되 이완시키는 순간 숨을 내뱉는 호흡법을 택하는 게 특히 중요하다. 스트레칭도 자신의 능력에 맞게, 통증이 발생하지 않을 정도로만 하는 게 무엇보다 중요하다.

12 축구 지도자 선임의 중요성

월드컵 4강 신화를 통해서 스포츠종목의 경기력 향상을 위한 지도자의 중요성을 새삼 뼈저리게 느꼈다. 지도자선임은 팀 성적을 포함한 팀 발전의 가장 중요한 고려사항은 역시 경기력 향상, 선수관리 및 대외적 이미지관리의 3가지요인을 포함하는 지도능력을 들 수 있다. 이러한 지도능력에는 도덕 및 윤리성, 성실성, 경험 및 경력, 연구 및 분석능력, 기술 및 전술 지도능력, 승부기질 및 선수관리능력, 대외적 인간관계 등이 바탕을 이루게 된다. 지도능력을 세분화하면, 창조기능(상황대처, 훈련방법, 기술 및 전술 개발능력), 대변기능(팀 보호 및 영향력), 독려기능(선수관리능력), 지시기능(팀의 훈련계획관리, 선수역할 지시능력), 실행기능(훈련 진행능력), 모니터기능(선수개인 파악능력), 통합기능(팀 분위기 관리능력), 배려기능(선수독려능력) 등으로 구분되며, 이러한 요인들을 가장 적절하게 조화시키는 리드쉽을 가진 지도자가 요구된다.

지도자의 유형은 여러 가지 관점에서 구분될 수 있으나, 크게 3가지 유형으로 자기지향성, 목표지향성 및 도구지향성이 있다. 개인주의와 독립성을 강조하는 자기지향성 지도자로는 실력형(스스로의 자신감에 의존하는 형), 경쟁형(최고가 되기 위해 노력하는 형) 및 권력형(조화와 조직을 강조하는 형)이 포함된다. 또한 관계지향성 지도자는 협력형(팀웍을 강조하는 형), 헌신형(도와주는 형), 성원형(성취감 유도 및 고무하는 형)이 포함되며, 도구지향성 지도자는 설득형(타협과 설득을 강조하는 형), 사교형(주위의 도움을 동원하는 형) 및 위임형(능력있는 선수를 선택하는 형)이 포함된다. 또한 보다 쉽게 나누어 보면 지략형, 군림형 및 실전형으로서, 각각 智將, 猛將 및 德將

을 의미한다.

축구팀의 감독 선임과정에서는 선수들의 훈련 및 팀 관리와 관련된 지도능력, 지도자 연수경험 및 스포츠과학 이해를 포함한 학구적 자세와 능력, 아마 및 프로팀을 포함한 풍부한 지도경력, 지명도, 신생팀 구성을 위한 선수 스카웃 및 관리능력, 도덕성, 윤리성, 성실성을 포함한 인성 및 주변관리, 추진력과 시대적 감각을 고려한 적절한 연령대 등을 충분히 고려할 필요성이 있다. 즉, 통합직 지노자로서 갖추어야 할 요인을 간추려 열거하면, 풍부한 경험, 끊임없는 자기계발, 기술지도, 승부사로서의 기질, 배짱 및 지혜, 성실성, 솔선수범, 책임감, 자기절제, 원만한 인간관계, 예리한 선수분석능력 등이 포함된다.

히딩크 감독의 성공은 탁월한 전술, 용병술 및 지도능력을 바탕에 두고 있으며, 능력위주의 공정한 선수선발, 팀의 장단점에 대한 정확한 분석, 유럽을 비롯한 선진축구의 흐름과 이에 대한 철저한 대비, 철저한 기초를 바탕으로 한 혁신과 변화, 전문적 및 과학적 훈련방법 적용, 자신감 및 팀을 유도하기 위한 심리적 전략 등이 히딩크 리더십의 성공요인으로 꼽히고 있다. 지도자의 선임은 팀 사활이 걸린 가장 힘들고 중요한 과정임에는 틀림없다. 지명도와 과거 실적에만 편협되어서는 않되며, 국내 프로축구계는 팀운영, 전술, 선수관리 등의 측면에서 많은 변화를 가져왔으며 앞으로 더욱 끊임없는 변화와 혁신을 요구하고 있다. 그러나 역시 지도자는 경기결과로 모든 것을 평가받기에 가장 훌륭한 지도자를 선임한다는 것은 매우 난해한 스포츠과학의 한 분야일 것이다.

13 축구도 흑인이 강세인가?

수영 및 역도의 일부종목을 제외한 대부분의 스포츠종목에서는 흑인선수들이 강세를 나타낸다. 천부적인 체력적 특성을 바탕으로 한 이들의 경기력은 백인선수들을 대부분 능가한다. 축구에서도 흑인선수의 경기력은 결코 백인선수들에게 뒤지지 않는다.

1958년 스웨덴 월드컵 결승전에서 2골을 기록한 브라질의 18세 무명 소년 펠레의 등장은 그의 신기에 가까운 축구기술 뿐만 아니라 또 다른 관심을 불러일으킨 것이 있다. 그것은 검은색의 윤이 흐르는 피부가 신기하게 여겨졌기 때문이다. 당시 스웨덴의 금발 소녀들은 신비스러운 피부색에 매혹되었다. 검은 피부를 가진 축구선수들의 등장은 축구가 범 세계적인 스포츠임과 동시에 인종차별을 사라지게 하는데 중요한 역할을 할 수 있었음을 의미한다. 브라질축구가 이후 70년 멕시코대회까지 월드컵을 세차례나 석권하고 우승컵인 줄리메컵을 영원히 가져간 원동력은 바로 펠레와 자일징요 등 흑인선수들의 분전을 바탕으로 한다. 브라질은 일찌기 축구에 관한 인종차별을 극복하고 흑인선수들이 가진 특유의 유연성과 폭발적인 순간 파워를 바탕으로 축구의 기술을 완성하여 이른바 '삼바 축구'를 탄생시킨 것이다. 현재 브라질을 대표하는 주요 선수들중에도 흑인선수를 쉽게 볼 수 있다. 같은 팀에서 뛰는 브라질의 백인선수들도 대부분 흑인선수들의 감각적인 능력과 기술을 본 받고 있는 형편이다.

남미의 10개국 중 유일하게 스페인이 아닌 포르투갈의 식민지였던 브라질은 원주민 인디오, 포르투갈 이주민, 흑인 노예 이주민 등 다양한 인종이 혼합된 나라였으며, 현대축구의 발상지 영국은 백색인종이 바탕을 이루며 노예해방이후에도 여전히 흑인들은 인종차별에 의해서 축구선수로서의 활동기회를 가지지 못했다. 그러나 흑인선수들을 처음 축구선수로 영입한 브라질 리오데자네이로의 바스코다카마 축구클럽이 1923년 자국 내의 프로리그에서 우승을 차지하면서 흑인의 전성시대를 예고하였으며, 브라질 대표팀에도 흑인선수들이 등장하기 시작한 것이다. 1998년 프랑스 월드컵 이후 예술축구로 불리우며 한때 세계축구의 최강으로 꼽혔던 프랑스의 주요 선수들은 흑인 혹은 아프리카 출신선수들이 내부분이다. 앙리, 튀랑, 윌토르, 드자이, 비에이라 등이 흑인이며, 지단 역시 알제리 출신이다. 월드컵의 본선에 진출하는 유럽 팀은 상당부분 이들 흑인선수들을 앞세우고 있다. 2002년 한·일 월드컵대회때 폴란드는 나이지리아 출신 올리사데베를 귀화시켜 공격선봉에 세웠으며, 흑인선수로는 처음 독일 대표선수에 포함된 아사모아도 가나출신이다. 또한 당시 잉글랜드도 헤스키, 캠벨, 콜 등 흑인 트리오를 대표선수에 포함시켰다. 흑인선수들의 생리적 운동능력은 이미 오래전부터 스포츠과학자들의 주된 관심이 되어 왔다. 축구에서도 아프리카선수를 비롯한 흑인 열풍이 얼마나 불게 될지 지켜볼 일이다.

14 중국의 축구

2002년 월드컵 사상 최초의 월드컵 본선진출은 중국 축구가 그동안 쏟아온 노력의 귀중한 결실이었다. 중국축구는 오랜 역사를 지닌 방대한 스포츠과학의 뒤바침 아래, 국가적 지원을 바탕으로 눈부신 발전을 이룩해 왔다. 중국축구의 선봉장은 서구체계를 받아들여 폭발적인 인기를 누리면서 체계화를 거듭해 온 프로리그이다. 중국축구발전의 초석에 해당하는 스포츠과학의 핵심체계는 엄청난 선수로서의 인적자원, 베일에 가려져 왔던 스포츠과학의 역사, 오래전 부터 추진해왔던 해외유학에 의한 연구진 양성, 신비의 한방의학을 모체로 한 스포츠의학, 북경 및 지방자치구의 연구소 체계 등을 들 수 있다. 중국의 스포츠과학은 풍부한 인적자원에 의한 많은 경기인구들이 형성해 온 경험의 과학과 비교적 체계적으로 추진해 온 스포츠과학의 이론적 접근이 조화를 이루면서 세계 스포츠강국으로 대두되고 있는 경기력 향상을 이룩해왔다고 볼 수 있다. 이러한 스포츠과학의 면면은 중국축구를 월드컵 본선진출을 이루는데 결정적인 역할을 담당하였다. 중국 축구도 이제 곧 축구강국으로 등장하게 될 것이다.

15 축구선수의 도핑

88서울올림픽때의 벤 존슨은 약물파동으로 전 세계의 이목을 집중시킨 바 있다. 혹시 이번 월드컵에서는 어떤 유명선수가 약물복용으로 문제를 일으키지는 않을까 우려되는 바이다? 국제축구연맹은 지난 2월말 일본에서 개최된 팀 워크샵에서 매 경기의 하프타임시 양팀 선수중 1명씩 도핑컨트롤 대상자를 추첨으로 결정한 후, 경기종료 15분전에 각 팀에 통보하여 경기직후 도핑컨트롤을 위한 소변 채취를 실시하며, 경기전의 훈련캠프에도 방문하여 불시에 도핑컨트롤을 실시하는 등 약물복용방지를 위한 방안을 강화하겠다고 발표한 바 있다. 도핑의 정의는 '운동선수의 경기력 향상을 위하여 외부로부터 이물질(약물, 혈액 등)을 선수 체내에 넣는 행위'를 의미하는 것으로서, 흥분제, 각성제, 진통제, 근육강화제, 호르몬제, 이뇨제 등이 이용되고 있으며, 최근에는 자신의 혈액을 다시 수혈하는 방법까지 동원되고 있다. 얼마전 시드니올림픽이후 관심의 대상이 되는 약물로는 에리스로포이에틴(EPO)을 들 수 있는데, 혈류내 적혈구의 생성을 활성화시켜, 산소섭취능력을 향상시키는 것으로서 축구선수들도 다수 이용하고 있는 것으로 알려지고 있다.

월드컵대회에서 약물복용에 의한 징계 대상자가 된 첫 번째 선수는 1974년 서독 월드컵대회에서 아이티(Haiti)의 에른스트 장 조세프선수가 예선 4조 첫경기인 이탈리아전에서 3:1로 패했지만 흥분제를 복용한 것으로 드러나 자격정지의 징계를 받았다. 최근 스포츠과학의 발전과 치열한 경쟁과정은 약물복용에 의해 경기력 향상을 꾀하는 스포츠의 부정적 측면을 노출시키고 있다. 새로운 약물의 개발, 도핑을 피할 수 있는 약물의 개발, 이에 대한 도핑기술의 발달 등에 의해서 약물 오·남용이 만연되어 스포츠의 존엄성을 크게 위협하고 있으며, 월드컵대회도 이의 예외가 될 수 없기 때문에 국제축구연맹은 도핑컨트롤을 더욱 강화하려는 것이다. 우리선수들이 도핑컨트롤과 관련하여 주의할 점이 있다. 국내선수들은 대부분 체력강화를 위해서 한약, 생약, 보약 등을 널리 이용하고 있다. 이러한 섭취식품에는 그 성분이 분명하지 않은 경우가 많기 때문에 본인의 의도하는 무관하게 도핑컨트롤의 대상이 되는 약물이 함유된 약제를 섭취하는 경우도 있을 수 있다. 따라서 이와 관련된 전문가들의 자문에 관심을 가져야 할 것이다. 또한 선수들이 흔히 이용하는 커피, 차, 콜라 등에는 카페인이 함유되어 있는데, 단시간에 진한 커피를 6잔 이상 마실경우에는 양성반응을 나타낼 수 도 있다. 감기약을 비롯한 일반 약품에도 카페인, 에페드린 등과 같은 약물이 함유되어 있을 수 있기 때문에 약국 이용도 조심해야 한다.

16 선수심리가 승부를 결정한다

축구경기에서 흔히 승리에 대한 지나친 집착과 부담을 떨치지 못한 선수들이 스스로의 감정억제에 실패하면서 유난히 와일드한 플레이를 전개함으로서 경고를 많이 받게 되며 경기결과에도 부정적이 영향을 미칠 수 있다. 따라서 선수들로 하여금 경기에 대한 스트레스를 극복하고 집중력과 자신감을 가지도록 하는 것은 응원 열기와 국민 관심이 최대한 플러스요인으로 작용히는데 결정적인 도움을 준다. 2010년 남아공월드컵의 그리이스 전에서 우리 선수들은 적극적으로 경기를 수행하면서도 한명의 선수도 경고를 받지 않았다. 물론 선수들의 경기력이 우선되었겠지만, 국민의 응원 열기와 선수들의 자신감을 적절히 활용할 수 있는 지도자의 능력이 작용했을 가능성이 높다. 국민의 성원과 열기를 긍정적으로 이용하기 위해서는 충분한 훈련이 바탕을 이룬다.

스스로의 적절한 목표수립과 하나하나의 활동에 초점을 맞추면서 승리에 대한 자신감과 확신을 가지고, 전력을 기울여 최선을 다하며 적당한 이완상태를 가지도록 해야 한다. 특히 경험이 부족한 젊은 선수들이 최적의 심리상태를 이루도록 하는 것은 쉽지 않기 때문에 전문 심리상담사를 두기도 한다. 실제 경기 출전하는 과정에서는 심리학에 바탕을 둔 스포츠과학을 최대한 이용할 수 있는 지도자의 능력이 더욱 강조되고 있다. 남아공월드컵을 얼마 앞 둔 설문조사에서 우리국민의 80% 이상이 첫 원정 16강 진출이 가능한 것으로 생각하고 있다고 나타났다. 16강 진출에 대한 국민의 기대는 선수들에게 큰 부담으로 작용할 가능성이 높았다. 그러나 국민의 기대와 선수들의 자신감을 잘 조화시켜 16강 진출의 꿈을 이룬 허정무 감독의 심리적 지도능력과 선수들 스스로의 통제능력에 찬사를 보내야 한다.

제 10 장

야구의 타격

1 타격속도

현재 국내에서 가장 많은 인기를 누리는 프로 스포츠는 역시 야구이다. 야구는 볼을 던지고, 받고, 배팅과 런닝 등의 복합적인 기술을 요구하며, 통계와 과학의 대표적인 스포츠이다. 야구의 핵심은 투수가 얼마나 빠른 공을 정확히 던지느냐와 타자가 얼마나 정확하게 멀리 배팅을 할 수 있느냐 하는 것이다. 투수가 던지는 공의 유형은 마구로 불리울 수 있도록 다양한 구질이 개발되고 있으나, 강속구, 체인지업, 너클볼, 커브볼, 슬라이더 등으로 나누어진다.

가장 빠른 강속구를 구사하는 투수의 대명사는 1970년대에 크게 활약한 놀란 라이언을 들 수 있는데, 그는 시속 162.2km(초당 45.1m)를 기록한 바 있다. 그가 던진 공은 0.376초에 타석에 도착하게 된다는 것이다. 그러나 의외로 메이저리그의 일반적인 투수들이 가장 많은 빈도로 던져지는 공의 평균 속도는 초당 31.7m(시속 114km)에 불과하며, 0.536초에 도착하는 것으로 보고되고 있다. 생각보다는 결코 빠른 공이 아니다. 이러한 공이 던져질 때 타자는 0.536초내에 타격결정을 위한 생각을 한 후 스윙을 수행해야 한다. 대부분의 메이저리그 타자들은 타격시 약 48%의 생각하는 시간을 가진 후 52%의 스윙시간을 나타낸다. 그러나 우수한 선수일수록 생각하는 시간은 길어지며, 스윙시간은 짧아진다. 그것은 그만큼 던져진 공을 오랫동안 관찰하며, 타격시 스윙속도는 빠르다는 것을 의미한다. 타격의 달인으로 불리우는 스탠 뮤지얼은 약 65%는 생가하고 나머지 35%의 시간반을 타격스윙에 배분하는 것으로 알려져 있다. 그의 배트 스윙속도는 약 0.19초만에 완료되는 것으로 분석되었기 때문에 일반적인 공에 대해서는 타석의 6m 앞까지 공을 관찰하게 된다. 메이저 리그 타자들은 평균 9m 앞까지 공을 관찰하는 것으로 알려져 있다. 스윙속도에 관해서 미키맨틀은 0.21초, 행크아론은 0.22초를 나타낸 바 있다. 홈런을 위한 타격에서 볼을 관찰하는 시간을 많이 가지기 위해서는 타격시 스윙속도를 빨리할 수 있는 능력이 뒷받침 되어야 할 것이다. 스윙속도는 배트를 짧게 작을 때 가능하지만, 짧게 잡으면 힘의 전달이 약해지는 단점을 가진다. 길게 잡은 배트를 최대한 빠르게 스윙하기 위해서 타자들은 무엇을 준비해야 할 것인가?

2 홈런과 공

야구의 최대묘미는 극적인 홈런이다. 홈런에 의해서 수많은 관중들은 열광하고 프로야구의 인기에 관한 상당부분은 홈런에 의해서 결정된다. 그러나 홈런은 승부에 결정적이면서 홈런이 지나치게 많이 나오면 흥미를 잃어버릴 수도 있기 때문에, 국내 프로야구에서도 펜스의 길이 조정문제로 항상 시즌이 끝나면 고심을 한다. 홈런수에 영향을 미치는 것은 타자의 능력과 펜스의 길이 등도 중요하지만, 야구공의 변화도 상당한 영향을 미쳐 왔다. 1900년대 초의 야구공은 천 조각을 여러 겹 뭉친 뒤 소나 말가죽 조각을 꿰맨 것으로서, 반발력이 매우 약해 한해동안 10개정도로도 충분히 홈런왕에 오를 수 있었다. 1908년에는 샘 크로퍼드선수가 단 7개의 홈런으로 홈런왕을 차지한 바 있다.

그러나 1910년 고무 혹은 코르크로 심을 박은 공이 개발되면서, 엄청난 반발력을 나타내 이듬해 프랭크 슐츠는 21개의 홈런 신기록을 세운바 있다. 그 이후 투수들의 기량이 향상되면서 홈런수는 크게 늘어나지 않았으나, 아메리칸 리그 14번의 시즌에서 12번이나 홈런왕을 차지한 베이브 루스는 데뷔 첫 해인 1918년 11개의 홈런왕을 차지한 뒤, 이듬해 29개의 홈런을 터뜨려 모두를 놀라게 했을 뿐만아니라, 1927년에는 한해동안 경이적인 60개의 홈런을 친 바 있다. 그 이후 너무 많은 홈런이 나오게 되자, 투수보호를 위한 노력에 관심을 기울이면서 홈런수는 다시 줄어 들었다. 투수 마운드를 높이고, 스트라이크존도 넓히며, 펜스를 늘리는 등의 방법이 적용되었다. 지금의 야구공은 코르크 조각을 모직실과 순면겹실로 감은 다음 특수고무접착제로 바른 후, 표백된 가죽을 붉은 색의 면실로 108번 꿰매서 입히므로서 만들어진다. 108번 꿰매지는 것과 가죽에 의한 거친 표면은 공의 비행거리를 높이는데 결정적인 역할을 한다. 날아가는 공의 표면이 매끄러우면 공의 뒤쪽에 소용돌이가 생기면서 뒤쪽이 앞쪽보다 공기압력이 낮아져 공의 속도를 감소시키게 된다. 표면이 적당하게 거칠게 되면 뒤쪽의 소용돌이 크기가 줄어들어 공의 앞·뒤의 압력차를 적게 만들어 준다. 이러한 현상은 공이 더욱 높이, 멀리, 빠르게 날아갈 수 있도록 도와준다. 물론 이와 같은 공은 투수에게도 도움을 준다. 야구를 즐겁게 하는 홈런에는 공의 제작과정이 많은 도움을 준다. 더욱 즐거운 프로야구를 위해서는 과학의 도움이 절대적으로 요구되며, 이와 관련된 노력에 보다 많은 관심을 가져야 할 것이다.

제 11 장

수영선수와 과학

1 수영선수의 체격

한국수영은 아시아권에서 조오련, 최윤희, 지상준 등 손으로 꼽을만한 선수 몇 명으로 겨우 명맥을 유지해 왔으나 최근 박태환이라는 걸출한 스타를 앞세우고 수영 발전에 피치를 올리고 있다. 그러나 세계수준에서는 거의 명함을 내밀지 못하면서 거의 30여년이상을 안타깝게 지내왔다. 무엇이 문제인가? 훈련방법, 선수양성체계, 지원부족 등이 거론되지만, 역시 가장 큰 요인은 신체적 불리함일 것이다.

호주의 수영스타 이안 서프의 체격을 살펴보자. 신장 198㎝, 체중 90㎏인 서프는 수영단거리 최강자이며, 자유형 200m 및 400m를 포함하여 세계기록을 경신하면서 이미 가장 어린 나이에 가장 빠른 기록을 낸 선수로 수영사에 이름을 올려놓았으며, 그의 신기록 행진이 언제 끝날지는 아무도 장담할 수 없었다. 서프의 기록경신에는 탁월한 신체조건이 결정적인 영향을 미치는 것으로 분석되고 있다. 나이가 어리기 때문에 신장은 계속 자라고 있으며, 체지방률이 같은 또래의 15%에 훨씬 못미치는 7%에 불과할 정도로 탄탄한 몸매를 과시한다. 양팔 길이는 190㎝에 달해 스트로크에서도 유리하다. 가장 큰 장점은 왕발인데, 정확한 발크기를 공개하고 있지 않지만 현재 그의 발크기는 40~43㎝에 달하는 것으로 알려지고 있다. 프로농구선수인 서장훈이 신장 207㎝, 발크기 32㎝이며 씨름선수인 김영현도 신장 217㎝, 발크기 36㎝에 불과하다. 마치 '오리발'을 신고 수영하는 것과 마찬가지 효과를 낼 수 있는 것이다. 그의 큰 발은 구설수에 오를 정도이다. 독일 수영대표팀 브레머코치는 최근 '서프의 큰 발은 성장호르몬을 복용했기 때문일지도 모른다'고 주장했다. 15세때 38㎝이던 서프의 발이 불과 3년만에 그토록 자랐으며, 그의 오리발은 계속 자랄 것으로 보이는데 기록향상과 비례할 것인지 관심의 대상이다. 우리 청소년들의 체격조건도 눈부시게 좋아지고 있으며, 실내 수영장이 많아지면서 어린 나이의 수영인구도 엄청나게 많아지고 있다. 왕발이면서 체격조건이 좋은 어린 선수 발굴에 수영관계자들이 힘을 모아 적극적인 관심을 기울여 볼 필요성이 있다.

그림 11-1. 이안 서프의 체격 특성

2 영법의 과학

수영경기는 영법에 의해서 크게 4가지 종목으로 나누어지며, 현재 빠른 기록은 자유형이다. 평영이 가장 느리면서 유독 100m 기록이 1분벽을 돌파하지 못하고 있다. 50m를 기준으로 할 경우 가장 빠른 종목인 자유형의 최고기록은 미국의 톰 재거가 기록한 21초 81로서, 시속 8.25km에 해당한다. 동물중 가장 빠른 수영기록은 돛새치(sailfish)로서 시속 110km까지 기록한 것으로 알려져 있다. 이들의 수영기록은 반사기능, 부력조절 등이 제기되지만, 역시 중요한 영향은 물의 저항을 최소화하는 추진체제의 핵심을 이루는 유선형의 체형을 들 수 있다. 인간의 수영기록 한계 극복을 위한 노력은 다양한 훈련법, 적절한 체형과 체격을 갖춘 선수의 발굴, 수영복의 개발 등 눈물겨운 시도들이 이루어져 왔다. 울 소재로 출발했던 수영복의 개발과정은 물의 저항을 최소화 한 리오스팩, 물에 뜨는 소재인 폴리프로필렌, 최근 선보인 전신수영복 등을 들 수 있다.

이제 또 다른 관심은 근본적인 요인인 수영기술의 개발로 관심을 돌리고 있다. 수중동작에서 물과 신체가 상호작용하는 과정에서 발생하는 여러가지 힘의 요인을 최대한 이용해야 한다. 수영선수가 물속 동작에서 영향을 받는 힘의 요인은 부력, 항력, 양력, 중력 등이 포함되는데, 이 가운데 선수의 추진력을 결정적으로 방해하는 것은 항력으로서, 이의 극복을 최소화 할 수 있는 기술의 개발이 요구된다. 수영선수의 추진력은 물속 영법의 적극적인 개발을 요구하며, 수영기술의 향상은 정확한 촬영결과에 의한 분석이 이루어져야 한다. 이를 위해서는 물속 동작의 촬영이 필수적이며, 물속 동작의 촬영을 위해서는 수영장의 물속 모두가 창으로 만들어지거나, 물 밖에서 역잠망경을 이용한 촬영기술이 적용되어야 한다. 물속 동작의 촬영기술은 현재 국내여건상 매우 미진하며, 이러한 촬영기술의 개발과 활용은 현장지도자와 생체역학자들간의 긴밀한 협조와 노력이 필수적이다.

3 수영기록 향상의 비밀

2008 베이징 올림픽 수영에서 잇단 세계신기록이 쏟아졌던 비밀로 수영복과 수영장이 제시되었다. 미국의 수영천재가 400m 개인혼영과 200m 자유형, 400m 계영에서 3개의 세계신기록을 쏟아냈고 호주와 일본 이탈리아 선수들이 세계신기록을 세우며 금메달을 거머쥐었다. 이들의 공통점은 스피도사가 개발한 첨단 수영복을 착용했다는 사실이다. 미국이 우승한 남자 400m 계영의 경우 무려 4초나 단축했다. 수영이 0.01초의 싸움이라는 것을 생각하면 대단한 기록단축이 아닐 수 없다. 마이클 펠프스는 400m 개인혼영에서 1.41초를 단축했고 200m 자유형에서는 마의 1분43초 벽을 돌파했다. 물론 기록단축이 수영복의 덕이라고만 볼 수는 없다. 과학적인 훈련 및 경제적인 투자 등을 통한 선수들의 기량 향상으로 볼 수 있다. 그러나 전문가들은 무더기 신기록의 가장 큰 원인이 첨단 수영복에 있으며 이는 약물의 힘으로 기량이상의 실력을 발휘하는 것처럼 일종의 "테크놀로지 도핑" 문제가 될 수도 있다. 스피도사가 개발한 수영복 LZR 레이서는 원피스형의 일체형 유니폼으로 제작과정에서 바느질을 생략, 물의 저항을 최소화했다. 이 유니폼을 입은 선수들은 마치 꽉 조이는 코르셋을 착용한 것처럼 보인다. 한편 세계신기록이 수영장의 구조와도 관련이 있다는 분석도 있다.

베이징올림픽 수영경기장 '워터큐브'의 과학이 숨어있다고 보도했다. 워터큐브는 선수들의 수영동작에 따른 물살의 저항을 최소화했다. 우선 수심이 3m로 최소국제규격기준인 1.8m은 물론 일반적인 국제경기장의 2.4m보다도 깊다. 이는 경기중 발생하는 물살이 바닥에 부딪혀 되돌아오면서 생기는 저항을 최소화할 수 있게 했다. 2004년 아테네 올림픽이나 2007년 세계수영선수권대회의 수영장의 수심은 2.4m였다. 베이징 올림픽 수영장 워터큐브는 레인이 10개로 통상 8레인보다 2개 레인이 많다. 10개의 레인이 있어 양쪽 끝에 한 레인씩을 비워두기 때문에 경기중에 발생하는 잔물살이 벽에 부딪혀 되돌아오는 것을 최대한 방지할 수 있다. 이처럼 넓게 설계된 수영장 덕에 수영경기에 참가한 선수들은 다른 경기장에 비해 50m가 더 짧아보이는 느낌이 들 수 있다. 이와 함께 풀 양쪽으로 배수조를 설치해 경기과정에서 발생하는 잔물살을 흡수할 수 있도록 했고 레인과 레인 사이의 경계를 구분하는 로프도 물살의 영향을 최소화하도록 설계되었다. 또 수영장 풀의 수온도 선수들의 기록에 적합하도록 유지되고 있다. 수온의 국제기준은 25도에서 27도 사이를 유지하면 되지만 워터큐브의 수온은 26.5도에서 26.9도 사이로 온도 차이를 최소화 했다. 선수들이 한기를 느끼거나 높은 온도로 열량이 소모되는 것을 최소화 했다. 선수들이 출발하는 발판에도 과학이 숨어있다. 출발대에는 미끄럼을 방지하는 소재가 사용됐고 선수들이 입수시 발의 각도가 90도가 되도록 설계 되어 출발시 추진력을 최대화 했다. 이밖에도 수질 관리를 철저히 해 물 속의 산소량이 많고 밝은 조명과 적절한 실내온도, 음향 등이 선수들의 기록 달성에 장애가 되지 않도록 했다.

제 12 장

마라톤은 과학중의 과학이다

1 마라톤은 과학이다

마라톤은 올림픽의 꽃으로 불리울 만큼 스포츠의 대명사에 해당하는 경기로서 마치 인간의 초인적인 능력을 테스트하는 것처럼 가장 힘든 종목중의 하나이다. 일찍이 손기정선수가 베를린올림픽에서 우승한 이래 황영조선수의 바르셀로나올림픽 우승에 이어 아틀랜타올림픽에서도 이봉주선수가 2위를 차지하는 등 한국 남자 마라톤은 세계 상위수준을 차지하고 있다. 42.195 km의 긴거리를 누가 빨리 달리느냐를 경쟁하는 종목으로서, 2시간 이상을 상대선수와는 물론 자신과의 외로운 투쟁을 경험하게 되는 것이다. 마라톤선수들은 힘든 훈련과정을 포함하여 거의 동일한 동작의 계속적인 반복을 통해서 일반인들이 감히 표현할 수 없는 지루하고 괴로운 사투를 벌인다. 한계극복을 위한 노력의 과정에서 가장 인간적이면서 원시적인 종목에 해당한다. 그러나 원시적인 싸움에 불과한 것처럼 보이지만, 다른 어떤 종목보다도 인간의 능력을 중심으로 한 첨단과학적 요소들의 접목과 적용이 요구된다.

마라톤의 세계 상위랭커들을 살펴보면, 대부분 원시적이고 자연적인 요인에서 강한 측면을 가진 것에 포함되는 국가와 첨단과학이 발달한 선진스포츠강국의 선수들이 함께 포함되고 있다. 예를 들어 아프리카의 케냐, 에티오피아, 멕시코, 브라질 등이 전자에 해당할 것이며, 미국, 일본, 스페인 등이 후자에 해당할 것이다. 따라서 자연적이고 원시적 요인과 더불어 첨단과학에 의한 트레이닝방법 혹은 경기와 관련된 요인들이 함께 고려되면서 경기력향상이 이루어진다는 것을 알 수 있다. 마라톤은 원시적인 요소와 함께 광범위한 과학의 요소를 포함하고 있으며, 기본적인 인간능력을 바탕으로 과학적인 접근에 의한 경기력향상이 이루어지는 스포츠의 대명사에 해당한다. 마라톤의 과학적 특성을 살펴보면, 선수들의 생리학적 특성, 환경극복과 관련된 과학, 영양학적인 관점에서의 식이요법과 훈련외적 보조물의 활용, 다양한 분석지표를 이용한 과학적인 트레이닝방법, 심리적인 요인의 적극적인 고려방안, 신발과 유니폼 등을 들 수 있을 것이다.

2 마라톤선수는 일반인과 심장의 크기부터 다르다

우리는 마라톤선수를 초인간이라고 부른다. 마라톤선수의 능력은 과학의 신비를 잘 나타내주고 있다. 마라톤선수는 심장크기부터 다르다. 일반인은 좌우직경이 약 10cm미만에 불과하지만 마라톤선수는 16cm 이상을 나타낸다. 특히 좌심실의 크기가 월등한데 큰 심장은 혈액을 한번에 짤 수 있는 양이 많기 때문에 충분한 산소를 공급할 수 있게 된다. 한번에 짜내는 혈액량이 많기 때문에 심장박동을 자주하지 않아도 된다. 그만큼 심장기능이 효율적인 것을 의미한다. 따라서 안정시의 심박수가 현저히 낮게 나타나는데, 마라톤선수들은 40~45회 정도에 불과하지만 일반인은 70회정도를 나타낸다. 바르셀로나 올림픽의 금메달리스트인 황영조선수도 선수시절 38회까지 기록한 바 있다. 심장의 무게도 차이를 나타내는데 마라톤선수는 350~400g에 이르지만, 일반인은 약 300g에 불과하다. 운동시 필요한 산소공급을 목적으로 충분한 혈액박출을 위해서는 좌심실의 근육이 발달하여 두꺼운 심장벽을 가져야 한다. 보스톤마라톤에서 7번이나 우승한 미국의 클라렌스 드마르선수는 좌심실 벽의 두께가 18 mm로서 일반인의 2배에 가까운 것으로 나타났다. 또한 심장자신도 운동시 끊임없이 일을 하기 위해서는 산소를 공급받아야 하는데, 심장에 혈액을 공급하는 관상동맥의 내경도 일반인보다는 2~3배 굵었다. 관상동맥은 고혈압 혹은 협심증 환자의 경우 그 내경이 좁아져서 심장이 충분한 산소를 공급받는데 어려움을 가진다(관상동맥 경화증). 튼튼한 심장은 마라톤선수가 초인적인 능력을 가지는 원천이 되는 것이다.

그림. 12-1 마라톤선수의 심장은 일반인과 구조적으로 차이가 있다

3 마라톤선수의 체격과 근육기능

마라톤선수들의 생리학적 특성은 기본적으로 체격적 요인 및 체력적 요인으로 구분될 수 있다. 체격적 요인은 체형과 신체구성, 체력적 요인은 심폐기능을 중심으로 한 전신지구력, 근육기능과 관련된 근지구력, 스피드를 중심으로 한 순발력, 유연성 등이 요구된다. 마라톤선수는 지구성 종목의 선수에게 요구되는 체형과 낮은 체지방률의 신체구성 등이 고려되어야 할 것이며, 주에너지시스템을 고려할 때 유산소성 대사과정에 의한 에너지시스템이 주로 동원되는 경기로서 심폐기능 및 근지구력 등과 같은 체력적 요인이 가장 중요하게 요구된다. 아울러 순간적인 파워 유지능력을 위한 무산소성 지구력, 피로요인인 젖산에 대한 우수한 내성능력 등도 함께 요구된다.

마라톤선수의 체격적 특성은 과도한 신장이나 체중은 불필요하고 체지방률이 매우 낮은 신체구성상의 특성이 요구되며, 체형의 경우 중배엽성에 해당하는 특성으로 간주된다. 우수선수의 경우 7~10%의 체지방률을 나타내며, 근육성 세장형으로 분류된다. 운동선수의 중요한 근기능 요인은 근력, 근파워 및 근지구력을 들 수 있는데, 마라톤선수의 경우 근력과 근파워는 기본적인 요인에 해당하며, 특히 지속적인 근수축과정을 통해서 근력의 발휘상태를 지속할 수 있는 능력인 근지구력은 매우 중요한 요인에 해당한다. 마라톤선수의 근육특성 중 중요한 요인에 포함될 수 있는 것은 근섬유 구성의 특성을 들 수 있다. 근섬유의 구성상 특성은 크게 나누어 장시간의 수축능력을 가진 지근섬유와 순간적으로 큰 힘을 발휘하는 수축능력을 가진 속근섬유를 들 수 있는데, 마라톤선수들은 주로 지근섬유의 구성비율이 높게 나타나면서 80%이상을 가지는 것으로 알려져 있다. 1981년 당시로서는 2시간8분13초의 경이적인 세계최고기록을 수립하였던 미국의 살라쟈르선수는 대퇴부위의 외측광근에 대한 근생검(muscle biopsy : 바늘로 근육조직을 채취하는 과정)에 의한 염색분석법을 실시한 결과 92%의 지근섬유를 가진 것으로 나타났다.

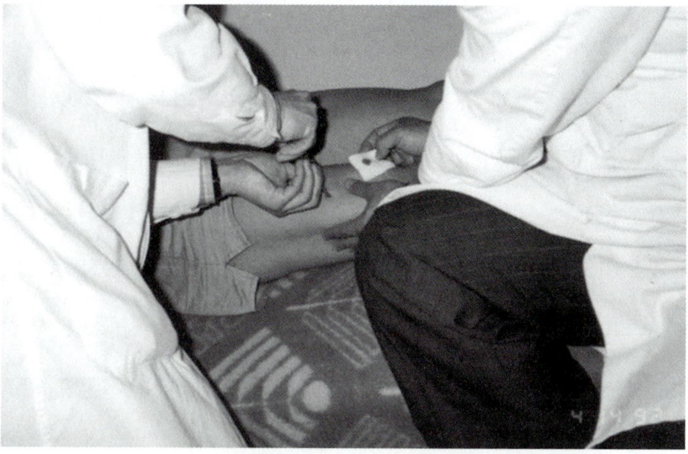

그림 12-2. 외측광근에서 근육조직 채취를 위해서 근생검을 실시하고 있는 장면

4 마라톤선수의 파워와 심폐기능

무산소성 파워는 짧은 순간에 폭발적인 힘을 발휘하는 능력을 의미하는 것으로서 마라톤선수의 경우 그 중요성이 다소 낮은 것으로 간주되지만, 30초 동안의 파워를 유지하는 능력과 그 감소경향은 무산소성 근지구력의 지표로서 마라톤경기시 일정하게 높은 페이스를 유지하는 경우와 언덕오르기 등에서 중요한 체력요인으로 요구된다. 마라톤경기에서는 무엇보다도 2시간 이상 계속되는 경기시간을 고려하여 심폐기능을 바탕으로 한 전신지구력이 가장 중요한 요인으로 작용한다. 심폐기능을 결정하는 요인은 심장의 기능, 혈액운반과 관련된 요인의 활성화, 근육의 구조적 특성에 의한 지근섬유(slow twitch fiber)의 높은 비율 등과 같은 세분화된 요인이 영향을 미치는데, 가장 포괄적인 지표로는 최대산소섭취량(maximal oxygen uptake)과 무산소성 역치수준(anaerobic threshold)을 들 수 있다. 최대산소섭취량은 운동수행과정에서 최대로 이용할 수 있는 산소의 양을 나타내며, 무산소성 역치수준은 운동수행시 체내 산성화에 의한 피로유발이 일어나기 시작하는 수준으로서 장시간의 운동시 피로를 느끼지 않으면서 계속해서 유지할 수 있는 가장 높은 강도의 임계치를 나타내는 것으로서 마라톤과 같은 장거리 경기시 경기력을 결정하는 중요한 지표로 간주되어 왔다. 이러한 요인들의 분석은 운동강도를 조절할 수 있는 운동부하기구인 트레드밀(treadmill)상에서 런닝을 수행토록 하면서 심전도(ECG) 전극을 부착하고 선수가 내쉰 공기를 채집하여 자동호흡가스분석기(automatic gas analyzer)를 이용하여 심박수(heart rate) 측정 및 호흡가스분석을 시도하므로서 가능해진다. 또한 혈중의 산성화에 의한 피로현상을 분석하기 위하여 손끝(finger-tip)이나 귓볼(ear-lobe)에서 연속적인 채혈을 실시하여 젖산분석기(blood lactate analyzer)에 의한 혈중 젖산농도를 측정하는 과정이 병행되어 실시된다.

국내 남자마라톤 대표선수들의 최대산소섭취량은 78~84.5ml/kg/min, 무산소성 역치수준은 78~82%의 수준을 나타내고 있다. 또한 높은 강도의 운동을 수행하는 경우 체내에 젖산이 축적되어 pH(산성 및 알카리성을 나타내주는 화학적 지표)가 떨어지면서 산성화되어 효율적인 근수축을 방해하게 되는데, 이러한 젖산을 제거하는 능력은 마라톤경기시 피로에 대해서 저항하는 능력과 회복능력을 결정하게 되며, 우수한 마라톤선수일수록 근육내에서 젖산을 제거하는 능력이 뛰어난 것으로 알려져 있다.

5 기온과 관련된 마라톤의 과학

마라톤경기는 도로에서 장시간동안 이루어지기 때문에 외부적 환경의 영향을 가장 많이 받는 종목에 해당한다. 더위 혹은 추위 등의 기온, 습도, 풍속, 언덕의 경사 등이 중요한 요인으로 작용하게 되는데 이러한 자연적 환경의 제한요인을 선수들이 적절하게 극복하는 방안도 경기력의 효율적 발휘를 위해서 절실하게 요구된다. 더위는 마라톤경기 수행시 42.195km의 긴 거리를 장시간 동안 달리게 되는 선수에게 또 다른 고통으로 작용한다. 예를 들어 기온이 높은 상황하에서는 체온의 증가현상을 나타내게 되는데 근육은 37℃의 체온을 유지할 때 가장 효율적인 수축작용을 나타낸다. 마라톤선수는 경기를 수행하는 동안에 필요로 하는 만큼의 산소요구량에 대한 부족, 에너지원으로 이용되는 글리코겐의 부족, 근육과 신경자극과정에서 점차 축적되는 피로, 체내 수분의 부족, 상대선수와의 경쟁에 의한 불안과 정신적 고통 등과 같은 극복해야만 하는 여러가지 어려움을 경험하게 되는데, 더위는 이러한 어려움을 보다 크게 만드는 부가적 요인으로 작용한다. 더위는 이러한 어려움과 함께 견디기 힘든 체온 상승효과라는 부가적 어려움을 가져다 주게 된다.

그러나 마라톤경기는 에너지를 생성하는 과정에서 엄청난 열량을 소비하게 되며 이러한 과정에서 많은 열량을 생성하기 때문에 이론적으로는 이러한 열량이 체온조절과정이 불가능한 상태에서는 마라톤 완주후에 약 120℃의 체온을 나타낸다고 볼 수 있다. 그러나 인체는 대류, 복사, 전도 및 발한에 의해서 체온을 적절하게 조절할 수 있는 기능을 가지기 때문에 이러한 증가현상은 나타내지 않게 된다. 물론 인간은 더운 환경에서도 체온을 정상적으로 유지하기 위한 조절능력을 가지고 있다. 외부공기와의 기온차에 의한 복사 및 대류, 외부물체에 대한 전도, 땀과 호흡을 통한 증발 등의 과정을 통해서 체온을 조절하게 된다. 그러나 더운 환경하에서 경기를 수행하는 경우에는 외부온도 상승으로 인한 복사, 전도와 같은 기능에 의한 체온조절은 거의 불가능하게 되면서 발한과 호흡을 통한 증발만이 체온 조절을 가능하게 해준다. 기온이 높은 더위조건에서는 땀을 통해서 열량을 발산하기 때문에 체온의 유지가 가능한 것이다. 마라톤선수는 경기상황에서 이러한 체온조절기능의 원활한 수행을 위해서 신체 내부적으로 또 다른 형태의 엄청난 사투를 벌이는 것이다.

더위에서 마라톤과 같은 장거리 달리기를 수행하는 경우 유일하게 작용하는 체온조절기능인 땀의 분비로 인하여 다량의 수분과 무기질이 손실됨으로서 근육경련의 발생 가능성이 높게 증가한다. 더위는 선수들이 경기중에 정상적인 체온조절을 수행하는 과정에서 큰 어려움으로 작용하여 경기력 저하는 물론 심각한 더위는 선수들의 건강상 저해요인으로도 작용한다. 더위에서 운동을 수행하는 경우는 기온 못지 않게 중요한 요인으로서 공기의 수분함량인 상대습도를 항상 고려 해야만 한다. 더위와 함께 습도가 높은 경우 더위 환경에서 가장 중요한 체온조절 수단에 해당하는 발한과 호흡에 의한 증발기능도 제대로 수행될 수가 없다. 습기찬 날씨에서는 대기중에 수증기가 많이 함유되어 그 포화정도가 높게 되면서 피부표면과 대기사이의 수증기압 차이가 현저히 감소되어 땀의 증발이 어렵게 되므로서 경기수행시 증가되는 체온의 효과적인 조절이 어렵게 된다. 더위와 습도를 함께 고려한 온도지수(WBGT)가 28℃ 이상일 경우 경기진행을 금지 시키는것은 그만큼 더위와 습도의 위험성을 나타내주는 것이다.

마라톤경기시 더위에 의한 체온상승시 경기력 감소현상을 살펴보면, 더위가 마라톤선수의 경기력에 가장 중요한 심장 순환계통에 과도한 부담을 주거나 또는 신체 밖으로의 열 배출을 방해하므로서 경기력을 급격히 감소시키며 체온상승으로 인한 부상의 발생 가능성을 증가시킨다. 빠르게 달릴경우 근육으로의 혈액과 산소전달 요구량이 증가되고 아울러 근육의 열발생이 증가되면서 체온이 상승된다. 이러한 상승현상은 더운 환경에서 더욱 높아지고 심박수 및 산소섭취량의 높은 증가로 인하여 근육의 글리코겐이 더욱 많이 사용되며, 피로 요인인 젖산이 더욱 낣이 생성 되면서 피로 현상이 보다 빨리 발생하여 경기력의 뚜렸한 감소현상을 나타낸다. 이러한 경기력 저하현상은 땀의 증발이 어려운 습도가 높을 경우 보다 높은 체온증가 현상을 가져오기 때문에 더욱 뚜렷해진다.

6 수분과 관련된 마라톤의 과학

더위와 습도가 높은 경우 가장 중요한 문제점 중의 하나는 탈수현상이다. 마라톤선수들은 경기수행시 5분간격의 수분 공급에도 불구하고 2~3.5kg의 체중감소 현상을 가져오는데, 이때 수분과 함께 전해질의 손실을 가져오게 된다(마라톤 중에는 체내 수분함량의 13~14% 까지 감소하게 됨). 일반적인 장거리선수들이 경기를 수행할 때 탈수에 의한 체중감소가 1% 정도 나타나면 페이스의 2% 감소효과를 가져오게 된다는 것으로 알려져 있다. 수분이 체중의 2%이상 손실되기 시작하면서 심박수와 체온이 상승하게 된다. 수분의 감소현상은 혈장량을 감소시키고 혈액을 피부와 근육으로 보내는 능력을 감소시키므로서 체온 증가에 의한 경기력 저하의 중요한 요인으로 작용하게 된다. 또한 수분의 감소시 전해질의 감소를 동반하기 때문에 전해질의 체내 균형을 깨뜨리므로서 효율적인 근수축을 방해하게 된다. 따라서 마라톤 경기시 더위에 의한 수분손실 증가현상은 체온상승에 따른 경기력 저하의 핵심적인 원인으로 작용한다.

마라톤선수들이 더위에 대한 적응을 위해서 순응훈련을 실시하는 경우 무엇보다 중요한 것은 글리코겐 소비량의 증가, 수분의 손실, 피로의 누적 등에 대한 고려이다. 순응기간의 훈련중에는 물론 순응된 후의 더위 훈련시에도 이러한 요인들은 중요한 고려사항으로 포함된다. 따라서 평소보다 많은 글리코겐의 공급, 적절한 수분공급, 피로누적 방지를 위한 훈련량의 조절 및 회복방법 등이 적용되야 한다. 순응기간중에는 훈련량을 고려하여 열량이 높은 균형적인 식이를 할 필요성이 있다. 이때 과도한 탄수화물 위주보다는 전체적으로 균형을 고려한 식이조건을 제시할 필요성 있다. 더위 환경에서 훈련시 피로누적 현상은 순응효과를 저해할 뿐만아니라 역으로 컨디션 조절에 문제점을 일으킬 수 있다. 따라서 이러한 순응훈련시 선수들의 체중 변화, 기상후 심박수 측정, 뇨 분석, 혈액 분석 등의 주기적인 분석을 통해서 피로 방지는 물론 과도한 트레이닝이 주어지지 않도록 유의해야 한다. 또한 훈련 중의 수분공급에 대한 나름대로의 습관을 가질 수 있도록 유도하므로서 경기수행시 수분공급에 대한 적응능력을 가지도록 유도해야 할것이다.

더위에서의 장거리경기시 땀을 통해서 많은 손실을 가져오는 것으로 알려진 나트륨, 칼륨, 염소 등은 체내의 전해질 균형을 위해서 중요한 요인이다. 따라서 선수와 지도자들은 이러한 전해질 공급에 대해서 많은 관심을 가진다. 그러나 보다 중요한 것은 이러한 전해질과 함께 수분 자체를 공급해야 한다는 것이다. 이때 섭취하는 수분의 기본적 조건은 개인차에 따라서 다소 차이점을 가지지만 다소 차거운 온도(4~8℃), 15분간격으로 약 100~150cc 정도를 기준으로 할 수 있다. 물론 이러한 조건과 함께 적절한 삼투압이 유지되는 조건하에서 부족한 에너지원의 공급방안도 고려해 볼 필요성이 있다. 더운 환경에서의 마라톤경기시는 보다 많은 글리코겐 소비를 가져오기 때문에 체내 글리코겐 저장량 증가를 위한 식이요법에 더욱 관심을 가져야 한다. 경기중 에너지원의 보충방안에 대한 적절한 계획이 수립되어져야 한다. 더운 환경에서의 경기시 수분손실에 의한 탈수 방지를 위한 수분공급 방안에 대한 체계적인 노력이 요구된다. 이러한 요인과 관련하여 선수들은 5km구간마다 수분의 공급을 허용받게되고 또한 자신이 특별히 준비한 음료를 이용하기도 하는데, 이때 경기력 발휘에 도움이 될 수 있는 음료를 준비하는 방안과 관련하여 스포츠영양학을 비롯한 과학의 도움을 최대한 받기 위해서 노력하고 있는 것이다. 이러한 수분공급은 충분한 섭취량, 흡수속도를 고려한 수분의 온도, 산-염기정도, 삼투압 등이 보다 적절한 수준으로 유지되도록 관심을 가져야 할 것이다. 경기시 수분섭취에 대한 일반적인 기본 지침은 다음과 같다.

첫째, 운동시작 20~30분전 약 8~10℃의 수분을 400~500cc정도 미리 섭취한다.

둘째, 전해질과 포도당이 적절하게 포함되면서 삼투압이 낮은 저장성 음료를 이용한다.

셋째, 경기중 정해진 구간마다의 음료섭취를 위해서 당일의 예상 기온과 습도를 고려한 가장 효율적인 음료를 마련한다.

이러한 더위조건이 경기력에 부정적인 영향을 미치기 때문에 마라톤경기는 다른 경기와 달리 11~14℃의 범위가 가장 적절한 기온으로 간주되는 것이다. 아틀랜타올림픽대회에서 처럼 높은 기온과 습도상황하에서 신기록과 같은 좋은 기록을 기대하지 않은 이유도 여기에 있다.

체온의 상승은 경기력 발휘에 부정적인 영향을 받기 때문에 햇빛에 의한 열작용도 불리한 요인으로 작용하게 된다. 이러한 관점에서 햇빛의 흡수보다는 반사에 도움이 되는 흰색의 유니폼이나 모자를 주로 착용하므로서 체온조절의 도움을 받게 된다. 마라톤선수들이 흰색의 유니폼을 착용하는 이유는 여기에 있다. 유니폼의 색깔도 중요하지만 섬유의 재질도 중요한 요인으로 작용하게 된다. 땀을 흘리면서 이를 적절하게 발산할 수 있는 유니폼의 재질이 요구될 것이다. 만약 물을 흡수하여 그대로 유지하는 경우 무게의 증가를 가져오면서 그 무게는 선수에게 또 다른 부담으로 작용할 것이다. 또한 그 형태도 중요한데 바르셀로나올림픽에서 황영조선수가 착용한 유니폼을 유심히 관찰해보면 밑이 탁 트지면서 배꼽티를 연상케 하는 통셔츠의 형태를 나타냈는데, 이러한 형태의 유니폼도 땀의 발산과 체온조절의 원활한 수행과 관련된 관점을 고려한 결과로 해석된다.

히로시마아시안게임에서 일본선수들이 선글라스를 착용한 것은 햇빛에 의한 눈의 피로를 방지하기 위한 것인데, 눈의 피로는 신체 전체의 피로발생에 영향을 미치며 심리적으로 집중력을 저하시키는 요인으로 작용하게 된다.

그림 12-3. 마라톤은 체액유지를 위해서 수분공급이 중요하다

7 언덕과 관련된 마라톤의 과학

마라톤 선수는 처음부터 끝까지 일정한 페이스로 완주하는 경우는 거의 없으며, 특히 언덕이 많은 코스에서는 페이스의 변화가 더욱 현저하게 나타난다. 마라톤 경기의 에너지 소비량을 살펴보면 오르막에서 더욱 높게 나타나는데, 내리막에서는 최대산소섭취량의 70~76%, 오르막길에서는 82~88% 수준을 나타낸다. 이때 심박수는 내리막에서는 170~174회, 오르막에서는 176~180회의 범위를 나타낸다. 언덕의 경우 내리막에서 힘을 적게 소비하면서 달릴 수 있으나, 내리막과 오르막이 항상 함께 한다는 관점에서 전체적으로 평지보다 많은 에너지 소비량을 가져오게 된다. 따라서 언덕이 많은 코스를 달릴때는 평지보다 경기력의 현저한 저하현상을 가져오게 되는 것이다. 가끔 언덕이 많으면서 기복이 심한 길을 달릴때 다른 선수보다 뛰어난 능력을 가진 선수들을 볼 수 있는 반면에, 평지를 잘 달리는 선수가 언덕이 많은 코스를 항상 잘 달릴 수 있는 것은 아니다.

오르막과 내리막에 따라서 인체내의 근육에 주어지는 자극의 정도는 달라지게 된다. 언덕이 많은 코스를 달릴때 대퇴근육에 더욱 큰 자극이 주어진다는 것은 잘 알려진 사실이다. 경기시의 언덕에 대비한 훈련프로그램의 필요성을 강조하는 결과이다. 마라톤선수는 언덕에 대비한 훈련과정에서 오르막길과 내리막길을 함께 고려하여 훈련을 수행해야 한다. 오르막길과 내리막길에 대한 별도의 분리된 훈련은 경기상황에서 분리되어 나타나는 환경조건은 거의 없기 때문에 실질적인 방법이 되지 못한다.

오르막길은 내리막길보다 현저히 높은 에너지 소비량을 가져오기 때문에 과도한 오르막 페이스는 극도의 순간적인 피로현상을 가져 올 수 있다. 다라서 이에 대한 내성훈련은 절대적으로 요구된다. 이러한 내성훈련의 초기 과정은 파트렉 훈련, 언덕 잔디밭을 이용한 피칭 훈련 등이 포함될 수 있다. 그러나 역시 본격적인 도로 훈련시에도 오르막길에 대비한 훈련은 절대적으로 포함되어야 한다. 내리막길의 경우 에너지소비량이 감소하면서 자신의 페이스중 가장 높은 수준을 유지하는 것이 일반적인 선상이다. 그러나 이러한 내리막길의 레이스시 무릎을 중심으로 일어나는 신전성 근 수축은 또 다른 문제점을 일으킬 수 있다. 이에 대비한 근육의 적응능력이 훈련과정에서 고려되야 한다. 내리막길에서는 대퇴 부위에 비해서 하퇴의 가자미근, 비복근 등의 근육내 글리코겐이 많이 소모된다는 것도 훈련시 고려되야 한다.

별도의 하지 근력훈련도 요구되겠지만, 내리막길에서의 레이스 훈련과정에서 페이스, 보폭, 주법 등을 고려한 하지 강화훈련을 포함해야 할 것이다. 내리막길은 오르막길에 비해서 순환기능보다 하지 근육기능에 대한 자극이 상대적으로 크게 작용한다는 점도 중요하게 고려될 필요성이 있다. 따라서 이러한 언덕이 많은 코스에서는 지속주 훈련과 함께 파워 스피드 훈련의 필요성이 상대적으로 높게 강조될 수 있다. 각 구간의 페이스 조절, 적절한 주법 등을 고려한 언덕 대비 훈련이 절대적으로 요구 될 것이다.

8 식사와 관련된 마라톤의 과학

마라톤선수의 식사와 관련된 문제는 마라톤경기를 완주하는데 필요한 에너지원을 충분히 저장하는 방안과 더불어 가장 효과적으로 이용할 수 있는 에너지원을 포함한 식이내용을 이용하는 것이다. 과거 마라톤경기에서 35km지점이 가장 어려운 구간으로 간주되어 온 것은 심리적으로도 이 지점이 중요하지만 이 지점에서 체내에 저장된 에너지원이 거의 고갈되기 시작하는 지점으로 간주되어 이를 극복하기 위한 방안에 다양하게 제시되어 왔다. 근육내 글리코겐의 저장량을 증가시키기 위해서 마라톤선수들이 널리 이용하는 방법이 식이요법이다. 이들이 주로 실시하는 식이요법은 대부분 경기수행전 7~8일 중 전반부 3~5일은 운동량을 증가시키면서 탄수화물이 함유된 식사량을 감소시켜 근육내 글리코겐의 저장량을 완전히 고갈시킨후 나머지 2~3일동안 운동량을 감소시키고 고탄수화물의 식사를 섭취하여 그 저장량을 증가시키는 방법을 주로 이용한다. 이때 탄수화물의 함유량을 최대한 정확히 분석하고, 지나친 체중의 감소를 방지하는 등 세부적이고 계획적인 프로그램이 세워져야 할 것이다. 국내 마라톤선수들이 80년대 후반부터 35km의 한계를 서서히 극복하는데 이러한 식이요법은 크게 도움이 된 것으로 알려져 왔다. 그러나 이러한 방법은 선수들에게 많은 고통을 주면서 전체적인 컨디셔닝에 문제점을 줄 수 있기 때문에 보다 과학적이고 고통을 적게 줄수 있는 방법이 모색되고 있다. 또한 에너지대사과정의 관점에서 지질대사의 동원능력을 활성화시켜 글리코겐 저장량을 비축하는 방법, 아미노산대사와 관련된 피로방지의 식이요법 등과 같은 다양한 연구들이 진행되고 있다. 마라톤선수들은 식사문제에도 매우 치밀한 과학의 도움을 받고 있으며 이를 적절하게 활용하고 있는 것이다.

9 황영조와 이봉주선수는?

바르셀로나올림픽과 히로시마아시안게임에서 온 국민을 흥분시켰던 세계적 마라톤선수인 황영조에 대한 생리학적 분석결과를 살펴보면 흥미로우며 마라톤선수의 생리적 능력을 중심으로한 과학적인 분석이 얼마나 중요한 것인가를 이해할 수 있다. 黃영조는 세계 최고 수준의 「초인적 신체 조건」을 갖춘 것으로 평가된다. 우선 1분 동안 숨쉴때 공기 중의 산소를 빨아들이는 최대능력을 나타내는 최대산소섭취량은 마라토너의 자질을 나타내는 가장 중요한 지표중 하나이다. 黃의 최대산소섭취량은 1분 동안 몸무게 1kg에 84.5ml의 산소를 빨아들여 국내 최고임은 물론 80년대 초반 세계 마라톤 최고 기록 보유자인 알베르토 살라자르(2시간8분13초: 미국)의 76ml나 88년 4월, 2시간6분50초의 세계최고기록을 수립했던 벨라이네 딘사모(에티오피아)의 80.6ml 보다 높은 것으로 나타났으며, 20대 일반성인 남자 평균치(45ml)보다는 거의 두배에 가깝다. 힘들이지 않고 높은 운동강도를 최대로 유지할 수 있는 한계를 나타내는 무산소성 역치에서도 황은 세계 최고수준으로서, 딘사모 등 세계 최상급 마라토너들과 마찬가지로 자신이 가진 최대능력의 79.6%에 해당하는 운동강도에서도 심박수, 호흡상태 및 피로물질인 젖산의 축적상태 등에서 전혀 변화를 느끼지 않는 평정을 유지했다. 무산소성 역치의 20대 남자 평균치는 50%를 약간 웃도는 정도에 불과하다. 황은 1900m의 고지대 환경에서 실시한 트레드밀을 이용한 심폐기능 분석에서 경사 6%의 오르막길에서 1분 동안 275m를 달리는 스피드로도 전혀 힘들이지 않고 달렸다. 이러한 스피드로 고지대가 아닌 평지에서 평평한 길을 달릴 경우 분당 310m 이상의 속도로 달릴수 있음을 의미한다.

황은 실제로 지난 94년 4월 가장 난코스로 알려진 보스턴 마라톤대회에서 2시간8분9초의 한국최고기록을 세울 당시 100m를 평균 기록 18초22에 달린 바 있다. 黃은 또 혈액 속의 젖산에 대한 耐性에서도 단연 발군이다. 피로가 쌓이면 증가하는 젖산은 이론상 낮을수록 좋지만 높더라도 남들에게 뒤지지 않고 달렸다면 그만큼 피로에 견디는 능력이 충분하다는 뜻이 된다. 5,000m를 전력질주한 직후 측정한 결과 黃은 혈액 1ℓ 기준에 108mg의 젖산이 쌓여 있었다. 당시 다른 국가대표선수들은 58.4~79.2mg에 불과했다. 20대 남자들은 보통 45mg안팎의 젖산이 쌓이면 그대로 주저앉고 만다. 그만큼 젖산과 같은 피로물질을 견디는 능력이 뛰어나며, 이를 바탕으로 높은 스피드를 유지할 수 있는 능력이 우수함을 의미한다. 그는 실제로 히로시마아시안게임에서 이러한 능력을 바탕으로 35km이후에 초인적인 스피드를 3분이상 유지한 바 있으며, 이러한 유지상태를 마라톤 전체구간에서 타선수가 1~2회만 발휘할 수 있는데 반해서 3회이상 발휘하므로서 전문가들을 놀라게 한 바 있다.

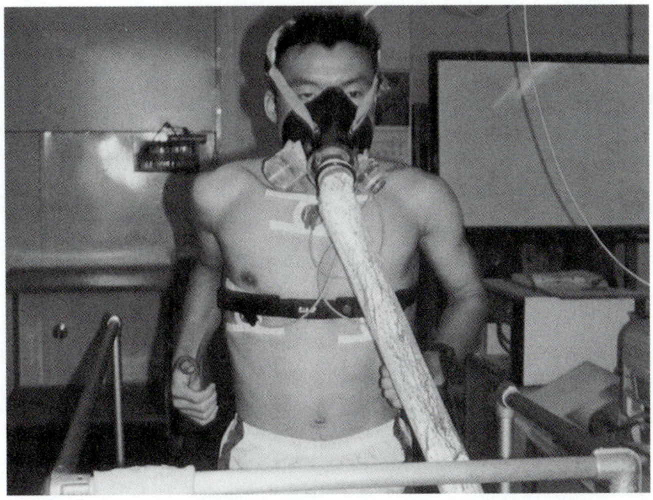

그림 12-4. 황영조선수의 가스분석을 이용한 심폐기능 측정장면

2000년 2월13일 토쿄마라톤대회에서 2시간 7분20초의 한국최고기록을 수립한 李봉주는 신장 164.5cm, 체중 56.5kg, 체지방률 8.6%의 체격특성을 가졌다. 李봉주는 황영조에 버금가는 생리적 신체조건을 갖춘 선수로 평가되어 왔다. 그는 이미 세계 주요대회에서 최강자인 케냐의 엔데티와 스페인의

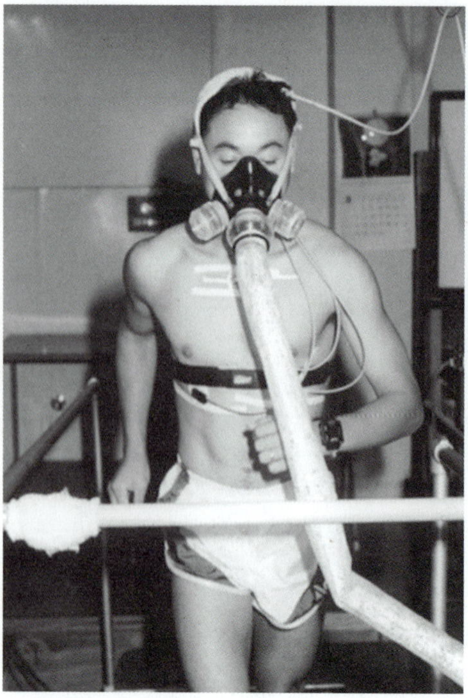

그림 12-5. 이봉주선수의 가스분석을 이용한 심폐기능 측정장면

에스피노자를 직접 상대해서 꺾은 바 있으며, 황영조에 이어 한국의 올림픽 마라톤 2연패는 실패했으나, 96년 아틀랜타올림픽 은메달에 이어, 그해 겨울 일본후쿠오카대회에서 아틀랜타올림픽 우승자에게 설욕하면서 우승하므로서 96년부터 한국마라톤의 선두마차로 등장하였다.

마라톤선수로서의 생리적 능력을 살펴보면, 가장 기본적인 지표인 최대산소섭취량(1분동안 공기중의 산소를 섭취하는 최대능력)이 체중 1kg당 78.6ml로서 역대 세계 최상급선수인 딘사모, 살라자르와 거의 동일한 수준을 유지하고 있다. 이 수준에서는 황영조(84.5ml)에 다소 뒤지지만, 20대 일반성인 남자의 평균치가 45ml인 점을 감안하면 역시 거의 2배에 가깝다. 그의 장점은 경기수행시 피로를 느끼지 않고 유지할 수 있는 수준이 초인적인 수준을 가졌다는 것이다. 즉, 경기수행시 힘들이지 않고 높은 운동강도를 유지할 수 있는 한계를 나타내는 무산소성 역치수준이 82.8%(최대스피드에 대해서)로서 황영조의 79.6%보다 높다는 것이다. 이러한 수준은 과거 80년대초반 세계최고기록을 보유했던 살라자르가 역대선수중 가장 높은 80%의 수준을 나타낸 바 있는데, 이를 능가하는 수준인 것이다. 이러한 강도는 황영조가 지치지 않고 달릴수 있는 스피드에 해당하는 분당 310m를 다소 능가하는 수준이다. 일반인들의 경우 이 수준은 자신의 최대능력의 50~55%수준에도 거의 미치지 못하는 수준이다. 국가대표 마라톤선수들에 대한 트레드밀검사에서 최고속도를 발휘하는 경우 축적되는 혈중젖산농도가 6mM수준으로서 다른 선수들의 10mM이상에 비해서 월등히 낮게 나타나므로서 동일한 스피드를 발휘하는 경우 피로발생정도가 매우 적은 것으로 분석되었다. 따라서 더 많은 젖산을 만들면서 보다 높은 스피드를 발휘할 수 있는 여유를 가지고 있는 것으로 평가되었다. 그에게 피로는 문제가 되지 않는 만큼 보다 높은 스피드를 발휘할 수 있는 능력만 보완하면 국제대회에서의 우수한 성적이 충분히 기대되는 선수로 지목되어 왔다. 일반인들의 경우 그가 나타낼 수 있는 최고속도의 절반수준에서 이미 10 mM을 초과하는 높은 젖산 농도를 나타낸다는 관점에서 거의 초인적인 수준이다.

2000년 토쿄마라톤대회에 앞서서 당시 소속팀이었던 코오롱과의 갈등과정에서 충분한 훈련을 실시하지 못하므로서, 자신의 약점인 스피드보강에 주력하지 못하여 후반부에 우승자인 케냐의 코스케이와 막판 겨루기에 뒤진 것이 못내 아쉬운 것으로 지적된 바 있다. 그의 또 다른 장점은 피로회복능력이 매우 뛰어나다는 것이다. 매우 높은 강도로 운동을 수행하는 경우 피로물질인 체내 젖산을 단시간에 다시 제거하는 능력이 우수하기 때문에 경기중 높은 스피드를 계속 유지하거나, 반복해서 발휘할 수 있는 능력이 다른 선수보다 월등하다는 것이다. 국내 우수선수들이 높은 강도로 운동을 수행한 후 15분동안의 피로회복능력이 50%수준에 머무는데 반해서 컨디션이 양호할때 그는 62.0%를 기록한 바 있어서 운동생리학자들을 깜짝 놀라게 한 바 있다. 이러한 피로회복능력은 일반인의 경우 25~30%수준을 나타낸다. 어쩌면 그의 최상적 신체조건이 황영조의 그늘에 가려진 감이 없지 않았다. 그러나 국내의 생리학자들은 그후 두 선수의 생리적 능력은 거의 동일한 것으로 간주한 바 있으며, 단지 李선수의 큰 국제대회에 대한 자신감의 회복이 요구될 따름이라고 지적한 바 있다. 그의 탁월한 생리적 조건을 고려할 때 팀 소속의 문제와 관련된 심리적 문제로부터 벗어난 후 안정감을 되찾으면서 시드니올림픽에서의 우수한 성적이 조심스럽게 예상된 바 있었으나, 24위의 참

담한 성적으로 다시 한번 어려움을 겪었다.

그러나 시드니에서의 좌절이후 2개월만에 출전한 후쿠오카대회에서 다시 2위에 오르고, 그 이듬해 가장 힘든 레이스코스로 알려진 제105회 보스톤마라톤대회에서 51년만에 조국에 우승의 기쁨을 안겨주는 투혼을 발휘하였다. 충남천안출생으로 천안농고에서 육상을 시작하여 3번째 고등학교인 광천고 육상부를 졸업한 후 서울시청 소속으로 1990년 처음 전국체전 풀코스 마라톤에 출전한 이래 12년 이상의 마라톤선수 생활을 이어온 착실한 선수생활은 국내 마라톤신수의 가장 훌륭한 귀감으로 기억되어야 할 것이다.

10 마라톤 기록의 한계

과연 마라톤 기록의 인간한계는 얼마일까? 마라톤은 초인적인 능력을 요구하는 대표적인 종목으로서 한계극복을 위해서는 인간능력과 과학적 접근이 함께 요구된다. 심폐기능 및 근신경기능을 중심으로 한 체력 및 생리학적 특성, 기온 및 언덕의 환경극복과 관련된 과학, 식이요법을 비롯한 훈련외적 보조물 활용, 다양한 분석지표를 이용한 과학적인 트레이닝방법, 심리적인 요인의 적극적인 고려방안, 신발과 유니폼 등이 계속 개발되는 한 끝없는 기록의 극복은 계속될 것이다.

과학자들은 역대 최고선수들의 신체적 특성을 조합하고 코스의 환경적 요인이 최적조건을 유지한다면 1시간 58분까지 단축할 수 있다고 주장하고 있다. 선수의 기본적 특성중 피로저항성이 높은 지근섬유의 구성비율 증가(미국의 살라자르 : 대퇴 외측광근의 지근섬유비율 92%), 심폐기능 지표인 최대산소섭취량 및 무산소성 역치의 증가(황영조선수 : 84.5ml/kg/min, 최대능력의 79.6%), 경기시 주된 제한요인인 외부적 환경에 해당하는 11~14℃의 기온유지를 비롯한 습도, 풍속 및 언덕 경사 등의 최적상태 유지, 체내 수분량의 13%까지 감소되는 수분의 적절한 유지를 위한 첨단 스포츠 음료의 개발, 체내 에너지원인 글리코겐 저장량의 증가를 위한 첨단 식이요법의 개발 등이 계속되는 한 기록단축은 계속될 것이다. 케냐선수들의 마라톤 독점화 요인중 하나로 간주되는 케냐의 고지환경 및 채식 위주의 식이습관과 같은 일부 특성도 기록단축에 도움을 준다. 이번 대회에서와 같이 8명이 10분이내의 기록을 나타내고 마지막까지 동료선수가 경쟁하는 것과 같은 상황도 기록단축의 중요한 요인이다. 기록단축의 중요한 관건인 마라톤의 스피드화를 이룰 수 있는 훈련방법, 이를 수행하기 위한 선수자신의 성실성, 경제적 뒷받침에 의한 동기유발 등이 함께 요구된다. 힘든 운동의 마라톤은 그 어떤 종목보다 경제적 동기유발이 크게 작용할 가능성이 높다. 국내 마라톤의 후진양성이 어려움을 겪는 것이 이 부분적으로는 국내선수들의 헝그리 정신 결여 때문이라고 간주된다는 관점에서 보다 획기적인 투자와 동기유발이 제시되지 않는다면 국내 마라톤의 침체기가 오랫동안 지속될 가능성이 엿보인다.

여자의 경우는 어떠한가? 현재 남자와 여자 마라톤 기록 차가 마침내 10분 이내로 좁혀져 있다. 최근 여자마라톤 기록 단축 추세는 빠르게 이루어지고 있으며, 5년사이 무려 5분22초나 단축됐다. 지난 10년 동안 여자 마라톤은 1분당 주파거리를 14m, 남자 마라톤은 그의 절반인 7m를 늘렸다. 일반적으로 역삼각형의 신체구조를 가진 남자는 무게중심이 위쪽에 있고 정삼각형 신체구조의 여성은 무게중심이 아래쪽에 있기 때문에 스피드나 순발력에서 뒤지므로서, 단거리와 같이 빠르게 이동하거나 높이뛰기처럼 중력과 반대방향으로 움직이는 종목은 운동능력의 남녀차이가 크게 나타난다. 그러나 마라톤은 남녀 성차가 가장 적은 스포츠중의 하나다. 남자는 또 본능적으로 속도를 높이기 위해 쓸데없이 에너지를 소모하는 경향이 있는데 반해서 여자선수들은 편안한 페이스를 꾸준히 유지하므로서 에너지 소비가 적다. 또한 여자는 체격이 작아 남자보다 땀을 적게 흘리면서도 체온증가를 방지할 수 있다. 여자 마라토너의 신체구조가 점점 남자와 비슷해져 가면서 스피드화를 이루어가고 있다. 여자는 남자보다 체내에 소모할 수 있는 지방을 더 많이 가지고 있다. 따라서 많은 노력이 선행되어야 겠지만, 풍부한 여자선수들의 체지방이 효과적인 에너지원으로 이용될 수 있게 된다면 기록단축은 더욱 엄청나게 이루어질 것이다. 여자선수들의 현재 추세로 볼 때 10년이내에 2시간 10분대 이내로 진입할 것이며, 남녀간의 기록차이는 계속해서 좁혀질 것이다.

참고문헌

Costill, D. L. (1982). Salazar and Clayton. A physiological comparison of the marathon record holders. The Runner 4(March) 20.

제 13 장

건강 과학

1 자신의 체력은 어느 정도인가 ?

처음 운동을 시작하거나 일정한 기간동안 쉬었다가 운동을 계속하고자 할 때 자신의 수준에 알맞는 운동강도가 어느 정도인지 스스로 판단하기에는 쉬운 일은 아니다. 또한 생활속에서 우연히 운동을 접하고 나면 주위사람과 체력을 비교하는 정도에서 자신의 체력이 좋은지 나쁜지를 판단해보는 것이 흔히 있는 일이다. 스스로 운동을 행하고자 할 때는 현재의 수준을 판단하여 이를 기준으로 프로그램을 구성하는 것이 타당한 방법이다. 연령이나 신체적 활동의 정도를 고려하여 자신의 체력을 스스로 진단하는 기준은 다양하게 소개되고 있으나 누구나 손쉽게 이해 할 수 있는 방법은 흔하지 않다. 체력은 학문적으로 정의나 구성에서 다소 복잡한 체재를 가지고 있으나 일반인이 쉽게 이해하기 위해서는 근력, 지구력, 유연성 및 민첩성으로 대별하여 생활에서 피로를 느끼지 않거나 신속하게 회복되면서 모든 일을 신속하고 정확하게 행할 수 있는 바탕이 되는 것으로 생각된다.

생활 속의 체력 평가는 식사 내용, 주당 운동을 행하는 빈도, 흡연과 음주의 정도, 수면시간, 하루에 걷는 거리 등과 같이 생활습관을 잘 살펴보면 체력의 진단이 가능해진다. 또한 혈압, 콜레스테롤, 비만(체지방률) 등을 간단히 측정해보는 것도 체력의 진단자료로 활용될 수 있다. 보다 실질적인 체력의 진단방법을 소개해보면, 30cm 높이의 의자나 계단을 이용하여 1분에 30회 오르내리기를 3분동안 실시하는 방법, 앉아서 윗몸 앞으로 굽히기, 철봉에 매달리기, 팔굽혀펴기, 윗몸일으키기 등이 있다. 이상과 같은 방법에서 그 결과를 '상 · 중 · 하'로 평가하는 방법을 간단히 소개히면 식사내용의 경우 동물성과 식물성 식품의 비율을 기준으로 식물성이 많을 경우, 같을 경우, 그 반대일 경우가 각각 '상 · 중 · 하'에 해당한다. 주당 운동을 행하는 빈도는 3회이상, 1~2회, 전혀 하지 않는 경우로 구분하고, 흡연은 1갑이상, 1갑 이내, 비흡연으로 구분되며 음주는 양과 빈도를 기준으로 구분하면 된다. 수면시간은 8시간 이상, 6~8시간 및 6시간 미만으로 구분하되 수면부족에 의해서 피곤하지 않는 경우는 '중' 이상에 해당한다. 하루에 걷는 거리는 시간을 기준으로 45분 이상, 그 미만과 거의 걸을 기회가 없는 경우로 판단하면 된다. 혈압, 콜레스테롤치(200mg/dl)는 정상범위를 기준으로 평가하면 된다.

최근 콜레스테롤치가 어린이에서도 높게 나타나는 경우가 많아 심각한 수준에 이르고 있다. 서울에 거주하는 어린이의 22%가 정상범위보다 높게 나타나는 것이다. 몸의 지방율은 남자가 20%, 여자가 25%로서 이보다 높게 나타나면 비만으로 간주된다. 의자나 계단오르내리기는 3분 실시한 후 심박수가 자신의 연령보다 60회 이내로 높은 경우, 61~80회 이내로 높은 경우와 이를 초과할 경우로 구분되며 앉아서 윗몸 앞으로 굽히는 팔을 뻗어 손으로 발끝을 덮어면서 발뒷꿈치를 잡을수 있는 경우, 발끝을 잡을 수 있는 경우와 그렇지 못한 경우로 구분된다. 철봉매달리기는 1분이상, 30초~1분 및 30초 미만으로 구분된다. 팔굽혀펴기는 30회 이상, 20~29회 및 20회 미만으로 구분하면 된다. 윗몸일으키기는 1분동안에 30회이상, 15~29회 및 15회미만으로 구분된다. 이상의 13가지 항목중 '상'이 7개 이상이면 현재의 생활습관을 그대로 유지하도록 하고 '중'이 7개이상이면 운동에 다소 관심이 요구되며 '하'가 7개 이상이면 절대적으로 운동을 행하도록 해야 한다.

2 스트레스 해소를 위한 운동

복잡한 사회환경 속에서 생존을 위한 투쟁의 과정으로 그려지는 힘든 현대생활을 꾸려나가기 위해서 우리는 항상 다양한 스트레스를 경험하게 된다. 모든 것이 다변화되고 얽히고 히는 생활은 너무나 많은 스트레스를 우리에게 가져다 준다. 스트레스는 정신과 육체의 정상적인 기능의 수행을 어렵게 만드는 부정적인 상태로서 건강유지에 해를 미치는 것은 물론 여러가지 질병의 원인이 된다. 특히 건전한 사회, 아름다운 생활환경을 꾸며 나가는데 최대의 적으로 간주되고 있다. 최근 들어 개인은 물론 사회의 건강유지를 위해서 스트레스를 해소하기 위한 효과적인 방법에 관심을 가져오면서 이를 효율적으로 수행하기 위한 하나의 방법으로 운동을 선택하고 있다. 스트레스 해소를 위한 운동의 효과를 살펴보면 다음과 같다.

첫째, 운동을 하면 새로운 공기를 보다 많이 접하게 되면서 혈류순환을 촉진시키고 신진대사가 활성화되어 마음과 육체를 보다 깨끗하게 해준다.

둘째, 인간의 기본적 욕구중 하나인 움직임을 수행토록 하므로서 모든 일에 보다 의욕적인 사고를 가지도록 해준다.

셋째, 스스로 수행하는 신체의 움직임과 활동 자체에 관심을 가지므로서 평소의 어려움이나 갈등을 잠시 잊게 되어 새로운 생활 방향으로의 전환이 가능하다. 아울러 산이나 바다로 평소의 환경을 벗어날 수 있는 계기를 제공하여 변화를 제공해 준다.

넷째, 체력 향상을 통해서 주위의 어려움에 견딜수 있는 정신력과 신체를 제공해준다. 이상과 같이 운동을 통해서 스트레스 해소의 긍정적인 효과를 기대할 수 있는데 반해서, 잘못된 운동방법이나 종목의 선택으로 운동을 통한 스트레스의 악화현상이 야기될 수도 있다.

운동수행과정에서 운동을 하나의 어려운 목표나 경쟁과 연관시켜 그것을 실패하거나 열등적인 결과를 나타낼 경우 좌절감으로 말미암아 새로운 스트레스를 초래하기도 한다. 따라서 스트레스를 해소하기 위한 효과적인 방법으로 운동을 수행코자 할 때는 운동종목의 선택이나 실시과정에서 세심한 주의가 요구된다. 등산, 조깅 등과 같이 경쟁이 과열화되지 않는 비경쟁적이며 수행 자체에 가치와 즐거움을 느끼도록 해주는 종목, 좁은 공간보다 자연에서 즐길 수 있는 종목, 많은 사람이 함께 즐길 수 있는 종목, 자신의 흥미를 고려하여 장기간 계속할 수 있는 종목을 선택하여 자신의 체력이나 여건을 고려한 구체적인 목표를 설정하되 적당한 운동강도를 선택토록 한다. 처음에는 과욕을 부리지 말고 가벼운 강도에서 점진적으로 증가시켜 나가는 방법이 합리적이다. 운동수행시에는 가능한 자연환경에서 가족들과 함께 행하도록 하고, 다른 사람들과 비교하거나 경쟁하는 것을 피하면서 흥미를 가지고 장기간에 걸쳐서 계속하는데 관심을 가져야 한다. 과도한 운동수행이 되지 않도록 하고 웃음과 운동을 병행 할 수 있는 방법을 이용하며, 운동 후에는 충분한 휴식과 적절한 영양을 섭취하도록 한다.

3 어떤 운동이 근육을 굵게 하는가?

대부분의 남성들은 굵고 멋있는 근육을 만들기 위해서 웨이트 트레이닝을 열심히 실시한다. 그러나 근육을 굵게 만들기 위해서 요구되는 사항은 다양하다. 우선 대상자의 체력적 특성의 정확한 파악, 근육부위에 알맞는 웨이트 트레이닝 종목의 선택, 정확한 동작의 숙달, 적절한 운동강도와 반복횟수 등이 이루어져야 한다. 근육을 굵게 만드는 과정에서 가장 중요한 것은 운동강도와 반복횟수로서, 최대근력의 70~75%의 강도로 10~12회를 반복하는 것을 1세트로 하여 3세트 이상을 실시해야 한다. 근육이 굵어지는 모습을 느끼기 위해서는 1주일에 3~4일의 빈도로 최소한 12주 이상을 실시해야 한다. 대부분의 운동은 근육을 조금씩은 굵게 만들 수 있지만, 그 효과를 높이기 위해서는 이러한 내용이 절대적으로 지켜져야 한다.

근육이 굵어진다는 것은 근육을 구성하는 결합조직과 수축성의 단백질이 많아지고, 근육섬유를 구성하는 가는 섬유들이 웨이트 트레이닝에 의해서 자극을 받게 되면서 증가하기 때문인데, 이러한 증가를 높이기 위해서는 단백질을 많이 섭취해야 한다. 따라서 웨이트 트레이닝을 실시하는 동안에는 평소보다 단백질 식품을 많이 섭취하는 것이 매우 중요하다. 웨이트 트레이닝을 할 때 흔히 근육통증이 발생하여 당황하게 된다. 이때 발생하는 근육통증은 대사성 부산물의 축적과 국소적인 빈혈현상, 근섬유의 구조적인 손상 등이 원인으로 작용하며, 운동중이나 운동후, 혹은 48시간후에 발생하기도 한다. 이러한 경우에는 운동강도를 약간씩 낮추거나 휴식을 가짐으로서 사라지게 되는데, 1주일이상 계속될 경우에는 의사의 진단을 받을 필요성이 있다. 근육통증을 방지하기 위해서는 준비운동을 철저히 해야하며, 운동강도를 점차적으로 증가시키는 방법이 적용되도록 해야 한다. 초보자가 근육이 빨리 굵어지게 만들려는 욕심이 지나치게 되면 과도한 부하가 주어지면서 대부분 이러한 근육통증을 경험할 가능성이 높다. 멋있고, 굵은 근육은 조급한 마음에 의해서 아무렇게나 시간이 지나면 만들어지는 것이 아니기 때문에 과학적인 정성과 노력을 세심하게 기울여야 한다.

4 운동과 면역기능

운동선수들은 흔히 건강의 표상으로 간주되며, 일반인에 비해서는 매우 왕성한 건강상태를 유지하는 것으로 인식되고 있다. 그러나 그러한 생각은 결코 절대적인 것은 아니다. 인체를 질병으로부터 보호해주는 여러 가지 기능중 대표적인 것은 면역기능으로서 박테리아, 기생충, 바이러스, 암세포 등의 침입을 막아준다. 규칙적으로 실시하는 적당한 운동은 이러한 면역기능을 향상시켜 건강향상은 물론 수명연장에 도움을 주는 것으로 알려져 있다. 규칙적인 운동을 실시하는 경우 면역기능을 담당하는 백혈구수, 엔돌핀농도의 증가 등을 나타내며, 임파구의 증식능과 같은 실제적인 면역기능이 활성화되는 것으로 간주된다. 또한 임파구의 세부종류에 해당하는 살해성세포는 암세포와 바이러스에 감염된 세포들에 대해서 독성력을 발휘하여 방어역할을 담당하며, 노인들의 경우 현저한 감소를 나타내면서 노화의 주된 요인으로 간주되고 있는데, 규칙적인 운동에 의해서 살해성세포수의 증가 및 그 활성도가 현저히 증가하는 것으로 알려져 있다. 운동을 통한 면역기능의 향상은 적절한 운동강도의 적용을 요구하는데, 일반적으로 알려진 최대운동능력을 기준으로 한 60~75%의 범위보다 다소 낮은 운동강도에서도 면역기능의 향상은 나타나는 것으로 알려져 있다. 따라서 일반인의 경우 운동강도를 지나치게 높은 범위로 설정하는 것은 절대적으로 방지되어야 한다.

과도한 훈련은 정상적인 면역기능을 방해하고 감염에 대한 민감성을 증가시키는 것으로 알려져 있다. 과거 국제대회에 대비하여 태릉선수촌에 입촌한 국가대표선수들중 과도한 훈련에 의해서 면역기능이 저하되어 폐염이나 간염질환을 앓게 되면서 퇴촌되는 경우가 많았다. 이러한 증상은 과도한 훈련에 의해서 전반적인 생리적 기능이 위축되면서 임파구나 항체생성능력 저하에 의한 면역억제현상이 유발되기 때문에 나타난다. 우수한 운동선수들의 경우 과도한 훈련에 의한 영향과 더불어 승리와 관련된 주위의 기대, 지나친 집착 등이 엄청난 심리적 스트레스로 작용하면서 면역기능이 저하될 가능성이 높은 것으로 지적되고 있다. 과도한 정신적 압박과 신체적 운동자극은 면역기능을 저하시켜 질병에 걸릴 확률을 증가시키는 것이다.

5 겨울의 운동처방

겨울에는 세포활동이 사계절 중 가장 제한적인 상태를 유지하므로서 건강이 위협받을 가능성이 높은 계절이다. 병원에서 종합검진을 받아 특이한 이상이 발견되지 않았지만, 매사에 쉽게 피로해지고 지하철 계단을 조금만 빠르게 오르내리면 숨이 차고 심장박동 증가를 느낄 정도면 건강하다고 얘기하기에는 어렵다. 일정한 수준의 체력이 유지되면서 신체와 정신이 주변 환경변화와 외부자극에 효과적으로 적응할 수 있어야만 건강하다고 얘기할 수 있다. 이러한 건강상태를 유지하기 위해서는 무엇보다도 규칙적인 운동의 필요성이 강조되어야 한다.

그러나 누구나 모든 운동을 나름대로 실시한다고 해서 건강해지는 것은 아니다. 개인의 신체적 특성을 비롯한 운동능력을 관찰해서 질병을 예방하고 알맞는 운동을 선택할 수 있도록 하는 것이 일반인을 위한 스포츠과학의 중요한 역할에 해당하며, 이러한 분야로서 스포츠의학의 운동처방분야를 들 수 있다. 운동처방의 가장 중요한 과정으로는 운동검사를 들 수 있다. 운동검사는 개인의 운동능력, 운동시 발생할 수 있는 위험성, 적절한 운동종목의 강도, 시간 및 빈도 등을 제시하는데 핵심적인 근거를 제공해주는 것으로서, 일정한 형태의 운동을 수행토록 하면서 심전도, 혈압, 호흡시의 산소이용량 등을 측정하게 된다. 특히, 평상시에는 혈압, 심박수를 비롯한 생리적 기능이 정상이지만, 약간의 운동을 실시할 경우 심전도상에서 불규칙한 박동의 이상 징후, 혈압의 급격한 증가와 함께 협심증 현상을 나타내는 경우가 있는데, 이러한 잠재적 위험성이 운동검사를 통해서 파악 된다면 사전에 큰 위험을 예방할 수 있는 것이다.

잠재적 위험성의 경우 일상생활에서 쉽게 노출되지 않기 때문에 겨울처럼 움츠리는 계절에는 더욱 큰 위험성을 안고 잠복될 수 있다. 개인적으로 부적절한 운동을 알맞지 않게 실시할 경우 가벼운 조깅시에도 고혈압이나 협심증 현상을 나타낼 수 도 있으며, 비만자가 과도한 운동을 하는 과정에서 관절의 상해를 쉽게 입기도 한다. 겨울속의 신체처럼 움츠려있는 잠재적 위험을 찾아내고 방지하기 위해서는 정확한 검사와 더불어 알맞은 운동을 규칙적으로 실시하는 것이 강조되어야 할 것이다.

6 겨울과 체중조절

겨울에는 낮시간이 짧으면서 신체적 활동기회가 감소되어 체중조절의 어려움을 제공할 가능성이 높다. 비만자들은 겨울철에는 자신의 체중조절을 위해서 더욱 많은 노력을 기울여야 할 것이다. 지방을 제거하기 위한 비만인들의 노력은 처절하기까지 하지만, 남 · 오용의 경우가 많으면서 여러 가지 문제점이 발생한다. 체지방의 증가는 기본적으로 지방세포 수와 크기가 증가하는 것으로서, 에너지소비량이 섭취량에 비해서 불균형적으로 적을 경우에 나타난다. 체지방 증가를 방지하거나 감소시키기 위해서는 에너지소비량을 증가시키고 섭취량을 줄이는데 관심을 가져야 한다. 이와 관련된 가장 효과적인 방법은 에너지소비량이 높은 유산소성 운동요법과 식사량을 조금씩 줄이는 식이요법의 병행을 들 수 있다.

그러나 어느 한쪽에만 지나치게 의존하게 되면 부작용이 발생하므로서 지나친 식이제한은 금물이다. 흔히 비만자들이 체중감소를 계획할 때 자신의 체중에서 몇 kg을 빼기 위한 목표를 세우는데 이것은 부적절하다. 자신의 체지방률이 몇 %인가를 파악하고 목표 체지방량을 세우고 이를 토대로 에너지소비량과 섭취량을 산출해야 한다. 이때 자신의 체격크기를 토대로 기초대사량과 추가활동량에 의한 기본적인 섭취를 위해서 균형적인 영양소가 포함된 식단을 구성하여 규칙적으로 식사를 해야만 한다. 이러한 식사에 의한 섭취량을 낮추면서 운동수행에 의한 에너지소비량을 증가시키면서 체지방을 서서히 줄여나가야만 한다.

체격크기에 따라서 차이는 있지만, 성인의 기초대사량은 1200~1500

kcal를 나타내므로서, 기초대사량의 35~40%의 기본적인 추가활동량을 포함할 경우 1620~1900kcal를 섭취하는 것이 요구된다. 체중 1kg의 감량을 위해서는 약 7200kcal의 부족이 요구되지만, 하루 500kcal 이상의 섭취제한은 바람직하지 못하다. 따라서 약 400kcal의 식사부족을 위해서 1220~1500kcal의 식사를 하면서 매일 300kcal의 소비를 가져오는 조깅 30분을 실시하면 약 10일만에 1kg의 감량을 이루게 된다. 이러한 프로그램을 장기적으로 계속하게 되면 부작용없이 효과적으로 보다 많은 양의 체중감량을 이룰수 있다. 체중감량을 위한 운동수행에도 가급적 전신을 이용하면서 산소를 많이 이용하는 유산소성 운동으로서, 지방대사를 보다 활성화시킬수 있도록 최대심박수를 기준으로 60~75% 강도 등과 같이 생리적 효과를 고려한 다양한 스포츠과학의 접목이 절대적으로 요구된다.

7 운동 후의 목욕과 사우나

겨울철에는 운동후 피로회복과 컨디션 조절을 위해서 사우나를 자주 이용하게 된다. 사우나는 운동에 의해서 활성화된 근육 및 신경계를 진정시켜 주는 효과를 가지며, 순환계 활성화에 의해서 운동중 생성된 젖산과 같은 피로물질 제거에 효과적이다. 사우나시에는 피부온도 증가와 피부혈관 확장에 의해서 피부혈류량을 약 10배까지 증가시키므로서, 심박수, 심박출량 및 수축기 혈압 등을 증가시키며 이완기 혈압의 감소를 초래한다. 사우나직후 냉탕에 들어갈 경우 피부혈관은 급격히 수축하여 이완기 혈압이 상승하면서 다소의 위험성을 가지는 경우도 있기 때문에 주의를 요구한다. 사우나내에서의 운동은 이러한 현상들을 더욱 활성화시키기 때문에 가급적 삼가는 것이 좋다.

사우나는 상당한 수준의 생리적 자극을 유발하는데, 일반적인 사우나에서 약 15분을 실시할 경우 산소섭취량 20%, 심박수 77%, 수축기 혈압 13%, 피부온도 3.7~4.5℃ 직장온도 0.6℃ 등의 증가를 가져오게 된다. 따라서 사우나후에는 약 30분이상의 추가적인 휴식을 가져야만 정상적인 생리적 기능으로 다시 회복된다. 따라서 사우나후의 휴식은 사우나에 의한 긍정적인 효과를 얻기 위해서 필수적이다.

사우나도 이와 같은 현저한 생리적 자극을 유발하기 때문에 준비-본-정리 사우나의 단계를 가질 필요성이 있다. 준비단계에서는 5분간의 사우나후 1~2분간의 냉수샤워를 실시하고 본단계에서는 약 10분에 걸쳐 땀이 충분히 흐를때까지 실시하고 다시 1~2분정도의 냉수욕후 정리사우나를 2~5분간 실시한다. 사우나후에는 체온이 다시 정상을 유지하도록 충분한 휴식을 취하도록 해야 한다. 사우나는 운동후 피로회복에 상당한 도움을 주지만, 체중감량을 위한 지나친 사우나는 부정적인 영향을 미치게 된다. 사우나후의 체중감소현상은 수분손실에 의한 것으로서 실제적인 체중감량을 기대하기 어렵다.

8 피하지방은 필수적이다

우리 여성들은 대부분 날씬해지려고 군살제거에 노력한다. 그렇지만 적당한 군살은 인간의 생명유지를 위해서 중요한 역할을 담당한다. 피하지방이 대부분을 이루는 우리 몸속의 지방은 세포를 형성하고 성호르몬을 만들며, 필요한 영양소를 저장하는데 필수적인 것이다.여자육상선수들의 대부분은 적당한 군살을 가질수 있는 여유가 없을 정도로 달리기 때문에야윈 체형을 나타낸다. 그런데 이들중 많은 선수들은 지방부족과 관련하여 성호르몬 생성이 적절하게 이루어지지 못하면서 월경불순이나 조기 폐경현상을 나타낼 가능성이 높다. 여성미를 유지하는데 지나친 날씬함보다 적당한 군살의 중요성을 의미하는 것이다. 군살을 형성하는 피하지방은 추위속에서 체온을 유지하는데 가장 효율적인 방한복으로서, 겨울을 따뜻하게 나는데 중요한 역할을 담당한다. 지방이 열의 전도를 차단하는 능력이 우수하기 때문이다.

도버해협을 횡단하는데 성공한 대부분의 수영선수들은 일반인들에 비해서 6~11mm의 두꺼운 피하지방을 가지고 있었는데, 이것은 바다를 횡단하는데 소요되는 12~22시간 동안 차거운 물속에서 체온을 유지하는데 필수적인 조건인 것이다. 1960년 영국의 스포츠생리학자인 퓨그(Pugh) 연구팀은 수영선수들중 피하지방이 얇은 선수는 도버해협을 횡단한 후 직장온도가 34℃까지 저하되는 것으로 보고하였다. 그들의 연구결과에서는 수온 11.8℃에서 체지방률이 30%이상인 선수가 6시간 50분동안 수영을 지속할 수 있었지만, 체지방률이 10%미만인 수영선수는 동일한 수온에서 30분동안 수영을 한 후 직장온도가 33.7℃까지 감소된 것으로 나타났다. 지방은 물보다 가벼운 비중을 가지기 때문에 높은 부력으로 작용하게 된다. 따라서 해협을 횡단하는 수영선수들에게는 적당한 체지방량이 부력의 도움을 받아 에너지소비량을 줄이는데 효과적이다. 바다에서 배가 전복되어 물에 빠진 경우 뚱뚱한 사람들이 야윈 사람보다 치사율이 훨씬 낮은 것은 군살의 단열기능과 부력의 복합적인 영향 때문일 것이다. 우리 몸의 지방축적 정도에 따라서 열의 전도성이 다르다는데 근거하여 개발된 생체전기저항측정법과 물에서 받는 부력에 의해서 수중체중의 차이를 나타낸다는데 근거하여 개발된 수중체중측정법은 각각 체지방량의 정확한 측정방법으로 이용되고 있다. 군살은 차거운 물속에서는 생존을 위해서 절대적인 도움을 제공하는 고마운 역할을 담당한다.

9 추위 속의 운동은 다이어트효과를 높여준다

캐나다의 북극지역에 배치된 경비병들은 한번 경비하러 나서면 눈 썰매를 타고 2주정도 실시한다. 그들이 2주동안 경비를 돌고나면 체지방이 약 3~4kg정도 감소하는 것으로 나타났다. 한겨울에 야외에서 많은 시간을 보내거나 영하의 기온하에서 운동을 하고나면 더욱 많은 피로감을 느낀다. 체온을 유지하기 위해서 떨림현상에 의한 방어기능수행과 운동시 보다 많은 근섬유를 수축하게 됨으로서 더욱 많은 에너지를 소비한 까닭이다. 추위 속에서 에너지소비량이 증가되면서, 몸 속에 저장해두었던 탄수화물이 부족해질 경우 지방 분해가 활성화 된다. 이때 혈중 유리지방산농도가 증가하게 되는데, 우리 몸 속의 축적된 지방이 에너지로 이용되기 위해서는 그것이 분해되어 혈중으로 유리되어야 하기 때문이다.

그림 13-1. 추위속에서의 운동은 체중감소에 도움이 된다

추위 속에서 힘든 운동을 수행하는 경우에는 보다 많은 근육의 수축이 이루어져야 하며, 그만큼 많은 에너지를 소비하게 되면서 결과적으로 비축해 두었던 지방의 사용을 증가시키게 된다. 따라서 추위 속에서 강도높은 동계 훈련을 실시하는 운동선수들은 에너지섭취량을 보다 높여야 할 것이다. 추위 속의 운동이 지방이용을 활성화한다는 것은 뚱뚱한 사람들에게는 반가운 소식이 될 것이다. 이러한 원리를 이용해서 저온환경에서 고정된 자전거타기운동을 하는 것이 비만처치에 도움이 된다는 주장은 널리 전개되고 있다. 1977년 일본의 오하라교수는 6명의 비만 남자를 대상으로 -34℃로 유지된 냉동실내에서 하루 3시간 정도 고정된 자전거운동을 비롯한 걷기운동과 물건운반 등을 실시한 결과 높은 에너지소비량과 더불어 많은 체지방 감소를 나타낸 것으로 보고하였다.

10 추위와 체온저하

추운 겨울에 운동을 하는 경우에는 주의해야 할 것이 많다. 환경적인 제한요인을 효율적으로 극복하며 적절하게 적응하는 것이 가장 중요할 것이다. 우선 체온유지를 위해서 어떤 운동복을 입어야 할 것인가. 속옷은 땀을 잘 흡수하는 면제품이 적절하며, 겉옷은 단열효과가 뛰어난 울제품이 적절하다. 두꺼운 옷보다는 얇은 옷을 여러겹 입는 것이 방한에 효과적인데, 옷과 옷사이에 공기층을 형성하여 단열효과를 높이며, 땀이 나게 되면 하나씩 벗을 수 있기 때문에 효율적이다. 운동 후 땀은 신속하게 제거하는 것이 감기예방에도 도움이 된다. 물은 공기에 비해서 열전도율이 25배나 높기 때문에 젖은 옷을 입고 있는 경우 체온하강이 신속하게 일어나면서 감기에 걸릴 가능성이 높아진다. 따라서 운동 후 젖은 옷은 신속하게 갈아입는 것이 적절하다. 추위에서 운동을 하는 경우에는 에너지소비량이 상대적으로 높아지면서 질병에 대한 저항력도 떨어지기 때문에 충분한 영양섭취를 해야 한다. 추위 적응을 위해서 알콜을 섭취하는 경우가 많은데, 감각을 둔하게 만들고 말초혈관을 확장시켜 열손실을 높이기 때문에 삼가는 것이 좋다.

말초부위나 노출부위는 체온저하가 현저해지기 때문에 손, 발, 귀 등의 보온에 관심을 가져야 한다. 저온환경에서 흔히 발생하는 상해로는 체내조직이 동결되어 파괴되는 동상을 들 수 있는데, 피부감각이 둔해지고 빨간색을 띄거나 손발이 곱는 현상이 나타나게 되면 주의해야 한다. 흔히 동상은 추운 겨울에만 걸리는 것으로 알고 있으나, 찬 바람이 부는 초봄에도 땀을 흘린 후 신속하게 제거해주지 않으면 동상에 걸리는 경우가 많다. 젖은 양말을 신은 체로 추위에 노출되면 동상에 쉽게 걸리게 된다. 피부의 습도증가에 의해서 동상이 발생할 가능성이 높다는 것을 의미한다. 모자를 착용하는 것은 체열손실의 20%가 머리를 통해서 이루어지기 때문에 체온유지에 큰 도움을 준다.

11 추위 속의 운동과 활성산소

얼마전 운동을 통해서 생성되는 체내 활성산소가 산화스트레스를 유발하여 각종 질병의 원인이 되며, 노화를 촉진한다는 주장이 제시되어 많은 운동애호가들을 긴장시킨바 있다. 그러나 그 후 이러한 현상은 극한적인 운동을 포함한 부적절한 상태에서 발생할 가능성이 높다는 것을 제안한 것으로서, 적절한 운동은 활성산소의 활동을 억제시켜 준다는 것으로 올바르게 이해된 바 있다. 활성산소의 경우 장시간의 운동시 산소소비량이 증가하면서 유리산소기 발생이 증가될 가능성이 높은 것으로 지적한 것이지만, 체내에서는 활성산소의 산화스트레스에 대한 저항능력과 분해능력을 가진 효소를 중심으로 한 항산화 방어시스템을 가지고 있다. 규칙적으로 적절한 유산소 운동을 계속할 경우 항산화 방어시스템이 더욱 활성화되면서 노화를 방지하게 된다. 또한 이러한 방어기전을 더욱 활성화하기 위해서 베타-카로틴, 비타민 C와 E가 함유된 식품을 섭취할 필요성이 있다. 추위 속에서의 운동시에는 체온유지를 위해서 산소소비량이 더욱 많아 지면서 활성산소의 생성이 증가될 가능성이 높기 때문에 무리한 운동은 산화스트레스를 유발할 가능성이 보다 높아질 수 있다. 따라서 겨울에는 운동이 과도하게 이루어지지 않도록 해야 할 것이다.

그러나 최근 연구결과에 의하면, 추위 속에서의 운동시 산소소비량이 증가되어 산화스트레스가 유발될 가능성은 높으나, 추위 속에서의 운동자극에 대해서 신체가 적절하게 적응될 경우에는 상대적으로 산화스트레스에 대한 항산화 방어시스템이 더욱 강해진다는 주장이 제시된 바 있다. 추위에서의 운동시에는 에너지를 생성하는 과정에서 전개되는 산화와 환원반응의 연결고리를 담당하는 산화-환원 효소의 활성도가 보다 증가될 뿐만아니라, 이러한 과정을 도와주는 글루타치온시스템이 효율적으로 작용하므로서, 산화스트레스를 극복할 수 있는 능력이 더욱 향상될 수 있다. 추운 겨울에는 베타카로틴, 비타민 C와 E 등이 함유된 감자, 호박, 당근, 푸른 채소 및 식물성 기름 등과 같은 식품을 많이 섭취하면서 적절한 운동을 수행할 경우 더욱 건강한 신체를 가질 수 있다.

12 대기오염과 운동

우리나라의 대기오염실태가 세계적으로 가장 심각한 수준에 이르는 것으로 발표된 바 있다. 특히 대기오염의 주된 범인으로 작용하는 배기가스부분에 세계 1위라는 치욕적인 결과가 발표된 바 있다. 도시의 대기오염은 운동을 즐기는 시민들에게 부정적인 영향을 미칠 가능성이 높다. 높은 강도로 운동을 수행할 때 호흡을 통해서 오염된 공기가 유입되면 기관지를 비롯한 심폐계에 악영향을 미치게 되는 것이다. 자동차나 공장으로부터 배출되는 주된 오염물질들은 일산화탄소, 이산화황, 질산 등이 있으며, 이러한 물질에 의해서 새롭게 합성되는 것으로는 오존을 대표적으로 들 수 있다. 일산화탄소는 자동차의 불완전연소시 주로 발생하기 때문에 자동차가 많이 다니는 출퇴근시간에 가장 높은 수치를 나타내며, 겨울에는 자동차의 예열이 부족하여 불완전연소가 더욱 높게 된다.

도시에서의 겨울 새벽운동이 많은 문제점을 가지는 이유중의 하나는 밤사이의 자동차 배기가스에 의한 일산화탄소 증가현상을 들 수 있다. 습도가 낮은 겨울 새벽에는 운동시 차고 건조한 공기가 다량 호흡을 통해서 유입되면서 운동성천식의 주된 원인으로 작용한다. 습도가 높은 겨울에는 대기중에 이산화황이 많아지면서 부정적인 영향을 미치게 된다. 특히 안개가 형성될 경우에는 밤사이의 배기가스가 대기중에 낮게 깔리면서 심각한 오염영향을 미칠 수 있다. 따라서 겨울 새벽운동은 야산이나 나무가 많은 지역, 혹은 공기청정이 가능한 실내공간이 적절할 것이다. 겨울 새벽의 일산화탄소를 피하기 위해서는 낮시간을 이용하는 것도 적절할 것이다. 특히, 대기오염 환경에서는 운동시 호흡방법에 관심을 가져야 하는데, 코는 불순물질을 여과하는데 도움을 줄 수 있다. 코를 통해서도 미립자가 작은 오염물질은 충분히 걸러지지 않지만 이산화황과 같은 경우 코를 통해서 호흡할 경우 대부분 걸러질 수 있다. 따라서 코를 이용한 호흡이 가능한 범위내에서 무리하게 높은 강도로 운동을 수행하지 않는 것이 오염된 도시공간에서는 적절한 방법이 될 것이다.

13 스키의 부상

겨울스포츠의 꽃은 역시 스키이다. 국내 스키인구가 약 500여만명에 이를 정도로 폭발적인 인기를 누리고 있다. 스키선수들을 위한 과학화는 노르딕과 알파인의 세부종목별 선수들의 체력향상을 위한 체계적인 트레이닝방법에서부터 고글, 슈즈 및 바인딩 등과 같은 장비의 첨단화에 이르기까지 다양하게 진행되어 왔다. 그러나 스키를 즐기는 일반인들의 경우 가장 중요한 문제점이 부상발생을 어떻게 방지할 수 있도록 하느냐일 것이다. 대부분의 즐기는 스키는 슬로프에서 스피드와 스릴을 통한 즐거움을 만끽하기 위한 것이며, 최근들어 스노보드와 같이 스피드를 즐기기 위한 위험한 종목의 인구가 급증하면서 부상 발생경향이 더욱 높아지고 있다.

스키에서의 부상 발생률은 1000명당 5~7명에 해당하며, 부위별로는 다리가 전체 부상의 70%이상을 차지하는데, 다리중에는 무릎, 하퇴, 발과 발목, 허벅지 등의 순을 나타낸다. 스키부상의 대부분은 무리한 고난이도의 슬로프에 대한 도전시에 주로 발생하며, 넘어질 때 바인딩의 분리가 효과적으로 일어나느냐와 같은 장비의 부적절성도 중요한 원인으로 지적되고 있다. 체중과 경력에 따라서 바인딩의 분리강도를 적절하게 조절해야 해야 할 것이다. 부상 발생시기로는 3시간이상 계속할 경우 근력을 중심으로 한 체력저하가 현저해지면서 신체적인 조절능력이 떨어질 때와 하루중 오후 3~4시사이에 가장 높은 발생률을 나타내는데, 운동성 피로 정도가 가장 높고 슬로프가 많이 녹으면서 눈에 의한 회전력이 저하되는 것을 원인으로 들 수 있다. 피로에 의한 부상방지를 위해서 1~2시간정도의 스키후 적절한 휴식을 취하도록 해야 할 것이다. 또한 슬로프에 오르기전 스트레칭을 포함한 준비운동을 실시하는 것도 크게 도움이 된다. 슬로프를 타면서 스키를 즐기는 경우 땀이 나는 경우도 있는데, 리프트를 타거나 기다리는 시간동안 체열감소에 의한 감기의 발생가능성이 높고, 손 등의 노출부위 동상발생과 같은 저온성 상해방지를 위해서 적절한 의복을 갖추는데도 관심을 가져야 한다. 또한 스키장은 눈에 의한 반사를 포함해 자외선에 노출될 가능성이 높은데, 고글에 의한 시각기능 보호, 자외선 차단제를 이용한 피부노화 방지에도 세심한 주의를 필요로 한다.

14 러닝의 건강증진 효과

현대사회는 급속한 산업화와 과학문명의 발전에 의한 긍정적인 변화에 반하여 신체활동 부족이 가져다 준 건강유지의 어려움에 노출되어 있다. 현대인들은 삶의 질적 향상을 통한 웰빙 추구를 위하여 건강에 관한 적극적인 관심을 가지게 되었으며, 이를 위한 균형적인 영양섭취, 충분한 휴식, 적절한 숙면과 더불어 무엇보다도 규칙적인 운동의 중요성을 깊이 인식하게 되었다. 규칙적인 운동방법의 대표적인 운동종목으로서의 러닝을 중심으로 한 조깅과 마라톤은 이제 국민 스포츠로 완전히 자리 잡게 되었다. 러닝과 마라톤은 심폐지구력과 근지구력을 향상시키는 것은 물론 비만예방과 각종 성인병을 예방하며, 정신건강에 도움이 되는 최적의 유산소 운동이라고 할 수 있다. 마라톤의 규칙적인 수행을 통한 건강증진 효과를 살펴본다.

러닝과 같은 지속적인 유산소 운동은 우선 심장과 폐에 적절한 자극을 주게 되는데, 심장의 근육을 더욱 튼튼하게 함으로서 1회 수축하여 내뿜는 혈액량(1회 박출량)을 증가시키게 된다. 심장은 끊임없이 수축을 반복하게 되는데, 1회 박출량이 증가하면 그만큼 자주 수축하지 않고도 충분히 기능을 수행하기 때문에 그 효율성이 향상됨을 의미한다. 심장은 수축과정에서 수축기와 확장기를 가지게 되는데, 마라톤은 확장기말 심장 용적을 증가시키고 수축기말 용적은 감소시켜 1회 박출량이 증가되도록 해준다. 마라톤은 혈관을 더욱 튼튼하게 변화시켜 탄성을 증가시킴으로서 혈압을 낮추어 주며, 혈액내의 지질농도도 감소시켜 동맥경화현상을 방지해준다. 또한 호흡기능에 영향을 미치는 폐활량을 증가시키며, 기도와 폐에서의 공기 흐름을 부드럽게 해주면서 가슴 주위의 호흡에 관여하는 근육들을 강화시켜 결과적으로 호흡기능을 향상시켜준다.

근육기능은 운동을 수행하는 과정에서 중요한 역할을 담당하는데, 지속적인 운동을 수행하면 근육내의 에너지원, 수분 등이 부족해지고, 산성화를 유발하여 근육의 원활한 수축을 방해하는 물질들이 축적되면서 근력과 근지구력을 적절하게 유지하지 못하게 된다. 조깅과 마라톤과 같은 지속적인 유산소운동은 근육내의 에너지원을 더욱 많이 저장할 수 있도록 해주며, 수분부족과 산성화를 일으키는 물질 축적 현상 등에 대한 저항능력을 더욱 강화시켜 줌으로서 근육의 지속적인 수축능력을 향상시킨다. 지속적인 유산소 운동은 근육세포 내에서 에너지를 만드는 공장에 해당하는 미토콘드리아 함량 수준을 증가시켜 운동 중에 지방산을 산화시키는 능력을 증가시키게 되는데, 이러한 효과는 유리지방산의 에너지 동원 능력을 증가시키면서 근육내 탄수화물의 저장능력을 증가시키게 된다. 따라서 지속적인 유산소 운동을 통한 이러한 능력의 향상은 근지구력을 향상시키게 된다.

현대사회의 부정적인 생활습관으로 간주되는 지나친 영양공급과 신체활동 및 운동부족은 심혈관계 질환, 당뇨병, 고혈압 및 비만 등의 생활습관병(성인병)을 포함한 각종 질병의 증가현상을 초래하였다. 마라톤과 같은 지속적인 유산소 운동은 지나친 영양공급 및 운동부족 등으로 인한 다양한 건강관련 문제를 긍정적으로 개선시킬 수 있다. 마라톤은 우리 몸에서 불필요한 체지방의 감소와 근육 및 뼈와 같은 제지방의 증가를 통하여 신체구성을 긍정적으로 변화시켜 비만을 해소하고 예방할 수 있는 대표적인 유산소 운동이다. 또한 혈중의 중성지방 및 저밀도 지단백 콜레스테롤농도를 감소시키고, 고밀도 지단백 콜레스테롤농도를 증가시켜 고지혈증, 고혈압 등과 같은 혈관관련 질환을 예방할 수 있다.

조깅과 마라톤은 최근 국민건강을 위협하는 대표적인 질환에 포함되는 비만과 당뇨병 방지에도 크게 도움이 된다. 식생활의 부정적인 변화와 운동 기회 부족에 의해서 남녀노소의 모든 연령층에 급증하고 있는 비만인구는 국민건강의 대표적인 위험요인으로 간주되고 있다. 특히 비만은 고혈압, 동맥경화증, 울혈성 심부전, 심근기능 저하, 당뇨병, 간경변, 통풍, 신장이상, 월경과 난소의 이상, 각종 암, 담낭증, 무릎을 중심으로 한 골관절염, 폐기능 저하, 각종 사고에 노출 가능성 증가 등을 초래한다. 마라톤은 에너지소비량의 증가에 의한 신체구성의 긍정적인 변화, 산소 운반능력 증가, 혈당량 증가방지 및 인슐린 감수성 증가, 혈중 지질변인의 농도 및 혈압감소 등을 통해서 비만방지 및 처치를 위한 중요한 운동방법에 해당한다.

당뇨병은 혈당량이 과도하게 증가되며 이를 조절하는 중요한 역할을 담당하는 인슐린의 기능이 저하된 상태를 의미한다. 마라톤을 비롯한 규칙적인 운동은 인슐린에 대한 감수성을 향상시켜 혈당량의 증가를 방지하는데 효과적인 방법으로 널리 간주되고 있다. 특히 마라톤은 당뇨병에 의해서 건강을 크게 위협하는 시각기능, 신장계, 심장혈관계, 말초혈관계, 신경계, 소화계, 면역기능 등을 저하시키는 합병증의 발병 방지에도 매우 효과적인 것으로 알려져 있다.

조깅과 마라톤은 인체의 면역기능 및 항산화 기능을 향상시켜준다. 장기간의 규칙적인 유산소 운동은 운동부족, 피로축적, 영양상태 불균형 등에 의해서 발생할 수 있는 다양한 염증반응을 감소시키고, 이에 대응하는 면역기능도 강화시켜준다. 이러한 면역기능의 강화는 혈액 내 급성염증 반응으로 인한 심혈관계 질환을 예방할 수 있으며, 환경변화, 생활 피로 및 스트레스의 증가를 통해서 발생할 수 있는 산화스트레스에 대응할 수 있는 항산화 능력을 증가시켜준다. 이러한 항산화 능력의 향상은 산화스트레스와 관련된 각종 염증질환 및 대사증후군의 예방에도 도움이 된다.

조깅과 마라톤은 건강과 관련된 이익뿐만 아니라 즐거움이나 성취감을 얻게 해주며, 이는 곧 정신적, 사회적 건강을 증진시키는데 도움을 준다. 아울러 극한에 도전하는 어려움에도 불구하고 러닝을 통해서 얻어지는 정신적 자신감과 사회적 친화력은 건강한 개인과 사회를 만들어 가는데 중요한 역할을 담당하게 될 것이다.

참고문헌

김성수 (2000). 마라톤을 알면 건강이 보인다. 런코리아, 7월호, 64~65.

Buttrick, P. M., & Scheuer, J. (1990). Exrcise and heart: conditioning and the athlete's heart and sudden death. In Hurst, J. W., Schlant, R. C., Rackley, C. E., Sonnenblick, E. H., Wenger, N. K., Editor. International Edition.

Herberman, R. B. (1986). Natural Killer Cells. Ann. Rev. Med., 37, 347~352.

Verde, T. J., Scott, G., Thomas, R. W., Moore, P. S., & Roy, J. (1992) Immune responses and increased training of the elite athletes. J. Appl. Physiol., 73(4), 1494~1499.

Wilmore, J. H. (1969). Benefits derived from an 11-week jogging program. Med. Sports, 4.

제 14 장

노벨상과 운동

1 특정병인론과 스포츠과학

질병의 원인이 세균이라는 학설을 완성한 파스퇴르 이후 '특정 질병은 특정 균에 의해서 발생한다(특정병인론)' 라고 주장하면서, 특정 화학치료법에 의한 세균 치료의 논리를 전개한 로버트 코흐는 당시 생리 · 의학분야의 초대 노벨수상자로서 자타가 인정하였다. 그러나 1890년 결핵감염 여부를 확인하는 투베르쿨린이라는 백신을 발견한 후, 치료제라고 발표하면서 의료사고의 희생자가 되어 1905년에야 노벨상을 수상하였다. 그가 뛰어난 업적에도 불구하고 뒤늦게 노벨상을 수상하게 된 것은 자신이 창안하여 질병치료의 지름길을 제시한 특정병인론을 적용하는 과정에서의 치명적인 실수에 의한 것이다. 건강 유지는 물론 성인병 치료의 효율적인 방법으로 간주되는 운동프로그램이 노벨상을 수상하기 위해서는 스포츠과학을 토대로 한 특정병인론을 도입하는 과정이 수많은 실험과 시행착오를 경험하면서 보다 체계적으로 이루어져야 할 것이다. 성인병의 각 유형 및 진행정도에 따라서 세부적인 운동프로그램의 처방이 이루어질 수 있어야 할 것이다. 성인병의 대표적인 유형에 해당하는 관상동맥질환이나 당뇨병의 경우 그 발병원인과 진행정도에 따른 특정 처방을 위한 기준이 정확하게 이루어져야 할 것이다.

물론 과학적인 처방을 위한 지침에는 특정병인론에 해당하는 '운동의 특이성'이라는 기본적인 지침의 적용이 오래 전부터 강조되고 있다. 또한 다양한 내용의 운동프로그램에 대한 효과를 분석한 연구결과들이 널리 제시되어 오면서 대체적인 효과에 대해서는 거의 긍정적인 평가가 이루어지고 있다. 그러나 이러한 효과를 보다 충분히 뒷바침할 수 있는 세부적인 기전의 분석을 위한 스포츠과학자의 보다 많은 노력이 요구되고 있다. 관상동맥경화증 치료를 위해서 조깅이 효과적이되 관상동맥경화증이 생겨난 원인과 그 정도에 따라서 조깅의 속도, 거리, 주당 몇 회를 실시해야 하며, 이러한 처방에 의해서 치료될 수 있는 기간과 진행양상에 대한 명확한 근거가 정립될 경우 환자들은 신뢰감을 가지고 운동처방을 복용하게 될 것이다. 이러한 결과는 특정병인론에 근거한 세부적인 운동처방을 제시할 수 있는 명의로서의 스포츠과학자들이 끊임없는 노력을 계속하며, 수많은 환자들이 그에 따른 결과들을 받아들이는데 주저하지 않게 될 때 스포츠과학은 보다 확실한 노벨상 수상의 후보자로 떠오르게 될 것이다.

2 노벨상과 스트레스 해소를 위한 운동의 암퇴치 효과

수많은 학자들의 노력에도 불구하고, 암은 여전히 정복되지 않은 체 우리들의 건강을 위협하고 있다. 암의 발병 원인이 무엇인가에 대한 추적은 암 치료의 근원을 제공해줄 수 있다는 관점에서 수많은 학자들의 연구표적이 되어 왔다. 1911년에 바이러스설을 발표한 미국의 피턴 라우스는 그 후 87세의 고령에도 불구하고 1966년 노벨 생리·의학상을 받았으며, 세포내의 잠재된 위험요인이 시한폭탄처럼 도사리고 있다가 폭발한다는 주장을 전개한 마이클 비숍과 헤럴드 버뮤스도 1989년 역시 생리·의학부문의 노벨상을 수상하였다. 1957년 암치료를 위한 인터페론을 발견한 영국의 아이작을 비롯하여, 암과 관련된 연구업적을 통해서 수많은 학자들이 노벨상을 수상하였지만, 근원적 처치방법은 여전히 미흡하다. 그밖의 암의 발생요인으로는 스트레스인자, 체세포의 돌연변이설, 자외선이나 이온화 방사선과 같은 환경요인, 식품내의 화학물질을 비롯한 발암물질 등이 다양하게 제시되어 왔다. 특히 암의 경우 신체의 저항력 및 스트레스요인과 불가분의 관계를 가지는데, 스트레스는 심장관련 성인병 질환, 염증성 질환, 알레르기성 질환, 감기, 전염병, 비만, 성기능장애 등의 원인으로도 작용한다.

규칙적이고 적절한 운동은 신체적 기능의 향상은 물론 정신건강 및 스트레스 관리를 비롯한 심리적 효과에 긍정적인 영향을 미치는 효과적인 프로그램으로 적용될 수 있다는 주장은 이미 다양한 연구를 통해서 인식되어 왔다. 1988년 베르그와 오웬은 적절한 운동자극을 통해서 좋은 기분상태를 유지할 수 있으며, 윈게이트는 1993년 운동프로그램에 참여하므로서 스트레스에 대한 대처능력과 자신감 등의 증진을 통해서 생활만족감 및 자아존중감에 의한 삶의 질적 수준을 높이는 것으로 주장하였다. 1981년 폴킨스와 시메는 운동은 의식상태를 변화시키는 명상의 한 유형으로서 자기억제효과, 불안 및 우울증 해소에 매우 효과적인 프로그램의 역할을 가진다는 것을 증명하였다. 이와 관련된 기전으로는 뇌하수체 전엽에서 분비되어 내인성 진통효과를 가지는 것으로 알려진 엔돌핀 화합물중 베타 엔돌핀의 분비량을 증가시켜 스트레스 해소의 활성화를 촉진시키는 것으로 간주되고 있다. 그러나 이와 관련된 세부적 기전에 대한 명확한 근거는 여전히 미흡한 실정이다. 따라서 베타엔돌핀과 같은 중간인자를 비롯한 운동수행에 따른 명확한 세부기전에 의한 스트레스 해소에 의한 암 퇴치 효과를 가진 마법기능이 스포츠과학적 연구를 통해서 증명될 경우, 분명 스포츠과학은 노벨상의 0순위에 해당할 것이다.

3 당뇨병과 운동

노벨상 때문에 다소 많은 얘기가 오가는 요즈음 노벨상의 최대후보자로서 스포츠과학적 접근에 의한 규칙적인 운동을 들 수 있다. 그것은 스포츠과학이 인류의 건강을 지킬수 있는 최적의 조건을 갖추었기 때문이다. 캐나다 토론토 의과대학의 프레데릭 밴팅과 맥클리어드교수는 당뇨병의 발병과 치료와 관련하여 중추적인 요인에 해당하는 인슐린이라는 호르몬을 분리하고 그 임상적 효과를 뒷바침한 공로로 1923년 노벨 생리·의학상을 수상하였다. 그후 인슐린 분비량의 조절 호르몬을 밝혀낸 아르헨티나의 우사이(1947년), 인슐린 구조를 밝혀낸 프레데릭 생어(1958년), 인슐린 농도의 측정을 위한 방사면역법을 찾아낸 버슨과 엘로(1977년), 인슐린의 화학합성에 의한 제조방법을 찾아낸 메리필드(1984년) 등이 인슐린 때문에 노벨상을 수상하게 됨으로서 당뇨병이 수많은 노벨상 수상자를 만들어 낸 것이다.

당뇨병은 혈중 당분의 양이 적절하게 조절되지 않으면서 섭취한 음식물을 효율적으로 이용하지 못하는 대표적인 성인병이다. 국내에서도 한해에 인구 10만명 기준 17명이 당뇨병 때문에 사망하면서 전체 사망원인중 7위를 차지하고 있다. 인슐린은 섭취한 음식물중 에너지원인 글리코겐을 간과 근육에 저장하도록 해주는 호르몬으로서 그 분비량이 적거나 제 기능을 수행하지 못하는 경우 당뇨병이 발병하게 된다. 이러한 당뇨병 환자의 경우 부족한 인슐린을 주사로 투여하여 혈당량을 일정하게 유지하도록 해주는 것이 치료의 주된 내용에 해당한다.

스포츠과학을 접목한 적절한 운동은 당뇨병의 방지 및 처치에 효율적으로 이용될 수 있다. 운동은 인슐린에 의존하지 않으면서 혈당량을 조절하는데 도움을 주기도 하고, 인슐린의 역할수행에 결정적인 영향을 미치는 세포막에 존재하는 인슐린 수용체의 역할을 대신하기도 한다. 또한 계속적인 운동은 이러한 역할을 더욱 향상 시켜준다. 당뇨병 환자의 경우 운동시 혈당량을 자주 체크하여 운동유발성 저혈당증이 발생하지 않도록 해야 하면서 주의사항을 잘 지키면 적정운동강도를 기준으로 20-30분내의 지나치지 않은 운동량을 통해서 인슐린의 역할을 충분히 대신할 수 있음으로서 당뇨병의 예방과 처치가 가능하다는 것이 스포츠과학자들에 의해서 밝혀진 것이다.

4 면역기능 향상을 위한 운동과 노벨상

인간의 신비스러운 기능 중 대표적인 것은 침투한 외부물질에 대항하는 면역기능을 들 수 있다. 질병의 근원이 되는 바이러스로부터 어떻게 방어하는가에 대한 의문을 풀어가는 과정은 현대의학 발전의 원동력이 되었다. 면역기능에 근거하여 18세기말 천연두의 백신을 발견한 에드워드 제너는 최초의 백신개발자로 간주되며, 그 이후 파스퇴르가 다시 콜레라 백신을 발견하기까지는 100여년의 시간이 걸렸다. 이러한 면역기능을 더욱 발전시켜 병균이 항체에 대항하기 위해 생성하는 항독소를 이용하는 혈청요법을 개발하여 디프테리아를 퇴치한 독일의 폰 베링은 제1회 노벨 생리 · 의학상을 수상하였다. 그 이후 베링은 면역혈청으로 질병의 예방과 치료가 가능하다는 것을 완성함으로서 면역학의 창시자로 불리운다. 베링과 함께 일해온 에를리히는 혈청요법을 이용한 살바르산 606호를 발견하여 1908년 노벨상을 받았으며, 그 근원을 밝혀낸 벨기에의 보르데는 1919년에 노벨상을 받았다. 많은 인류의 생명을 구해낸 면역기능에 의한 질병의 치료방법 개발은 노벨상의 전담 연구주제가 될 정도였다.

인체의 면역기능은 백혈구의 활동을 가장 대표적으로 들 수 있는데, 특히 T-임파구, B-임파구 및 살해성세포는 항원감지, 기억기능, 항체형성 및 탐식작용 등을 주도한다. 이러한 면역기능의 주체들은 규칙적이고 적절한 운동프로그램을 통해서 자가면역질환, AIDS 및 암과 관련된 항원 감지, 염증반응, 종양세포에 대한 독성 강화 및 조절기능을 활성화시키므로서, 치명적인 질병에 대한 저항력을 향상시킬 수 있다. T-임파구와 자연살해성세포(Natural killer cell)는 노화현상과 높은 관련성을 가지는 것으로 알려져 있는데, 에어로빅댄스 및 조깅 등과 같은 규칙적인 운동을 6개월 이상 수행해 온 중년여성이 좌업생활자들에 비해서 이러한 세포들의 기능이 더욱 향상되는 것으로 알려져 있다. 60%강도로 30-45분정도의 조깅프로그램을 실시한 후에는 감염된 개체보호, 면역글로불린 생성, 바이러스 및 병균증식 억제 등의 효과를 가진 것으로 알려진 인터페론 및 인터루킨이 증가되는 것으로 알려짐으로서, 운동 프로그램수행 후 외부물질에 대한 저항력이 향상될 가능성이 높다. 그러나 고강도의 훈련을 무리하게 수행하는 경우에는 임파구의 면역기능이 저하되면서, 폐염 및 간염등의 발생률이 증가할 가능성이 높다. 적절한 운동수행이 면역기능 향상에 도움을 주지만, 개인의 체력수준, 컨디션 상태 등에 따라서 어떤 운동을 어떤 방법으로 실시할 것인가에 대한 명확성의 뒷받침이 결여되어 있는 것이다. 스포츠과학의 계속적인 발전을 통해서 이와 같은 세부적 운동처방의 과학화가 정립될 경우, 스포츠과학은 백신보다도 더 많은 노벨수상자를 낳을 수 있는 전담 연구주제가 될 것이다.

5 비타민과 노벨상

비타민은 비교적 소량으로서도 세포의 대사기능 활성화, 정상적인 성장, 건강유지에 필수적인 영양소이다. 인도네시아에서 각기병을 연구하던 네덜란드의 크리스티안 아이크만이 처음으로 비타민 B1을 발견하여 1929년 노벨 생리 · 의학상을 수상하였다. 비타민 D의 전구물질인 스테롤의 특성을 밝혀낸 독일의 화학자 레인홀드 빈다우스(1928년 : 화학상), 비타민 C를 발견한 미국의 센트 되르디와 그것의 구조를 결정한 영국의 노만 하워스(1937년 : 생리 · 의학상, 비타민 B2를 추출하여 리보플라빈으로 이름을 붙인 오스트리아의 쿤(1938년 : 노벨 화학상) 등을 비롯하여 비타민 K의 구조를 밝혀낸 미국의 도이지(1943년)와 야맹증의 원인이 비타민 A의 결핍에 의한 것임을 밝혀낸 미국의 생물학자 조오지 월드(1967년)는 노벨 생리 · 의학상을 각각 수상하므로서, 비타민은 수많은 노벨상 수상자를 배출하였다.

비타민 B 복합체를 중심으로 한 수용성 비타민의 주된 기능을 살펴보면, 근육을 중심으로 한 에너지생성 및 대사기능, 소화기능, 성장촉진과 주로 관련성을 가지는데, 이와 같은 기능은 대부분 규칙적인 운동수행을 통해서 그 기능의 활성화를 나타낼 수 있으므로서 운동에 의한 그 활성화 효과는 충분한 가능성을 가질 수 있다. 결핍시 흔히 발생하는 피부염, 빈혈, 소화기능 장해 및 신경기능 장해 등과 관련하여 운동수행에 의한 방지효과도 충분한 가능성을 가진 것으로 알려져 왔으나, 명확한 결론이 내려져 있지 못하거나, 적절한 기준에 근거한 운동처방의 제시가 미흡한 실정이다. A, D, E, K 등의 지용성 비타민이 가진 시각기능, 성장과 분화기능, 감염 및 암의 예방, 근기능 강화, 칼슘대사, 항산화 효과 등과 관련된 운동프로그램의 가능성도 충분히 엿볼수 있는 근거를 가지고 있다. 그러나 운동에 의한 어떤 요인이 이러한 기능들을 각각 대체할 수 있는 기능을 가질수 있느냐에 대한 의문은 분명 미래의 노벨상 후보들이 가져야 할 숙제에 해당할 것이다.

스포츠과학은 비타민에 전혀 손색없는 노벨상 후보임에도 불구하고, 인간 스스로의 내재적 요인 및 환경변화를 비롯한 외재적 요인을 포함한 매우 다양하고 복합적인 요인에 의해서 그 효과가 차이를 나타낼 수 있는 가변성을 가지고 있다는 점이 걸림돌로 작용할 것이다. 이러한 가변성을 가진 요인들을 어떤 통제과정의 실험과 분석을 통해서 하나씩 헤쳐나가느냐 하는 것이 스포츠과학자들의 체계적인 노력이 가지는 몫이 될 것이다.

스포츠 사이언스 색인

가

나

다

사

아

자

파

하